铁路职工培训系列教材

铁路货运票据电子化学习读本

《铁路货运票据电子化学习读本》编委会　编

中国铁道出版社有限公司

2020年·北　京

内 容 简 介

为提高铁路货物运输效率和服务水平，适应国内货物“一单制”的运输需求，全国铁路开始推行铁路货运票据电子化。本书依据国铁集团货运票据电子化有关规章及作业办法编写，共十五章，内容包括：货运票据电子化概述、电子货运票据、票与车的关系、票与票的关系、需求受理、整车装车作业、整车卸车作业、特殊货车及运送用具回送作业、整车其他作业、集装箱作业、其他作业、制票与交付、保价运输、票车不符处理办法、票据管理系统介绍等，并附有国铁集团相关规章和作业办法。

本书对货运票据电子化作业全过程做了详尽叙述，图文并茂，适用于铁路货运职工培训和工作参考、学习。

图书在版编目(CIP)数据

铁路货运票据电子化学习读本／《铁路货运票据电子化学习读本》编委会编. —北京：中国铁道出版社有限公司，2020. 9

铁路职工培训系列教材

ISBN 978-7-113-26975-3

Ⅰ. ①铁… Ⅱ. ①铁… Ⅲ. ①计算机技术-应用-铁路运输-货物运输-票据-职工培训-教材 Ⅳ. ①F530. 68-39

中国版本图书馆 CIP 数据核字(2020)第 102863 号

书　　名：铁路货运票据电子化学习读本
作　　者：《铁路货运票据电子化学习读本》编委会

责任编辑：秦绪涛　聂宏伟　　**编辑部电话：**(010)51873024
封面设计：崔丽芳
责任校对：孙　玫
责任印制：高春晓

出版发行：中国铁道出版社有限公司(100054，北京市西城区右安门西街 8 号)
网　　址：http://www.tdpress.com
印　　刷：国铁印务有限公司
版　　次：2020 年 9 月第 1 版　2020 年 9 月第 1 次印刷
开　　本：880 mm×1 230 mm 1/32　印张：9.5　字数：285 千
书　　号：ISBN 978-7-113-26975-3
定　　价：45.00 元

编　委　会

前　言

铁路货运票据电子化实现了从货物受理到卸车交付全流程信息化管理，是铁路主动适应市场，提升市场竞争力的创新举措。自2018年3月28号正式实施至今，货运票据电子化运用日益趋于成熟和稳定，提升了铁路货运信息化水平，提高了铁路运输效率效益，为今后铁路货运管理打下良好基础。

货运票据电子化涉及铁路货运、车务、车辆、机务等多个系统和部门，需要各个系统工序之间紧密衔接、各个系统之间大量数据交换，同时又要实现各工种、各环节互控他控，是一项非常复杂的系统工程。其中货运票据电子化操作贯穿货物运输全过程，货运员操作水平、熟练程度等将直接影响运输生产。虽然国铁集团、各铁路局集团公司在实施之初多次进行业务培训，但由于基层新入职、转岗人员较多，系统不断优化升级，都对货运员操作提出更高要求，因此，加强对货运岗位货运票据电子化作业操作技能的培训十分必要。

本书根据国铁集团有关货运票据电子化的各项管理办法和作业办法，结合现场实际应用和培训经验，对货运票据电子化中货运作业人员现场日常操作以及常见问题处理进行了系统阐述，有较强的实用性和针对性。全书对货运票据电子化作业全过程做了详尽叙述，图文并茂，通俗易懂，方便学习，对提高现场职工实际操作能力有较好的帮助。本书适用于铁路货运职工培训和工作参考、学习。

由于时间紧张、水平有限，书中难免存在问题，恳请读者批评指正。

编　者

2020 年 4 月

目　录

第一章　货运票据电子化概述

一、系统概述

货运票据电子化是以电子货运票据来串联现有的货运、车务、车辆等部门的信息系统，实现各部门的数据共享，并以此来优化和整合各工种的业务范围和内部生产作业。

（一）电子货运票据种类和层级

铁路一共有 21 种电子货运票据，按照运输特征，可以分为主单据和子单据。

主单据包括：货物运单、货车装载清单、特殊货车及运送用具回送清单（简称回送清单）、货运记录、检修车回送单。

子单据包括：普通记录、商务记录、物品清单、不良货车通知单、货物运输变更要求书、超限超重货物运输记录、调卸作业单、装卸作业单、货车篷布交接单、货车调送单、垫款通知书、车辆检修通知单（车统 23）、检修车辆竣工验收移交记录（车统 33 并车统 36）、检修车辆竣工移交记录（车统 33 并车统 36 监造）、新造车辆竣工移交记录（车统 1 并车统 13）、列车编组顺序表。

货物运单、货车装载清单、回送清单、货运记录、检修车回送单作为主单据不是一成不变的，在不同的运输方式下，它们也可以作为子单据。

（二）业务范围

货运票据电子化业务范围包括：整车、集装箱、批量零散货物运输，以及不良货车、检修车、机车车辆、用具、货物回送等业务。铁路货运、车务、车辆和机务等相关作业环节依据货运票据电子信息进行管理，组织作业。

军事运输、水陆联运、零散货物快运环线运输、路产专用货车回送暂按既有规定执行。国际联运本书未涉及的按既有规定执行。

（三）内部产生作业

主要作业包括：需求受理，货场进出货、装卸车，专用线装卸车、路企交接，计费承运，始发、途中作业、到达，货检、列检作业，交付，其他作业。

(四)现有生产作业系统

现有生产作业系统包括：货运制票系统(简称货票系统)、铁路货运电子商务系统(简称电商系统)、铁路货运站安全监控与管理系统(简称货运站系统)、铁路集装箱运输管理信息系统(简称集装箱系统)、铁路零散货物快运系统、铁路集装化用具管理系统(简称集装化系统)、铁路保价运输管理系统(简称保价系统)、接取送达系统、铁路危险货物运输安全管理与监控系统、铁路货运计量安全检测监控系统、铁路货检安全监控与管理系统、铁路车站综合管理信息系统(简称现车系统)、铁路确报管理信息系统、铁路运输信息集成平台、货车技术管理信息系统(简称HMIS系统)、车站十八点统计分析系统、国境站管理信息系统、运输调度管理系统等。

二、货票电子化实现的功能

货票电子化实现的主要功能如下：

(1)实现铁路货物流、作业流、信息流三流合一，如图1-1所示。

(2)提供一种新的货车追踪途径。

(3)建立货物从受理到交付全过程服务链条(生命树)。

(4)为客户建立透明可视化服务。

(5)对每辆货车都建立了运用、检修、效益台账。

(6)对货运场站、技术作业站能力、效率分析提供数据。

(7)为承运清算提供数据支撑。

三、货票电子化的意义

货票电子化的意义如下：

(1)电子签名条件下的无纸化受理、承运和交付。

(2)“运到时限”数据化分析和优化。

(3)作业流程优化。

(4)客户服务能力提升。

(5)劳动生产率提升。

(6)铁路货车运用实现状态修。

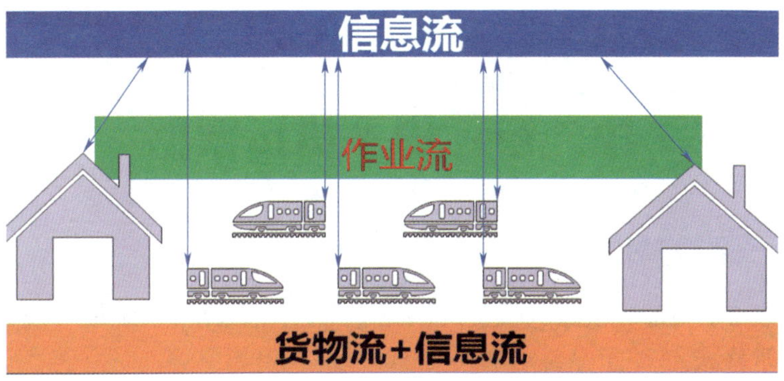

图 1-1　三流合一

(7)货运场站、技术作业站能力、效益数据化分析。

第二章　电子货运票据

一、票据的种类

表 2-1 为部分铁路电子货运票据名称、产生系统、系统编号规则、票据显示格式。

表 2-1　电子货运票据种类

名称		产生系统	系统编号规则	票据显示格式
货物运单	整车	货票	3 位电报码+Z+1 位窗口号+7 位数字	BCHZA0000001
	集装箱	货票	3 位电报码+J+1 位窗口号+7 位数字	BCHJA0000001
	批量	货票	3 位电报码+K+1 位窗口号+7 位数字	BCHKA0000001
	零散	货票	3 位电报码+L+1 位窗口号+7 位数字	BCHLA0000001
货车装载清单		货运站	HY+8 位年月日+3 位电报码+Y+7 位数字	BCHY0000001
		集装箱	JX+8 位年月日+3 位电报码+J+7 位数字	BCHJ0000001
		零散	LS+8 位年月日+3 位电报码+L+7 位数字	BCHL0000001
特殊货车及运送用具回送清单		集装箱	JX+8 位年月日+3 位电报码+X+7 位数字	BCHX0000001
		货运站	HY+8 位年月日+3 位电报码+H+7 位数字	BCHH0000001
		集装化	LS+8 位年月日+3 位电报码+R+7 位数字	BCHR0000001
		现车	XC+8 位年月日+3 位电报码+7+7 位数字	BCH70000001
		票据管理	PG+8 位年月日+3 位电报码+5+7 位数字	BCH50000001
货运记录		保价	HY+8 位年月日+3 位电报码+B+7 位数字	BCHB0000001
商务记录		保价	HY+8 位年月日+3 位电报码+6+7 位数字	BCH60000001
普通记录		现车	XC+8 位年月日+3 位电报码+E+7 位数字	BCHE0000001
		货检	HJ+8 位年月日+3 位电报码+F+7 位数字	BCHF0000001
		保价	HJ+8 位年月日+3 位电报码+Q+7 位数字	BCHQ0000001
		货运站	HY+8 位年月日+3 位电报码+N+7 位数字	BCHN0000001
		集装箱	JX+8 位年月日+3 位电报码+9+7 位数字	BCH90000001

续上表

名称		产生系统	系统编号规则	票据显示格式
物品清单	整车	电商	DS+8 位年月日+3 位电报码+W+7 位数字	BCHW0000001
	集装箱	电商	DS+8 位年月日+3 位电报码+G+7 位数字	BCHG0000001
	零散	零散	LS+8 位年月日+3 位电报码+Z+7 位数字	BCHZ0000001
货物运输变更要求书		货票	HP+8 位年月日+3 位电报码+C+7 位数字	BCHC0000001
超限超重货物运输记录		货运站	HY+8 位年月日+3 位电报码+U+7 位数字	BCHU0000001
装卸作业单		货运站	HY+8 位年月日+3 位电报码+A+7 位数字	BCHA0000001
货车调送单		货运站	HY+8 位年月日+3 位电报码+D+7 位数字	BCHD0000001
货车篷布交接单		货运站	HY+8 位年月日+3 位电报码+K+7 位数字	BCHK0000001
调卸作业单		货运站	HY+8 位年月日+3 位电报码+7+7 位数字	BCHT0000001
		集装箱	JX+8 位年月日+3 位电报码+8+7 位数字	BCH80000001
不良货车通知单		货运站	HY+8 位年月日+3 位电报码+S+7 位数字	BCHS0000001
铁路箱出站单		集装箱	JX+8 位年月日+3 位电报码+M+7 位数字	BCHM0000001
铁路箱破损记录		集装箱	JX+8 位年月日+3 位电报码+V+7 位数字	BCHV0000001
车辆检修通知单		HMIS	HL+8 位年月日+3 位电报码+G+2 位单位码+2 位年月+4 位数字	BCHG01810001
检修车回送单		HMIS	HL+8 位年月日+3 位电报码+R+2 位单位码+2 位年月+4 位数字	BCHR01810001
垫款通知书		货票	HP+8 位年月日+3 位电报码+P+7 位数字	BCHP0000001

二、票据的来源与使用

1. 由客户发起填写的单据

运单(需求部分)、国际联运运单(需求部分)、零散快运需求单、物品清单、运输变更要求书。

2. 铁路填写的单据

运单、杂费收据、货运记录、军运后付货票、货车调送单。

3. 铁路内部使用的单据

货车装载清单、回送清单、超限超重货物运输记录、货车篷布交接单、装卸作业单、铁路箱破损记录、铁路箱出站单、普通记录、不良货车通知单(运统 25)、车辆检修通知单(车统 23)、检修车回送单(车统 26)、检修车辆竣工验收移交记录(车统 33 并车统 36)等。

三、票据的长度

货运电子票据只有 11 位和 12 位两种长度。

1. 货物运单

货物运单号长度为 12 位,由货票系统生成,这类票据是收费的。运单生成之后,直接上传到国铁集团票据库。

2. 货车检修单(车统 23、车统 26)

货车检修单号长度为 12 位,由 HMIS 系统生成。车站行车人员签认货车检修单后,HMIS 系统将该票据上传到铁路局集团公司集成平台,然后再上传到国铁集团票据库。

3. 其他票据

其他票据号长度为 11 位,由货运站系统、集装箱系统、保价系统等生成,这类票据是不收费的。这类票据生成之后,由各自系统分别上传到国铁集团票据库。

四、票据 ID

在铁路货运票据电子化中,贯穿整个业务流程的不是运单票据,而是票据 ID,票据 ID 用于各个系统的串联,票据 ID 具有唯一性。由于铁路货物运输的复杂性,票据 ID 也有不同的格式。

1. 整车票据 ID

整车票据 ID 为电商系统的需求号。需求号的命名规则:“6 位年月+发站所属路局码+Y(或者 Z)+10 位数字”,其中 Y 表示该需求号是从阶段计划提报的,Z 表示该需求号是直接提报的。例如,郑州局集团公司的路局码为:F,可表示为:201808FZ9603620001,201807FY9570780002。

2. 手工制票票据 ID

正常情况下货票系统是不允许直接制票的,如果货票系统开放了手工制票(货票系统接收不到电商信息),这时该整车票据的票据 ID 为:“YD+3 位数字+3 位电报码+ Z+1 位窗口号+7 位数字”。例如:

YD001LDFZA0060277。

3. 国联整车票据 ID

国联整车的票据 ID 为国联批号生成虚拟国联运单号,例如国联批号(8 位)为:10439487,虚拟国联运单号为:0010439487_2018,票据 ID 为:0010439487_2018。

4. 集装箱票据 ID

集装箱票据 ID 为集装箱的货车装载清单的内部编码,例如:JX20180821LWJJ0052995。

5. 零散票据 ID

零散票据 ID 为零散货物的货车装载清单的内部编码,例如:LS20180323SDTL005215。

6. 回送清单票据 ID

回送清单票据 ID 为回送清单的内部编码,由于回送清单由货运站系统、集装箱系统、集装化系统、现车系统、票据管理系统生成,每个系统的回送清单格式都不一样,所以回送清单票据 ID 的格式也不一样。

例如:集装箱系统的回送清单票据 ID 为 JX20180321JZIX0003325,票据管理系统的票据 ID 为 PG20180617PUY50000038。

第三章　票与车的关系

铁路货运电子票据中，只有五种票据可以作为运输主单据，它们分别是：货物运单、货车装载清单、回送清单、货运记录、检修车回送单。这五种票据代表了五种不同的运输方式。

第一节　货物运单与车的关系

1. 产生方式

货物运单由货票系统产生，长度为12位。

2. 票车绑定

当运单为整车、批量货物、回送1721类机车车辆时，运单一旦生成（打印）就与车进行了关联（弱联系）。通知取车前，可以作废重新计费打印，票、车均回退到上一作业状态。通知取车后不能作废，票车绑定（强关联）。

当运单为集装箱、零散货物运单时，该运单的功能主要是运输合同，不与车进行绑定，而是与货车装车清单进行关联。

3. 票车解绑

（1）正常运单票车解绑

当运单为整车、批量货物时，重车到站后，到站货运人员在货运站系统进行卸车作业后票车解绑。

（2）特殊运单票车解绑

特殊运单是指：空自备车、宿营车、载重为零的游车所带的运单。这些特殊运单也在货运站系统进行操作后，票车解绑。

第二节　货车装载清单与车的关系

1. 产生方式

货车装载清单由货运站系统、集装箱系统、零散货物快运系统产生，长度为11位。

2. 票车绑定

货运站系统、集装箱系统装车作业完成后，生成货车装载清单，通知取车前，货车装载清单与车弱联系，可以取消装车。通知取车后，票车绑定（强关联），不能取消装车。

零散货物快运系统生成的货车装载清单需要在货运站系统进行装车作业，装车完毕，通知取车后，票车绑定（强关联）。

3. 票车解绑

货运站系统、集装箱系统完成卸车操作后货车装载清单与车解绑。

第三节　回送清单与车的关系

1. 产生方式

回送清单由集装箱系统、货运站系统、集装化系统、现车系统、票据管理系统产生，长度为11位。

2. 票车绑定

回送洗刷货车、篷布、用具、军用备品时，在货运站系统生成回送清单，通知取车后票车绑定。

回送集装箱时，在集装箱系统生成回送清单后票车绑定。

回送路产特殊货车时，在票据管理系统生成回送清单，通知取车后票车绑定。

3. 票车解绑

回送篷布、用具、军用备品时，在货运站系统完成卸车操作后票车解绑。

回送集装箱时，在集装箱系统完成卸车操作后票车解绑。

回送洗刷货车时，在货运站系统的票据确认界面进行票据上传后票车解绑。

回送路产特殊货车时,在票据管理系统进行车辆回送签认后票车解绑。

第四节 货运记录与车的关系

1. 产生方式

货运记录由保价系统产生,长度为11位。

2. 票车绑定

货运站系统、集装箱系统使用货运记录装车时,装车完毕通知取车后,货运记录与车绑定。凭货运记录回送零散货物时,货运记录与货车装载清单关联(货车装载清单与车绑定)。

3. 票车解绑

货运站系统、集装箱系统完成卸车操作后货运记录与车解绑。

第五节 检修车回送单与车的关系

1. 产生方式

检修车回送单由HMIS系统产生,长度为12位。

2. 票车绑定

HMIS系统生成检修车回送单(车统26),车站票据管理系统签认后,票车绑定。

3. 票车解绑

HMIS系统生成对应的检修车辆竣工移交记录(车统33并车统36),车站票据管理系统签认后,票车解绑。

第四章　票与票的关系

在铁路货运电子票据中，货物运单、货车装载清单、回送清单、货运记录、检修车回送单可以作为主单据，但是这五种主单据不是一成不变的，在不同的运输方式下，它们也可以作为子单据。

（1）货车装载清单与运单：当货车装载清单与运单关联后，货车装载清单为主单据，运单为子单据。

（2）货运记录与运单：当货运记录用于回送整车货物时，为主单据。用于证明货物的损失情况时，与运单关联，为运单的子单据。

（3）货运记录与装载清单：当货运记录用于回送集装箱时，货运记录作为装载清单，为主单据。用于证明货物的损失情况时，与运单关联，为运单的子单据。

（4）检修车回送单与运单：

当重车绑定的运单遇到检修车回送单（车统26）时，则该车主单据是运单，子单据是检修车回送单（车统26）。现车系统取票后，根据车统26的修程来确定该车的票据信息，如果修程是临修、事故修、其他，那么现车系统中该车为车统26信息，如果修程为其他类型（厂修、段修、入段厂修等），那么现车系统中该车为运单信息。

当载重为0的运单遇到检修车回送单（车统26）时，同回送清单与检修车回送单。

（5）检修车回送单与货车装载清单：同货车检修单与运单。

（6）回送清单与检修车回送单：当回送清单遇到检修车回送单（车统26）时，以车统26为主，现车取票返回的是车统26的票据信息。

另外，当发站编制好车辆回送清单后，列检发车统26时，这种情况下，这两种主票据不能共存，应先撤销车辆回送清单后，才能绑定货车检修单（车统26）。

(7)货运记录与检修车回送单:同检修车回送单与运单或装载清单。

(8)其他票据:除五种主单据外都是子单据,不能单独使用,必须要与主单据关联。与运单关联时,为运单的子单据,记录和证明运输过程中的作业信息,不改变运单内容。

第五章 需求受理

第一节 需求提报

需求提报目前有两种方式,第一种是托运人通过互联网登录货运网上营业厅(hyfw. 95306. cn/Hywsyyt/home)办理;第二种是车站货运人员通过铁路内网登录电商系统办理。

现简单介绍电商系统的操作流程。

一、提报阶段及日需求

在电商系统中可提报三个月内阶段运输需求,待阶段需求下达后,可以使用阶段需求提报日运输需求,并补充电子运单需求联相关信息。

1. 阶段需求

登录电商系统,进入【阶段运输需求】菜单,点击【阶段运输需求】,选择阶段需求类型(普通运输、国际联运、水陆联运)和运输日期后,输入需求信息、增值税等信息并保存。如图 5-1 所示。

若货物名称是危险品时,右侧出现铁危编号填记框,点击“绿色铅笔”符号,在输入框内填入铁危编号后点击【确定】。阶段需求提报后,铁危编号自动记入托运人记事。如图 5-2 所示。

保存阶段运输信息后,可在【待报阶段需求列表】中修改、删除、提交。如图 5-3 所示。

阶段运输下达后可在【阶段需求查询】中按照需求查询该阶段需求。如图 5-4 所示。

2. 阶段需求提报日需求

进入【日运输需求】菜单,输入关键字查询出阶段需求,选择运输日期,输入日需求车数或吨数,点击【保存】即可。也可在此界面修改记载

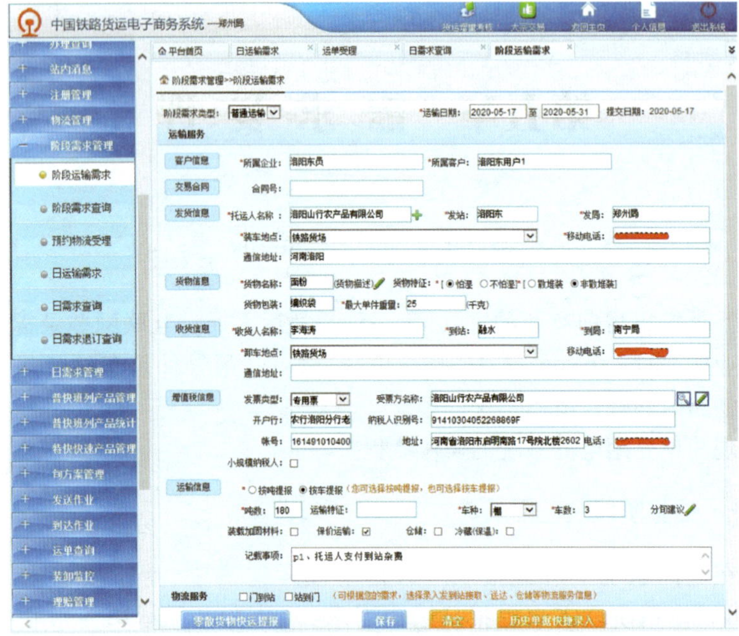

图 5-1　阶段运输需求

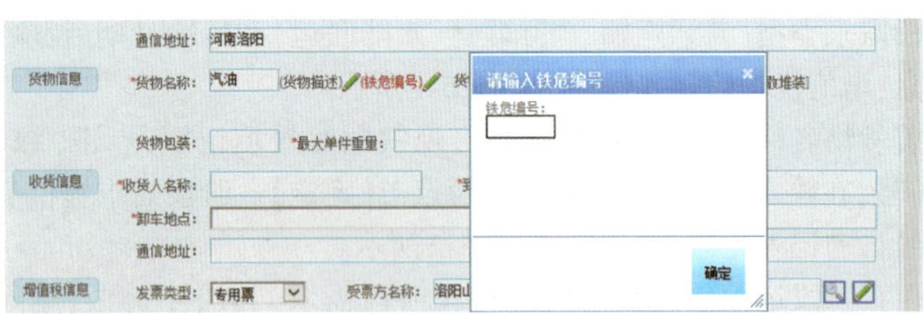

图 5-2　危险品提报

事项、保价等信息。如图 5-5 所示。

3. 日运输需求

保存日运输需求信息后，在【未报日需求查询结果】中点击【批量补充】按钮，弹出【批量补充托运信息】界面。如图 5-6 所示。

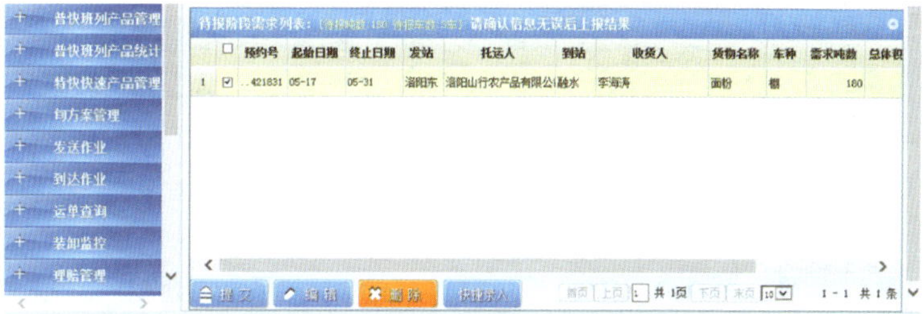

图 5-3 待报阶段需求列表

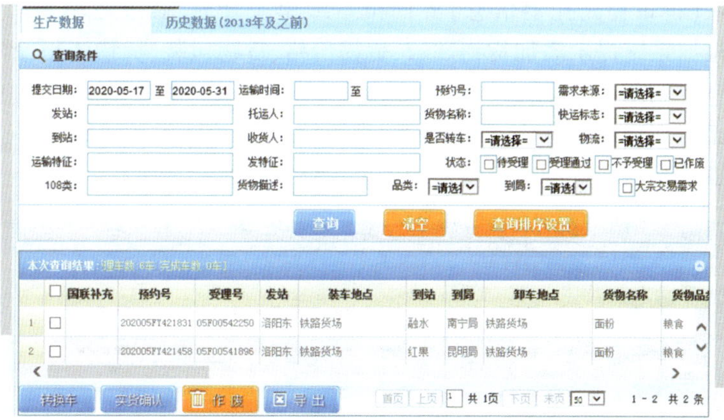

图 5-4 阶段需求查询

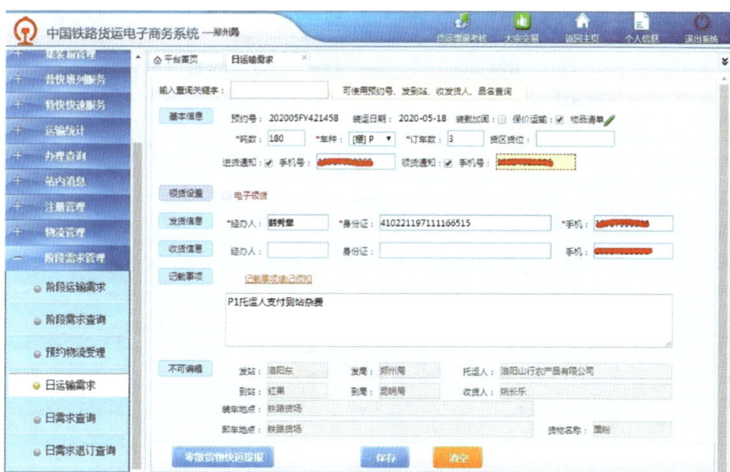

图 5-5 日运输需求

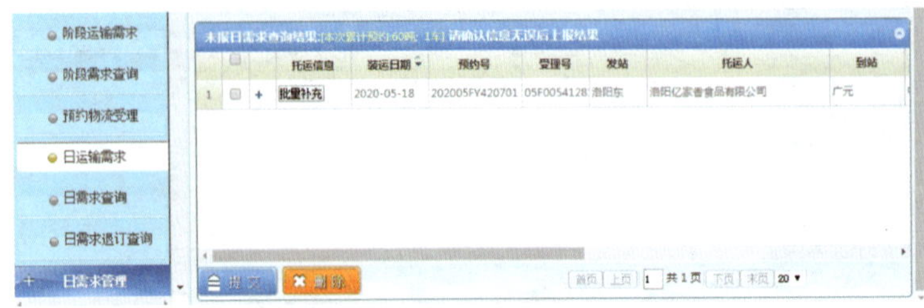

图 5-6　批量补充

在【批量补充托运信息】界面批量或单条补充、修改运单需求联信息。根据系统提示添加货物件数、货物价格、货物包装、货物体积、增值税等信息。如图 5-7 所示。

系统新增付费方式、服务方式、是否接收进(领)货通知短信等选项。装车地点为专用线或专用铁路的不可选择进货通知选项。

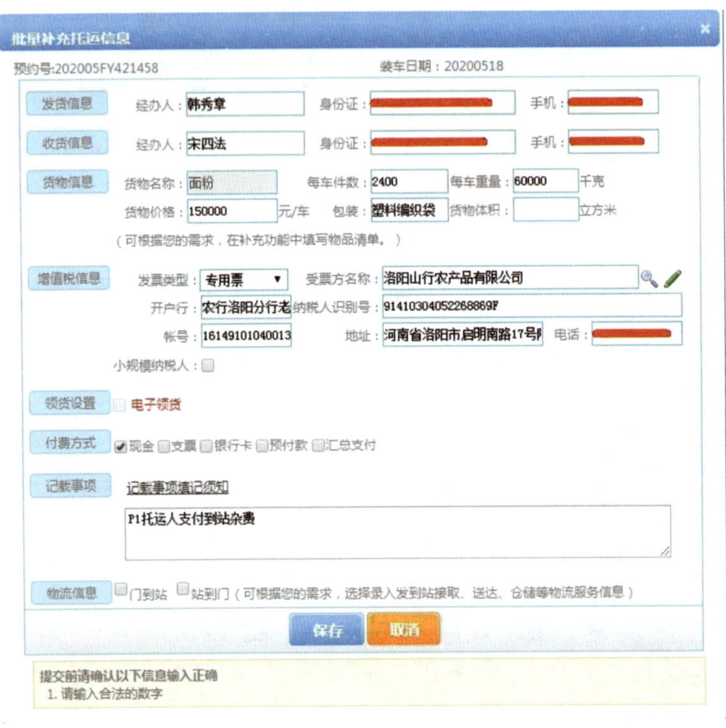

图 5-7　运单补充信息

4. 税信息维护

可在【批量补充托运信息】界面中点击增值税信息右侧的“绿色铅笔”符号进行增值税信息的维护和修改。如图 5-8 所示。

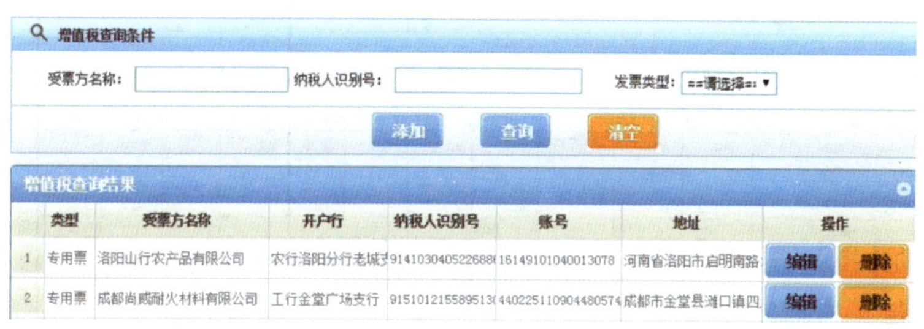

图 5-8 增值税信息修改

5. 清单提报

当货物品名超过一种需填记物品清单时，可进入【日需求查询】，选中已提报的日需求，进入运单需求联补充界面，点击【物品清单】，添加具体货物品名、包装、件数、重量、体积、价格等信息并保存。

物品清单中的货物品名不超过三种时，运单需求联显示具体货物名称、件数等信息。

物品清单中的货物品名超过三种时，运单需求联显示货物品名第一个货物品名及货物总件数、总价格、总重量。

6. 需求联查看和打印

日运输需求补充完整后，可在【批量补充托运信息】界面向右拖动滚动条，点击【批量打印】按钮，即可查看、打印运单需求联。如 5-9 所示。

7. 日需求提交

运单需求联补充完整、核对无误后，经托运人同意后，可在【未报日需求查询结果】中提交。如图 5-10 所示。

二、直接提报日需求

在电商系统中可直接提报日运输需求，提报后，可查询电子运单需求联信息，并可批量或单条补充运单需求联信息。

1. 提报日需求

登录电商系统，进入【日运输需求】菜单，点击【整车预定】，输入装运

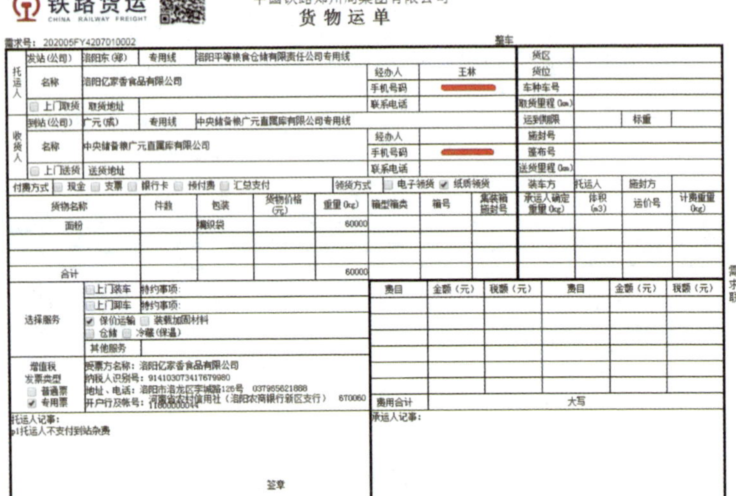

铁路货运 CHINA RAILWAY FREIGHT

中国铁路郑州局集团有限公司
货物运单

需求号：202005FY4207010002　　整车

托运人	发站(公司)	洛阳东(郑)	专用线	洛阳平等粮食仓储有限责任公司专用线		货区	
	名称	洛阳亿家香食品有限公司		经办人	王林	货位	
				手机号码		车种车号	
	□上门取货	取货地址		联系电话		取货里程(km)	
收货人	到站(公司)	广元(成)	专用线	中央储备粮广元直属库有限公司专用线		运到期限	标重
	名称	中央储备粮广元直属库有限公司		经办人		施封号	
				手机号码		篷布号	
	□上门送货	送货地址		联系电话		送货里程(km)	

付费方式 □现金 □支票 □银行卡 □预付费 □汇总支付　领货方式 □电子领货 ☑纸质领货　装车方 托运人　施封方

货物名称	件数	包装	货物价格(元)	重量(kg)	箱型箱类	箱号	集装箱施封号	承运人确定重量(kg)	体积(m3)	运价号	计费重量(kg)
面粉		编织袋		60000							
合计				60000							

选择服务	
□上门装车	特约事项:
□上门卸车	特约事项:
☑保价运输 □装载加固材料 □仓储 □冷藏(保温)	
其他服务	

增值税发票类型 □普通票 ☑专用票
受票方名称：洛阳亿家香食品有限公司
纳税人识别号：91410307341767998O
地址、电话：洛阳市洛龙区李城路126号 037965621888
开户行及帐号：河南省农村信用社（洛阳农商银行新区支行） 670060 11000000044

费目	金额(元)	税额(元)	费目	金额(元)	税额(元)
费用合计	大写				

托运人记事：
p1托运人不支付到站杂费
签章

承运人记事：

需求联

收货人签章　车站接（交）货人签章　制单人　制单日期

图 5-9　运单需求联

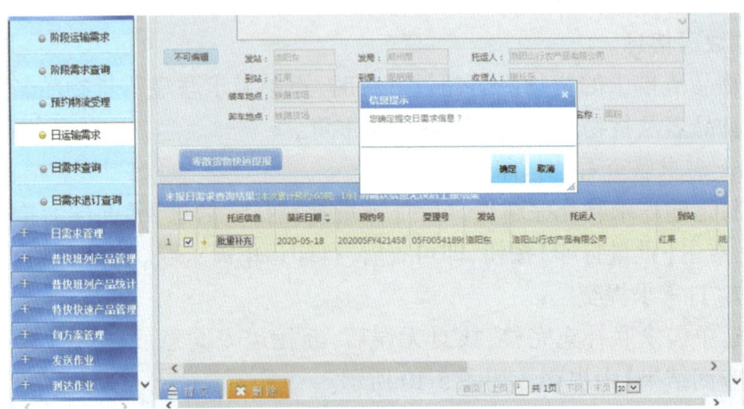

图 5-10　日需求提交

日期、需求信息、增值税等信息后提交，即提报日运输需求。操作流程与提报阶段需求类似。

2. 运单需求联

直接提报日需求后，可在【日需求查询】查询运单信息，并批量或单条补充运单需求联信息。操作流程同本章第一节“补充日运输需求”。

三、提报车辆运输需求

1. 机车车辆(品类为 1721)运输需求

登录电商系统,进入【日运输需求】菜单,点击【车辆回送需求】,录入托收货人名称、发到站、联系电话、车号、增值税发票等需求信息,选择货物名称、车属后提交。如图 5-11 所示。

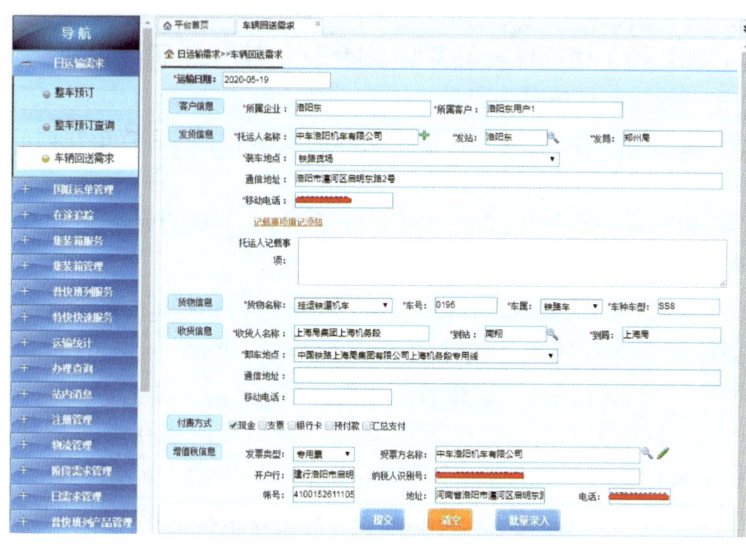

图 5-11　车辆回送需求

2. 提报车辆回送运输需求

在【车辆回送需求】界面,录入第一辆车的需求信息后,点击【批量录入】按钮,输入剩余车数,点击【批量生成】按钮,系统按车数生成需求列表,修改列表中的车号,点击【批量提交】按钮即可。如图 5-12 所示。

车辆回送需求批量录入　车数: 5　批量生成

序号	运输日期	客户信息		发货信息							货物信息			
		所属企业	所属客户	托运人名称	发站	发局	装车地点	通信地址	移动电话	托运人记载事项	货物名称	车号	车属	车种车型
1	20200519	洛阳东	洛阳东用户1	中车洛阳机车有限公司	洛阳东	郑州局	铁路货场	洛阳市瀍河区启明东路2号			挂运铁道机车	0195	铁路车	SS8
2	20200519	洛阳东	洛阳东用户1	中车洛阳机车有限公司	洛阳东	郑州局	铁路货场	洛阳市瀍河区启明东路2号			挂运铁道机车	0195	铁路车	SS8
3	20200519	洛阳东	洛阳东用户1	中车洛阳机车有限公司	洛阳东	郑州局	铁路货场	洛阳市瀍河区启明东路2号			挂运铁道机车	0195	铁路车	SS8
4	20200519	洛阳东	洛阳东用户1	中车洛阳机车有限公司	洛阳东	郑州局	铁路货场	洛阳市瀍河区启明东路2号			挂运铁道机车	0195	铁路车	SS8
5	20200519	洛阳东	洛阳东用户1	中车洛阳机车有限公司	洛阳东	郑州局	铁路货场	洛阳市瀍河区启明东路2号			挂运铁道机车	0195	铁路车	SS8
6	20200519	洛阳东	洛阳东用户1	中车洛阳机车有限公司	洛阳东	郑州局	铁路货场	洛阳市瀍河区启明东路2号			挂运铁道机车	0195	铁路车	SS8

批量提交　删除需求

图 5-12　批量录入车辆回送需求

四、注意事项

(1)托运经办人姓名、身份证号码、联系方式为必填项。

(2)提报日需求时,如运单需求联上的货物件数、重量、价格与物品清单不一致时,以物品清单记载的为准。填记了物品清单的运单需求联,系统在托运人记事栏内标注“附物品清单”。物品清单可在装车环节在货运站系统中修改件数、重量、价格、体积。品名只能删除不能增加和修改。

(3)保价运输默认为已选项,可取消。如不取消,货物价格为必填项。

(4)如选择了增值税发票类型,则受票方名称、纳税人识别号、地址电话、开户行及账号信息为必填项。

(5)使用游车时,托运人应按照实际需要车数(包括游车在内)提报需求。

(6)如有货物品牌等信息,应填记货物描述,系统自动转记在托运人记载事项栏中。

(7)运输需求提报前,如货物品名、发到站、货物特征(为非散堆装)、运输特征符合批量货物条件时,系统自动添加“批量”标识,且货物体积为必填项。如取消“批量”则按整车运输。

(8)运单需求联托运人填记内容的补充和修改须在车站受理前完成。托运人填记的货物件数、重量如与装车时的货物实际不一致时,车站在货运站系统填记货物件数、重量后,系统自动修改运单中的货物件数、重量,制单后由托运人确认后签章。

(9)提报阶段需求时,若货物名称是危险品,则要在右侧输入铁危编号,铁危编号不可为空,由5位的纯数字或5位数字加1位大写英文字母组成。危险品编号记入托运人记事。

第二节 需求受理

日运输需求提交完成后,车站货运人员需在电商系统进行实货确认和运单受理操作。实货确认时需补充和审核电子运单需求联信息;运单受理时需根据规定增加有标识的电子戳记、添加承运人需要记载的事项、使用高拍仪采集需随车传递的证明文件等操作。

一、实货确认

登录电商系统，进入【阶段需求管理】菜单，点击【日需求查询】，录入查询条件，点击【查询】按钮。如图 5-13 所示。

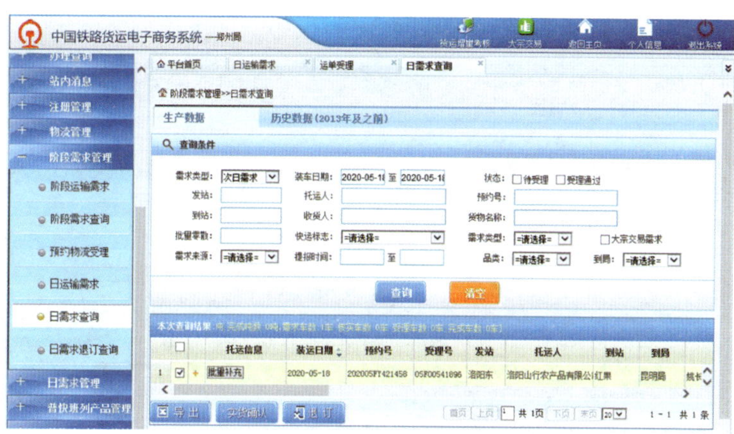

图 5-13　日需求查询

勾选电子运单需求联信息，点击【批量补充】，可补充和审核电子运单需求联信息。操作流程同本章第一节“补充日运输需求”。

勾选电子运单需求联信息，点击【实货确认】按钮，系统弹出货源确认界面，录入核实车数与核实原因，点击【确定】按钮即可完成实货确认。如图 5-14 所示。

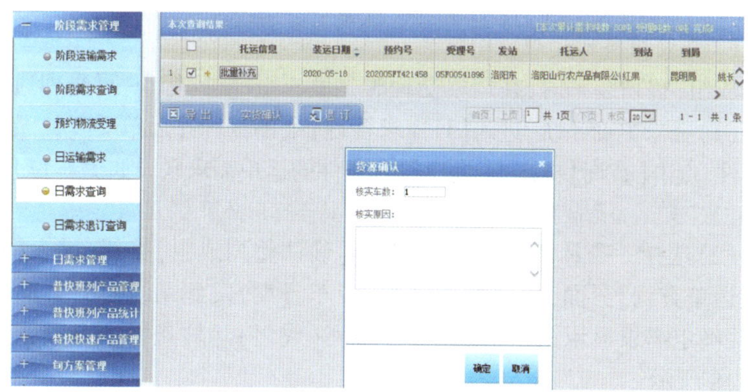

图 5-14　实货确认

二、运单受理

(一)单车受理

(1)登录电商系统,进入【日需求管理】菜单,点击【运单受理】,录入查询条件,点击【查询】按钮。如图5-15所示。

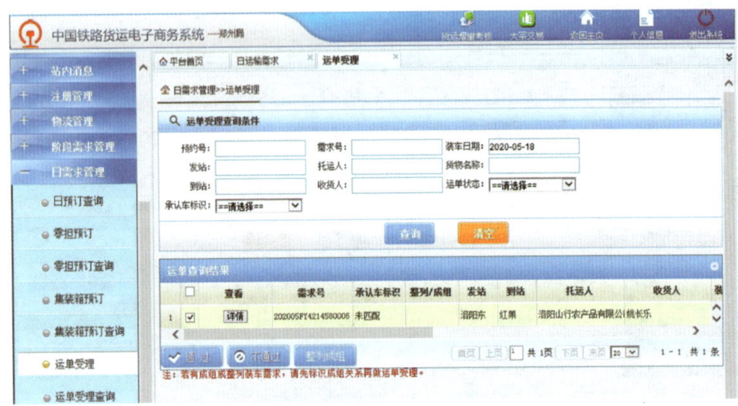

图5-15 运单受理查询

(2)勾选一条运单需求联信息,审核无误后,点击【通过】按钮,系统弹出【运单受理】界面。如图5-16所示。

第一步添加记载事项和戳记,可用首汉字筛选,其中若货物品名是特定危险品的会自动带出一些戳记项。第二步可使用高拍仪采集证明文件资料,若没有证明文件资料可直接保存,受理通过。

(二)成组整列受理

成组、整列装车时,在运单受理时先做成组、整列标识,再受理通过。

(1)登录电商系统,进入【日需求管理】菜单,点击【运单受理】,录入查询条件,点击【查询】按钮,查询出符合条件的运单需求联。如图5-17所示。

注意:成组、整列装车时,运单需求联的承认车标识必须为“已匹配”。

(2)选择一条具体需求信息,点击【确认整列成组】按钮,进入【整列成组运单查询】界面,根据需求类型、装车日期、发到站、预约号、品名条件,并确定需求显示条数,查询符合整列(成组)运输条件的日需求。如图5-18所示。

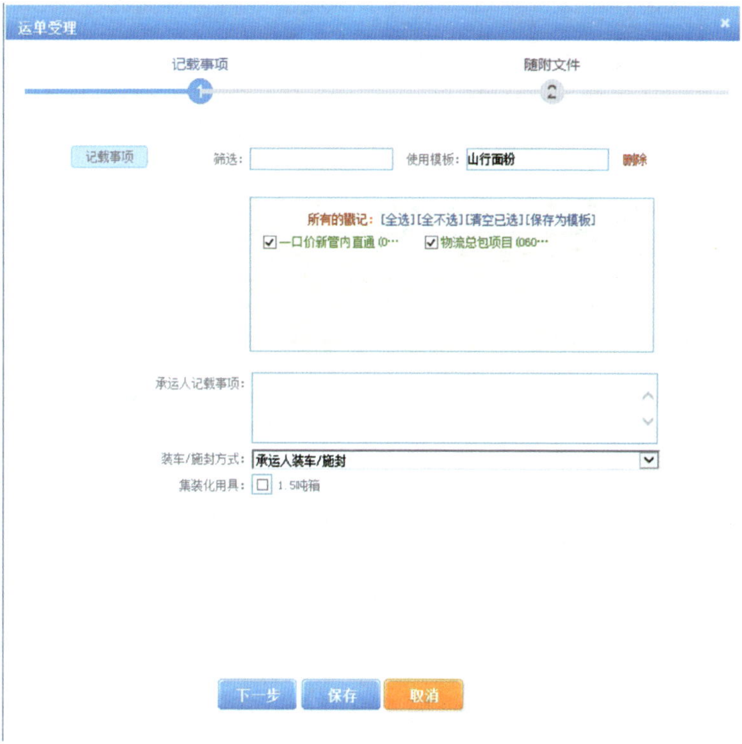

运单受理

记载事项　　随附文件

记载事项　筛选：　使用模板：山行面粉　删除

所有的记载：[全选][全不选][清空已选][保存为模板]

☑一口价新管内直通 (0…　☑物流总包项目 (060…

承运人记载事项：

装车/施封方式：承运人装车/施封

集装化用具：☐ 1.5吨箱

下一步　保存　取消

图 5-16　添加记事

图 5-17　成组整列查询

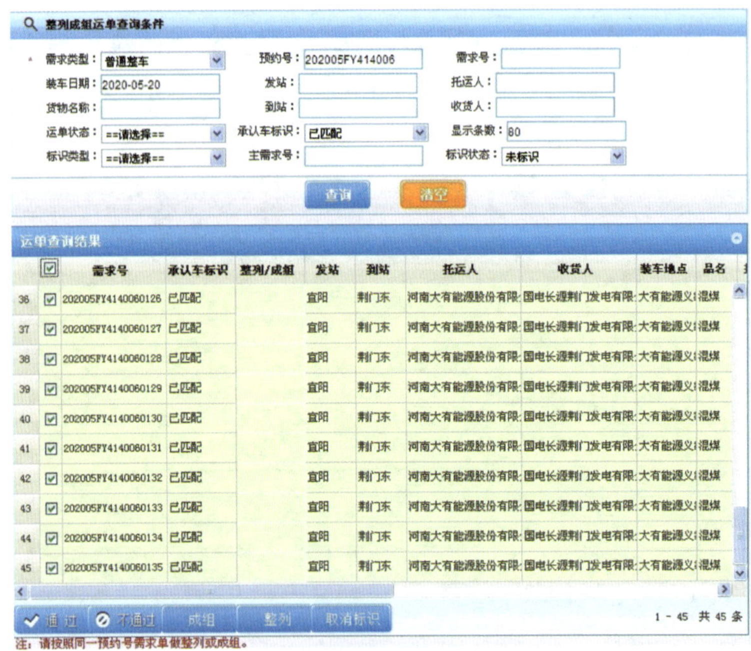

图 5-18　设置查询条件

（3）勾选所需成组（整列）的运单需求号，点击【成组】或【整列】按钮，系统弹出【成组装车附件表】界面，如图 5-19 所示。

欢迎访问电子商务系统　整列成组信息维护　成组装车附件表

整列装车附表

发站：宜阳　装车日期：2020-05-20　车次：　预约号：202005FY414006

序号	需求号	车种车号		货物重量（千克）		备注
				托运人确定	承运人确定	
1	202005FY4140060091			60000		
2	202005FY4140060092			60000		
3	202005FY4140060093			60000		
4	202005FY4140060094			60000		
5	202005FY4140060095			60000		

图 5-19　成组装车附件表

（4）在【成组装车附件表】界面设置主需求单号（默认为第一个需求号），点击确认成组或整列的需求单。图 5-20 所示。

图 5-20 设置主需求单

(5)在【成组装车附件表】界面最下方,点击【受理通过】按钮,即可完成成组整列标识。如图 5-21 所示。

38	202005FY4140060128			60000		
39	202005FY4140060129			60000		
40	202005FY4140060130			60000		
41	202005FY4140060131			60000		
42	202005FY4140060132			60000		
43	202005FY4140060133			60000		
44	202005FY4140060134			60000		
45	202005FY4140060135			60000		

受理通过 确认整列 打印 关闭

图 5-21 受理通过

(6)在点击【受理通过】按钮后,系统弹出【运单受理】界面,在该界面根据规定增加有标识的电子戳记、添加承运人需要记载的事项、使用高拍仪采集需随车传递的证明文件等操作。操作流程与单车受理相同。

三、注意事项

(1)车站受理岗位受理运单需求联可与铁路局集团公司日需求审定同步进行。受理时应核实货源及需求信息的完整性,审核发到站办理限制、起重能力、专用线办理范围、危险货物办理条件、临时停限装、特定运输条件、接取送达等信息;查验证明文件、特价运输证明书等并使用高拍仪采集影印资料;标识货运记事和运输戳记;费用浮动标识中填记浮动项目号。

(2)受理需整列或成组运输的运单需求联时,选择整列或成组的运单需求联进行标识,电商系统自动生成一个主需求号,须经受理岗位确认后,运单需求联流转下一作业环节。整列运输车数最多 80 车。

(3)车辆回送需求不经过铁路局集团公司货运生产计划管理系统(FMOS)和货调系统审批,由车站直接受理。车站受理岗位按规定审核相关证明文件,添加记事项和运输戳记,采集证明文件影印件后推送给货运站系统。货运站系统校验车辆已到站、状态为空、票车解绑后,按“已装车”状态推送货票系统制单。

(4)运单需求联经车站受理岗位审核后,客户不能再对需求信息进行补充和修改。如客户不能在受理环节提供证明文件时,车站可先通过审核,在装车前完成影印资料采集。车站公共货场凭已通过审核的运单需求联组织作业;专用线与车站办理完路企交接后,凭已通过审核的运单需求联组织作业。

(5)受理煤炭运输需求时,对煤炭颗粒小于等于 35 mm 的应审核运单需求联中承运人记事栏是否增加“抑尘”标识。

第六章　整车装车作业

第一节　货运站大站版装车

一、装车计划

（一）作业办法

(1)审核货运站系统收到由电商系统推送的已受理的运单是否完整。如有缺失的,联系受理人员核对,受理人员核实无误后,联系信息部门处理。

(2)核对货运站系统收到由铁路局集团公司货调下达的承认车情况,如有缺少的,及时联系铁路局集团公司货调或信息部门。对铁路局集团公司货调临时安排的装车,应先在电商系统中受理。

(3)根据承认车、到达车、空车和货源情况,制定装车计划,规划好股道,安排好外勤货运员和装卸工组。

(4)在制定装车计划时,如缺少专用线、货场、外勤货运员、装卸工组,联系货运站系统管理员维护。

注意:在制定装车计划时,一定要选择外勤货运员,如本站的确没有外勤货运员,可虚拟一个。

(5)制定装车计划有误或取消装车时,应及时执行装车计划回退。

（二）操作流程

1. 运单查询打印

进入【需求受理】菜单,点击【运单打印】进入运单打印界面。选择查询日期段和查询条件,查询出符合条件的运单,可以查看打印运单。有物品清单(电商提报)的可打印物品清单。如图 6-1 所示。

在运单打印界面,运单的状态有三种:已受理、已装车、已制票。分别表示三种货运作业状态,这三种状态是可以用回退机制相互转化的。如图 6-2 所示。

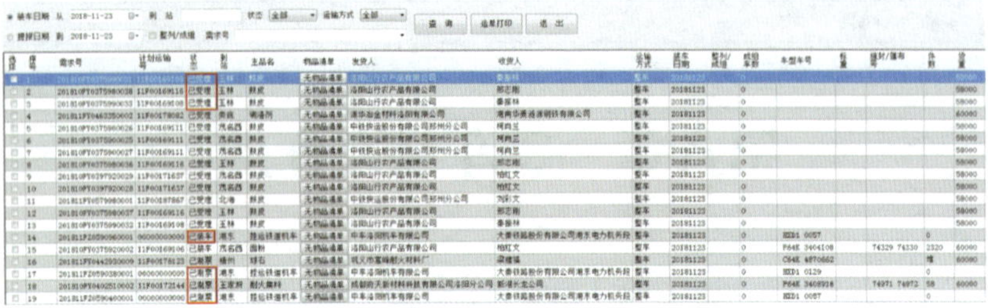

图 6-1　运单查询

图 6-2　运单状态

勾选已装车或已制票的运单，点击【运单打印】，可以查看运单的装车信息（重量、件数、施封号、篷布号、记事等信息），可用于在装车完毕或计费制单完毕后，查验装车信息是否有误。

2. 电商系统查询运单

登录电商系统，进入【日需求管理】，点击【运单受理查询】进入运单受理查询页面。选择查询日期段和查询条件，查询出符合条件的运单，拖动滚动条，查看运单最后一项的状态是否为“已通过受理”。只有运单状态为“已通过受理”时，电商系统才会将该运单发送至货运站系统。如图 6-3 所示。

图 6-3　运单受理状态

3. 运货五查询

进入【经营管理】菜单中的【综合查询】,点击【运货五查询】进入运货五界面。选择装车日期,查询出符合条件的承认车。如与铁路局集团公司货调下达的承认车数量不符,可尝试点击【取运货五】按钮,货运站系统会再次提取承认车。如图 6-4 所示。

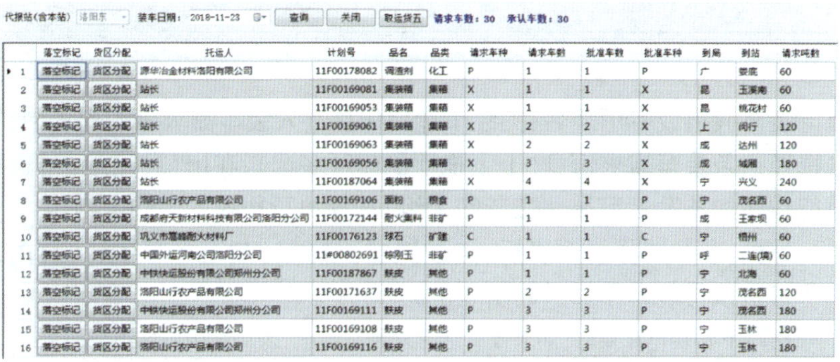

代报站(含本站) 洛阳东 装车日期: 2018-11-23 查询 关闭 取运货五 请求车数: 30 承认车数: 30

	落空标记	货区分配	托运人	计划号	品名	品类	请求车种	请求车数	批准车数	批准车种	到局	到站	请求吨数
1	落空标记	货区分配	源华冶金材料洛阳有限公司	11F00178082	调渣剂	化工	P	1	1	P	广	娄底	60
2	落空标记	货区分配	站长	11F00169081	集装箱	集箱	X	1	1	X	昆	玉溪南	60
3	落空标记	货区分配	站长	11F00169053	集装箱	集箱	X	1	1	X	昆	桃花村	60
4	落空标记	货区分配	站长	11F00169061	集装箱	集箱	X	2	2	X	上	闵行	120
5	落空标记	货区分配	站长	11F00169063	集装箱	集箱	X	2	2	X	成	达州	120
6	落空标记	货区分配	站长	11F00169056	集装箱	集箱	X	3	3	X	成	城厢	180
7	落空标记	货区分配	站长	11F00187064	集装箱	集箱	X	4	4	X	宁	兴义	240
8	落空标记	货区分配	洛阳山行农产品有限公司	11F00169106	面粉	粮食	P	1	1	P	宁	茂名西	60
9	落空标记	货区分配	成都府天新材料科技有限公司洛阳分公司	11F00172144	耐火熟料	非矿	P	1	1	P	成	王家坝	60
10	落空标记	货区分配	巩义市嵩峰耐火材料厂	11F00176123	球石	矿建	C	1	1	C	宁	梧州	60
11	落空标记	货区分配	中国外运河南公司洛阳分公司	11#00802691	棕刚玉	非矿	P	1	1	P	呼	二连(境)	60
12	落空标记	货区分配	中铁快运股份有限公司郑州分公司	11F00187867	麸皮	其他	P	1	1	P	宁	北海	60
13	落空标记	货区分配	洛阳山行农产品有限公司	11F00171637	麸皮	其他	P	2	2	P	宁	茂名西	120
14	落空标记	货区分配	中铁快运股份有限公司郑州分公司	11F00169111	麸皮	其他	P	3	3	P	宁	茂名西	180
15	落空标记	货区分配	洛阳山行农产品有限公司	11F00169108	麸皮	其他	P	3	3	P	宁	玉林	180
16	落空标记	货区分配	洛阳山行农产品有限公司	11F00169116	麸皮	其他	P	3	3	P	宁	玉林	180

图 6-4 运货五查询

4. 装车计划查询

进入【货运组织】菜单中的【生产组织】,点击【装车计划】进入装车计划界面。选择查询条件后点击【查询】按钮,显示待装运单信息,即装车计划信息。

注意:

(1)默认情况下,不对查询条件进行任何设置时,直接点击【查询】,将查询当前操作日期的待装车运单信息。或者根据需要将查询范围调整为"国联""零散"或者"货运记录"。

选择使用"运单"查询,数据结果中将包含整车和国联的数据,但不包括零散、货运记录数据。

选择使用"国联""零散"或者"货运记录"查询,将只显示"国联""零散"或者"货运记录"数据。

(2)注意货场资源或专用线资源的"空货位空车位"项,当该项的值小于安排的装车数时,不能制定装车计划。需把货场已有的车辆出线或增加货场股道容车数。如图 6-5 所示。

5. 制定装车计划

双击选择一条装卸计划信息(上下拖动鼠标可多选),在界面右侧选

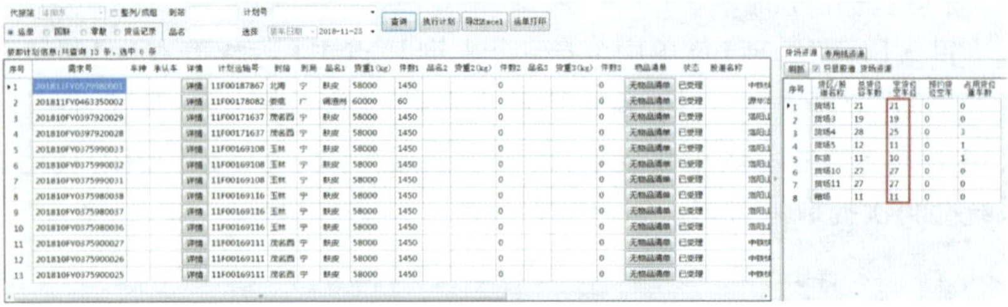

图 6-5　空货位空车位

择待装车股道或专用线名称，装车计划信息进入装车需求界面列表中，双击选择一条装车需求信息（上下拖动鼠标可多选），在【外勤货运员】选择执行作业的外勤货运员，在【装卸工组】选择执行作业的装卸工组。

外勤、装卸工作均派班后，点击【执行计划】，装车计划生成，转由外勤货运员执行装车作业。如图 6-6 所示。

注意：下发装车计划时，如果没有选择外勤货运员，装车完毕后就不能回退。

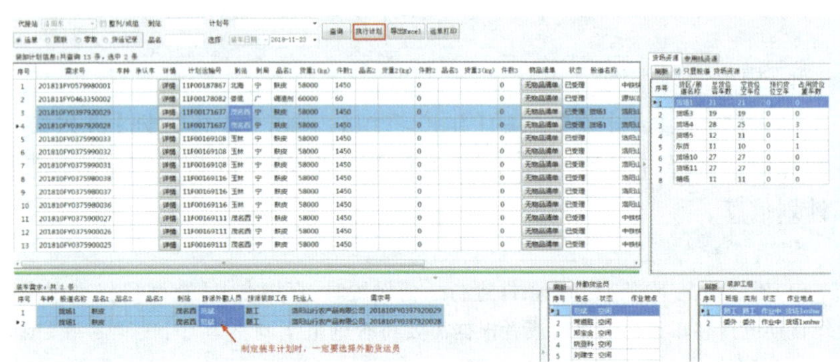

图 6-6　装车计划

6. 装车计划回退

进入【货运组织】菜单中的【生产组织】，点击【作业组织】，进入作业组织界面。点选装车计划、股道等查询条件后，点击【查询】按钮，显示已下发的装车计划信息。双击选择装车计划（可多选），点击【回退空装车计划】，确认系统提示，点击【是】。如图 6-7 所示。

系统提示：该装车计划信息回退完成，点击【确定】即可完成装车计划回退。如图 6-8 所示。

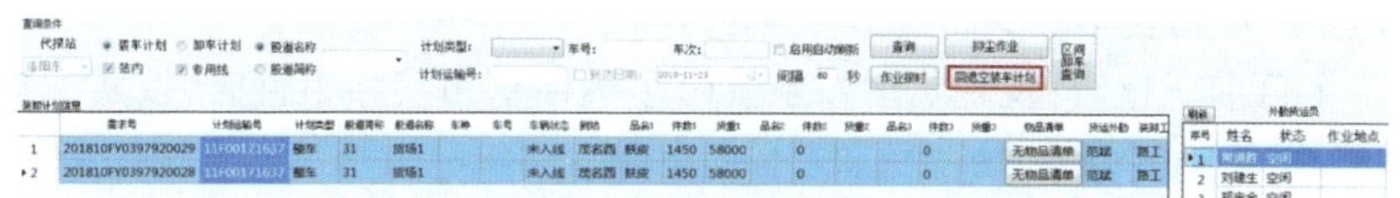

图 6-7　回退空装车计划

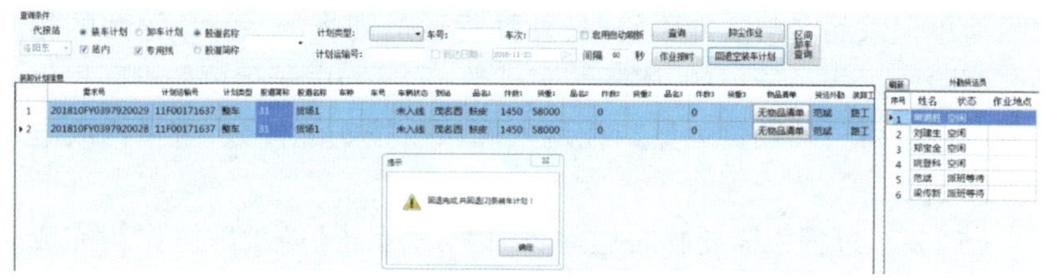

图 6-8　系统提示

二、货场装车

(一)作业办法

1. 装车前检查

(1)外勤货运员在接车时抄录的车辆信息(车型、车号、标重)要与现车系统中的车辆信息进行核对(重点核对车号),如果不一致,由货调通知行车部门处理。

(2)货调需在现车系统或货运站系统确认待装车辆是否在作业股道,并查看车辆“非运用码”。如有问题,联系行车部门处理。

(3)查看待装车辆是否为空车,且不带票据。带有票据的空车,需票车解绑后,才能装车;带有不良货车标记的货车,经确认能够保证安全的,才能装车。带有货车检修单(车统 23、车统 26)的车辆不能安排装车。

2. 装车作业

(1)使用货运站系统完成接车对位、安设防护牌、装车前三检、装车后三检、撤除防护牌等操作。

(2)在装车作业过程中,按照接车对位→安设防护牌→装车前三检→装车后三检→撤除防护牌的顺序完成操作,不能跳过某个环节直接执行下一环节。

(3)在装车作业过程中,如某个环节操作有误时,应取消作业,装车回退后，重新装车。

(4)前三检时，发现货运站系统内车辆标重与实际不符时，按实际标重修改。

(5)后三检时，有物品清单的，应核对物品清单与实际装车货物是否相符。如物品清单记载件数、重量与实际不符，应按实际修改件数、重量。物品清单记载品名与实际不符时，外勤货运员则将物品清单记载的相应品名删除。无物品清单的，实际装车件数、重量与电子运单需求联提供的件数、重量不符，外勤货运员与托运人确认后按实际件数、重量修改电子运单需求联。

(6)装车过程中需要临时撤除防护牌，则点击【防护牌操作】，完成防护牌撤除和再设置。

3. 装车后检查

(1)装车完毕后，在【运单打印】界面查看运单状态是否变为“已装车”，并核实录入的装车信息(重量、件数、施封号、篷布号、记事等信息)是否有误。如发现问题，立即装车回退。

(2)联系内勤核算员，确认货票系统收到该运单信息。如收不到，联系信息部门处理。

(二)操作流程

1. 装车前检查

(1)检查车辆

进入【经营管理】菜单，点击【综合查询】中的【股道现车】进入整车装卸车界面。选择作业股道或现车股道，股道信息显示在界面左侧，双击要查看的股道，股道内所有车辆信息显示在界面右侧；也可根据车号查询。

查看车辆的“票据 ID”“载重”“非运用码”“空重状态”“运单号”等项。重车、有票据 ID、有运单号的车辆不能装车。非运用码为“空”或“0”的车辆可以装车，其他值不能装车。非运用码为“9”时，表示车辆为检修车，可以卸车或换装，不能装车。如图 6-9 所示。

(2)空车有票

空车有票处理方法查看第十四章“票车不符处理办法”。

2. 装车计划查询

进入【货运组织】菜单，点击【装卸作业】中的【整车装卸】进入整车

代报站(含本站) 洛阳东　○ 现车股道　◉ 作业股道　车2道

车号　刷新　打印　股道:76—车2道　共15辆

顺位	票据ID	车号	车种	载重	到站	到局	发站	品名	收货人	车次	到达日期	记事	股道	非运用码	空重状态	运
1	HL20180505LIFR03850043	4625085	C62BK	0	洛阳东	05	洛阳北	检修		X46001	06 17:45	15 15 【厂修】	车2道	9	空车	LIFR
2		708	SY	0	洛阳东	05	滦南	宿营车		57003	30 08:04	VJ	车2道	11	空车	
3		706	YZ	0	洛阳东	05	丁河	报废车		57302	29 13:22	CLC 限80	车2道	11	空车	
4		714	YZ	0	洛阳东	05	丁河	报废车		57302	29 13:22	CLC 限80	车2道	11	空车	
5		666248	YW	0	洛阳东	05	洛阳西	报废客车体		46001	09 20:08	CLC限80KM/HJV	车2道		空车	

图 6-9　股道现车

装卸界面。选择股道和外勤货运员，点击【查询】可查询当前符合条件的装车计划；也可不选择条件查询。点击【显示已撤除小牌车】可显示或隐藏已撤除装卸工组防护牌但未出线车辆的装车任务。如图 6-10 所示。

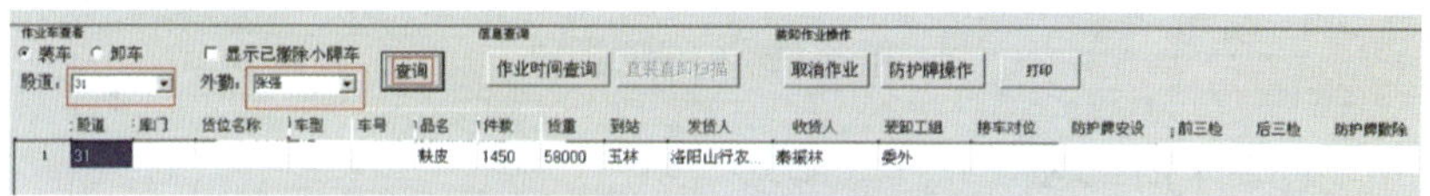

图 6-10　整车装车计划查询

如装车计划有误，可回退装车计划，重新制定。

3. 装车作业

(1) 接车对位

选择所要操作的装车任务，点击【接车对位】列，弹出当前股道所有的空车信息，在需要装车的车号前输入车位，录入实际入线时间，点击【确定】后完成接车对位。如图 6-11 所示。

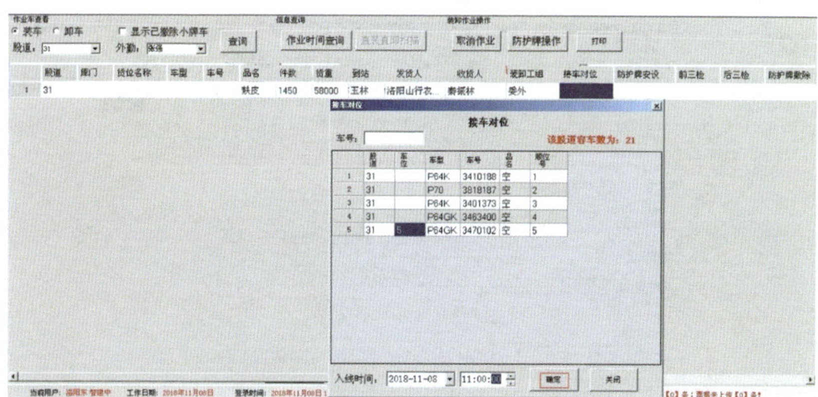

图 6-11　接车对位

(2)安设防护牌

选择已完成接车对位的装车任务,点击【安设防护牌】列,系统提示安设设置,录入实际安设时间,点击【确定】安设防护牌(可批量安设)。如图 6-12 所示。

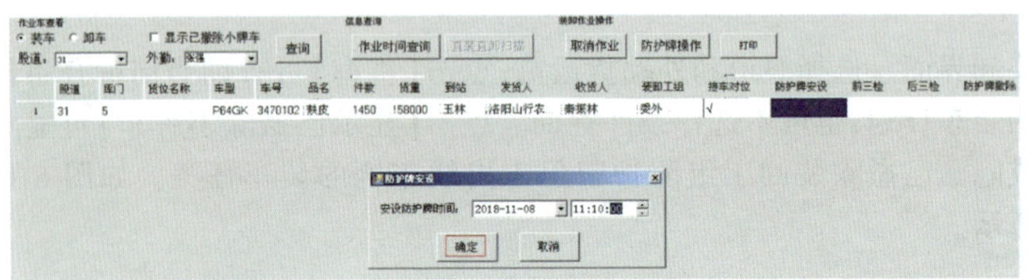

图 6-12 安设防护牌

(3)装车前三检

选择已完成安设防护牌的装车任务,点击【前三检】一栏,弹出前三检界面,检查轴数、车型、车号、标重等信息,系统将自动列出目前站内可用的施封篷布号供用户选择,如果当前列表中没有施封篷布号则可自行输入(前三检完成后系统自动将施封篷布号进行登记);选择正确的货位,点击【确定】按钮完成前三检,系统自动补齐人员、装卸工组、货位状态以及作业时间,作业时间需根据实际填写。如图 6-13 所示。

注意:前三检界面的车号不能修改,车辆的标重可以修改。

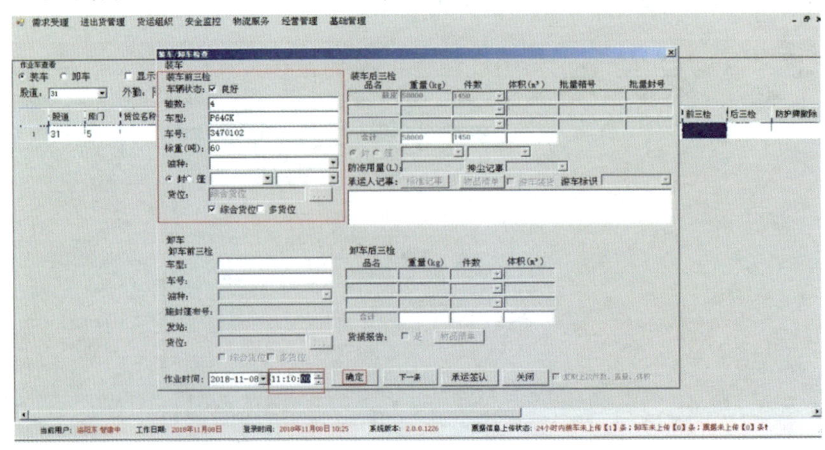

图 6-13 前三检

(4)装车后三检

选择已完成前三检的装车任务,点击【后三检】一栏,弹出后三检界面,检查装车件数、货重、施封篷布号等信息,并根据需要填写游车标识等信息;当所有信息填写并确认无误后,点击【确定】完成后三检填报,系统自动补齐人员、装卸工组、货位状态以及作业时间,作业时间需根据实际填写。如图 6-14 所示。

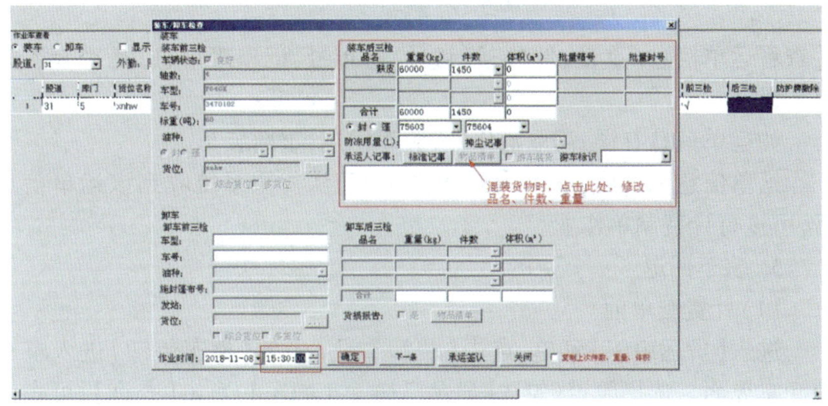

图 6-14　后三检

装运混装货物时,应点击【物品清单】核对物品清单记载品名、件数、重量与实际是否相符,批量货物必须填记体积。

煤炭运输需要抑尘的,需点选【抑尘记事】,添加抑尘记事。

如需自由记事则点击【增加记事】,将编辑框置于可编辑状态输入记事内容,如需标准记事则点击【标准记事】选择标准记事,点击【确定】完成后三检。

(5)撤除防护牌

选择已完成后三检的装车任务,点击【撤除防护牌】列,系统提示"是否撤除防护牌",点击【确定】撤除防护牌(可批量撤除)。作业时间根据实际填写。如图 6-15 所示。

如果当前股道上还有未作业完成的车辆则当前任务依旧存在于当前界面上,如果当前股道上车辆作业全部完毕则自动将当前任务隐藏。

4. 装车后检查

装车完毕后,运单状态变为"已装车"。可在【运单打印】界面核实,

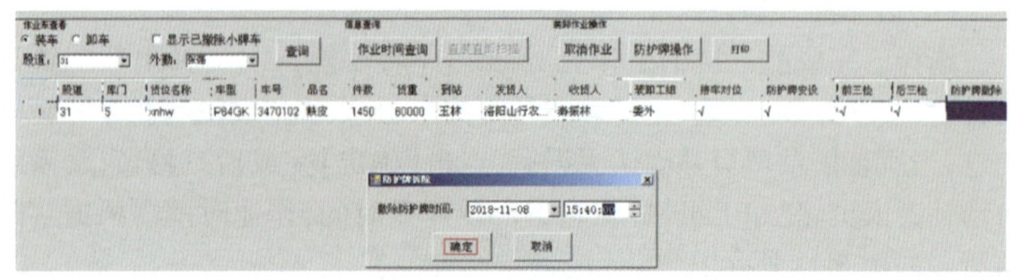

图 6-15　撤除防护牌

并查看运单信息（重量、件数、施封号、篷布号、记事等信息）是否录入完整无误。

如运单信息有误，需取消作业，装车回退，重新装车。

运单信息无误后，联系内勤核算员，确认货票系统收到该运单信息后，可进行计费制单作业。

5. 装车回退

（1）计费制单前

进入【货运组织】菜单，点击【装卸作业】中的【整车装卸】进入整车装卸车界面。选择股道，勾选【显示已撤除小牌车】，点击【查询】，可查询当前符合条件的已装车完毕的车辆，点选需要取消装车作业的车辆，然后点击【取消作业】，该装车计划可从“接车对位”重新开始装车。如图 6-16 所示。

这时，运单状态从“已装车”变为“已受理”。

作业车查看　● 装车　○ 卸车　☑ 显示已撤除小牌车　股道：31　外勤：　查询　作业时间查询　取消作业　防护牌操作　打印

	股道	库门	货位名称	车型	车号	品名	件数	货重	到站	发货人	收货人	装卸工组	接车对位	防护牌安设	前三检	后三检	防护牌撤除	篷布施封号	票据号
1	31	1	xnhw	P70	3800066	耐火原料	70	69000	沙湾	成都市天新...	四川德胜集...	路工	√	√	√	√	√	75435 75436	201811FY0441620001
2	31	1	xnhw	P64GK	3461240	石英砂	48	60000	孜镇	巩义市恒峰...	李春	路工	√	√	√	√	√	74951 74952	201811FY0456830001
3	31	3	xnhw	P62NK	3324620	耐火原料	60	60000	衡阳	洛阳市清华...	邓新生	路工	√	√	√	√	√	75601 75602	201811FY0423510002
4	31	4	xnhw	P64GK	3461662	麸皮	1350	60000	廉江	洛阳山行农...	廉江市粮食...	委外	√	√	√	√	√	75437 75438	201810FY0376000001
5	31	4	xnhw	P70	3837584	电子设备元件	36	27000	海口南	无锡市晨鼎...	黄佳霞	委外	√	√	√	√	√	74945 74946	201811FY0445050001
6	31	5	xnhw	P64GK	3470102	麸皮	1450	60000	玉林	洛阳山行农...	秦振林	委外	√	√	√	√	√	75603 75604	201810FY0375990007
7	31	5	xnhw	P70	3824052	新化食品	1900	27000	西固城	彭更兴-430...	杨松	委外	√	√	√	√	√	75599 75600	201811FY0448810001
8	31	6	xnhw	P70	3834119	高粱	1100	70000	南关镇	建平县科力...	钟玉强	委外	√	√	√	√	√	74947 74948	201811FY0437860003
9	31	11	xnhw	P64AK	3425724	麸皮	1400	58000	玉林	洛阳山行农...	邢志刚	委外	√	√	√	√	√	74949 74950	201810FY0375980007

图 6-16　装车回退

（2）计费制单后

计费制单后，未通知取车前，运单状态变为“已制票”，这时如发现问题，需先在货票系统作废该张运单，运单作废之后，状态变为“已装车”，然后按照计费制单前操作流程回退装车作业。

(3)通知取车后

通知取车后,货运作业完毕,车辆变为“可取车”,不可回退作业。

6. 其他事项

(1)使用游车时,货运站系统接到电商系统的需求(托运人实际需要的车数,并在电商系统已成组标记),按照装车作业进行,在后三检时将实际是游车的车辆属性标为“游车”,同时清空货物重量、件数、体积栏,并将成组信息推送至货票系统。

(2)成组保温车、BX1K 型车的,货运站系统接到电商系统的已进行成组标记的需求,在标准记事中选择“成组连挂,不得拆解”记事。发电车车号应填记承运人记事中(有主运单需求号的应填记在主电子运单需求联中)。

(3) 一件货物跨装两辆车成组装车时,其中一辆负重车件数填“1”,另一辆负重车件数填“0”,货物重量各填记二分之一货重。

(4)超限超重货物运输,需在货运站系统编制超限超重货物运输记录后,打印、签认留存。

(三)货场装车流程

货场装车作业流程如图 6-17 所示。

三、专用线(专用铁路)装车

(一)作业办法

1. 装车前检查

(1)专用线货运员在接车时抄录的车辆信息(车型、车号、标重)要与现车系统中的车辆信息进行核对,如果不一致,由货调通知行车部门处理。

(2)货调需在现车系统或货运站系统确认待装车辆是否在作业股道,并查看车辆“非运用码”。如有问题,联系行车部门处理。

(3)查看待装车辆是否为空车,且不带票据。带有票据的空车,需票车解绑后,才能装车;带有不良货车标记的货车,经确认能够保证安全的,才能装车。带有货车检修单(车统 23、车统 26)的车辆不能安排装车。

2. 装车作业

(1)使用货运站系统,完成路企交接、专用线装卸车作业、填制调送

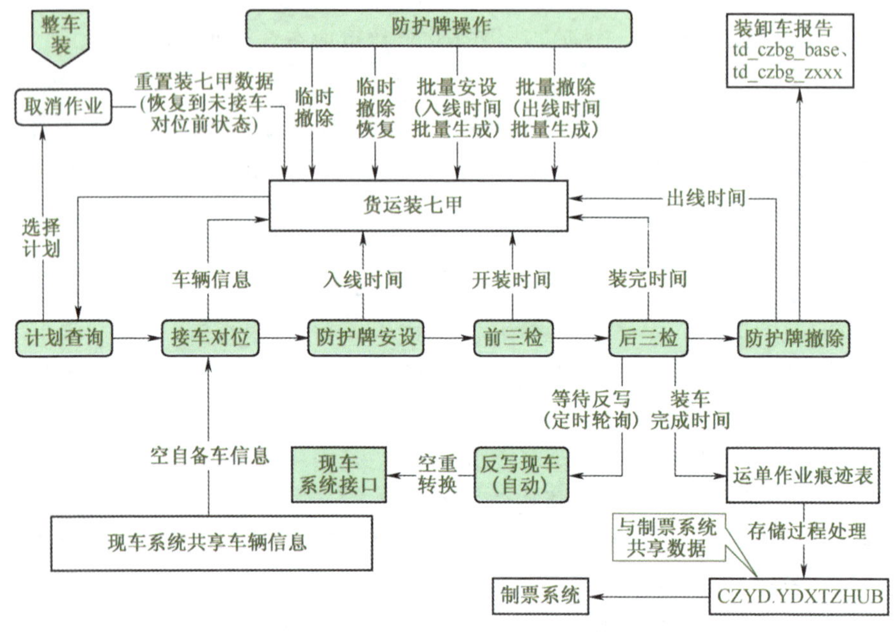

图 6-17 货场装车作业流程

单等工作。

(2)在装车作业过程中,按照路企进线交接→专用线装卸→路企出线交接→调送单签认的顺序完成操作,不能跳过某个环节直接执行下一环节。

(3)录入的作业时间应经路企双方共同确认、准确无误。

(4)在装车作业过程中,路企出线交接前,如某个环节操作有误时,应取消作业,装车回退后,重新装车。路企出线交接后,不能回退。

(5)专用线装卸时,有物品清单的,应核对物品清单与实际装车货物是否相符。如物品清单记载件数、重量与实际不符,应按实际修改件数、重量。物品清单记载品名与实际不符时,专用线货运员则将物品清单记载的相应品名删除。无物品清单的,实际装车件数、重量与电子运单需求联提供的件数、重量不符,专用线货运员与托运人确认后按实际件数、重量修改电子运单需求联。

(6)企业运输员可在电商平台录入专用线装卸信息。

(7)通常情况下,凭运单回送的自备空车到站后,需要过一段时间再装车,为了防止作业出现纰漏,建议自备车送入专用线前,先进行票车解绑。

3. 装车后检查

(1)专用线装卸完毕后,路企出线交接前,在【运单打印】界面查看运单状态是否变为“已装车”,并核实录入的装车信息(重量、件数、施封号、篷布号、记事等信息)是否有误。如发现问题,立即装车回退。

(2)联系内勤核算员,确认货票系统收到该运单信息。如收不到,联系信息部门处理。

(3)核实运单无误后,可先计费制单,再做路企出线交接。

(二)操作流程

1. 装车前检查

(1)检查车辆

进入【经营管理】菜单,点击【综合查询】中的【股道现车】进入整车装卸车界面。选择作业股道或现车股道,股道信息显示在界面左侧,双击要查看的股道,股道内所有车辆信息显示在界面右侧;也可根据车号查询。

查看车辆的“票据 ID”“载重”“非运用码”“空重状态”“运单号”等项。重车、有票据 ID、有运单号的车辆不能装车。非运用码为“空”或“0”的车辆可以装车,其他值不能装车。非运用码为“9”时,表示车辆为检修车,可以卸车或换装,不能装车。如图 6-18 所示。

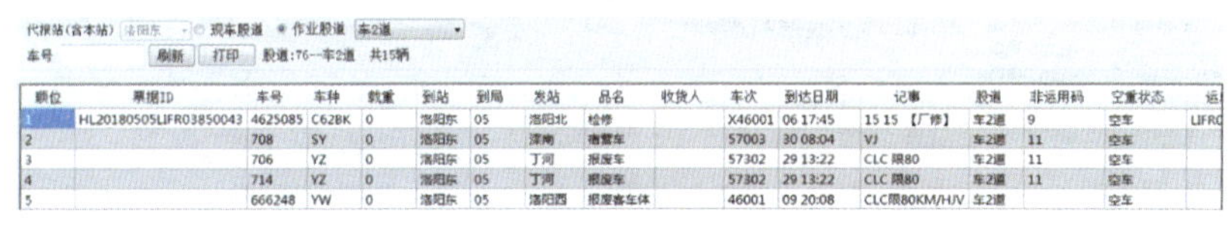

代报站(含本站) 洛阳东　现车股道　作业股道 车2道
车号　刷新　打印　股道:76--车2道　共15辆

顺位	票据ID	车号	车种	载重	到站	到局	发站	品名	收货人	车次	到达日期	记事	股道	非运用码	空重状态	运
1	HL20180505LIFR03850043	4625085	C62BK	0	洛阳东	05	洛阳北	检修		X46001	06 17:45	15 15 【厂修】	车2道	9	空车	LIFR
2		708	SY	0	洛阳东	05	[illegible]	[illegible]		57003	30 08:04	VJ	车2道	11	空车	
3		706	YZ	0	洛阳东	05	丁河	报废车		57302	29 13:22	CLC 限80	车2道	11	空车	
4		714	YZ	0	洛阳东	05	丁河	报废车		57302	29 13:22	CLC 限80	车2道	11	空车	
5		666248	YW	0	洛阳东	05	洛阳西	报废客车体		46001	09 20:08	CLC限80KM/H/V	车2道		空车	

图 6-18　股道现车

(2)空车有票

空车有票处理方法查看第十四章“票车不符处理办法”。

2. 路企进线交接

制定装车计划后,进入【货运组织】菜单中的【装卸作业】,点击【路企交接】,进入路企交接界面。在【专用线股道】中选择需要作业的专用线股道,点击【查询】,系统显示需要作业的车辆。

注意:如果该批车辆为“卸后再装”,即表示车辆为重车状态进入该专用线,没有出线。在路企交接界面一定要勾选【已交接】,才能显示该车辆。如图 6-19 所示。

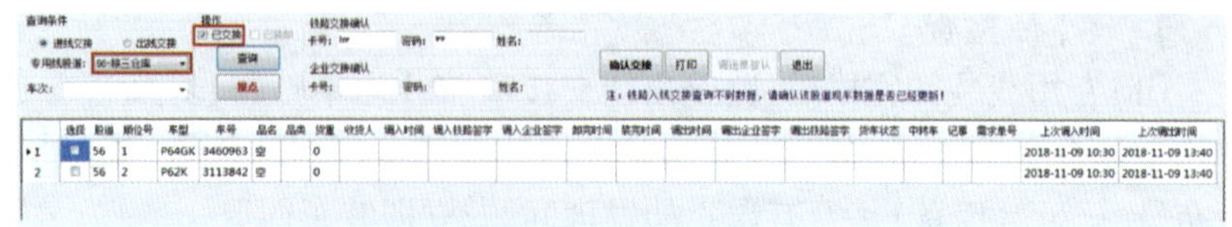

图 6-19 路企进线交接

勾选需要作业的车辆,输入企业交接确认的卡号及密码,点击【报点】,完成进线时间确认,点击【确认交接】。如图 6-20 所示。

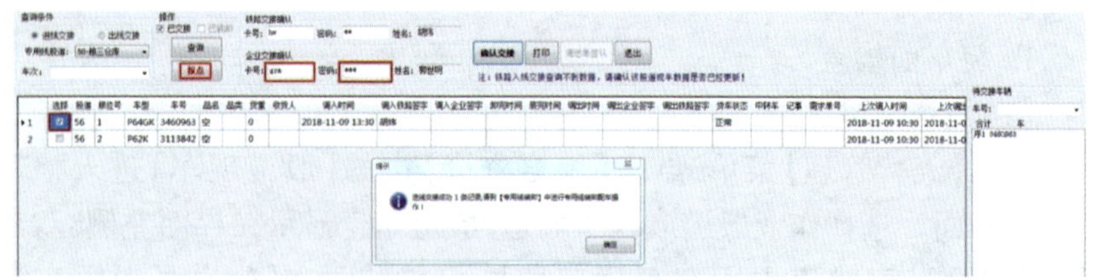

图 6-20 路企进线交接报点

注意:

(1)当专用线装车进线交接时,如所选车辆有票,系统会自动弹出提示信息“空车有票:×××××××请走空车有票流程!”,点击【是】,待票车解绑后方可进行进线交接。如图 6-21 所示。

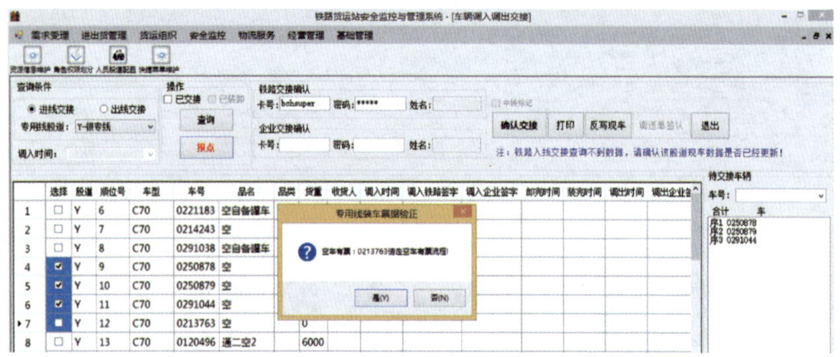

图 6-21 空车有票进线

(2)当专用线装车进线交接时,如所选运单回送的空自备车,系统会自动弹出提示信息“空自备车有票:×××××××是否自动解绑?”,点击【是】,票车自动解绑后方可进行进线交接。如图 6-22 所示。

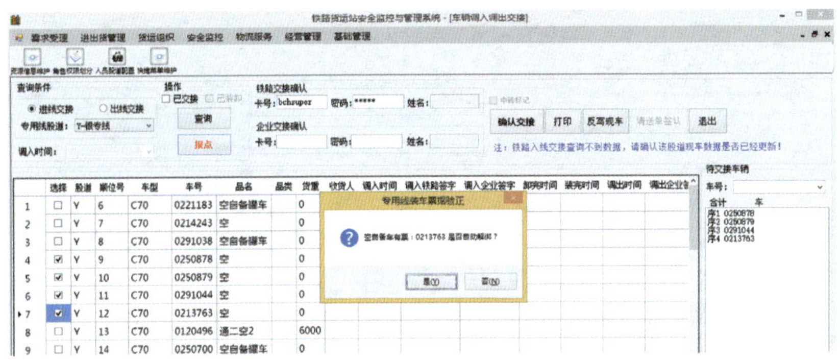

图 6-22　空自备车进线

3. 专用线装车

进入【货运组织】菜单,点击【装卸作业】中的【专用线装卸】进入整车装卸车界面。

(1)信息匹配

专用线装卸界面中,点选【装车】,下拉选择专用线股道,点击【查询本系统装卸信息】,左侧选择需要作业的运单,右侧选择股道车辆信息,点击【匹配】,完成运单信息和车辆匹配。如图 6-23 所示。

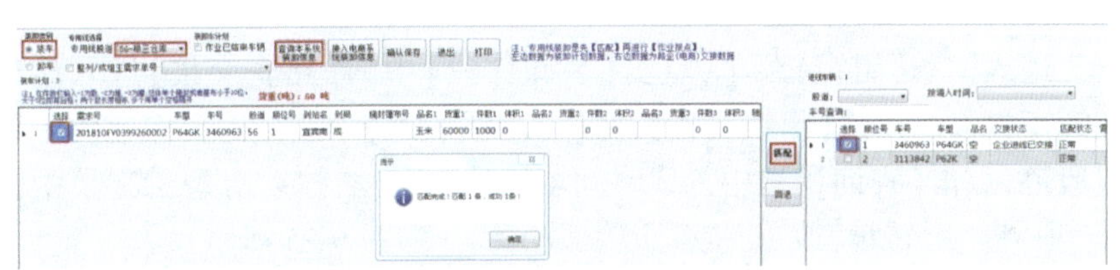

图 6-23　装车信息匹配

(2)作业报点

已匹配完成的信息,检查装车件数、货重、施封篷布号等信息,点击【确认保存】,录入卸车作业开始时间和结束时间,作业时间按照实际录入,如需标准记事则选择添加标准记事,点击【确定】完成报点。装运混装货物时,应点击【物品清单】核对物品清单记载品名、件数、重量与实际是否相符,批量货物必须填记体积。品类代码为“01”的运单需点选【抑尘记事批量选择】,添加抑尘记事。如图 6-24 所示。

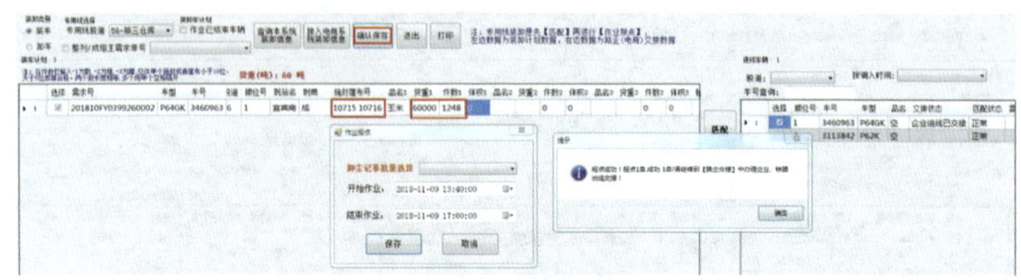

图 6-24 装车作业报点

注意:装卸作业时间由路企双方确认,不能只依赖企业运输员填记。

4. 装车后检查

专用线装车完毕后,运单状态变为“已装车”。可在【运单打印】界面核实,并查看运单信息(重量、件数、施封号、篷布号、记事等信息)是否录入完整无误。

如运单信息有误,需取消作业,装车回退,重新装车。

运单信息无误后,联系内勤核算员,确认货票系统收到该运单信息后,可进行计费制单作业。

5. 专用线装车回退

(1)计费制单前

①入线时间有问题

进入【货运组织】菜单,点击【装卸作业】中的【路企交接】进入整车装卸车界面。点选【出线交接】,在【专用线股道】中选择需要作业的专用线股道,点击【查询】,选中入线时间填错的车,向右拉动滑条,找到“中转车”项,将“中转车”改成“是”,继续做出线。如图 6-25 所示。

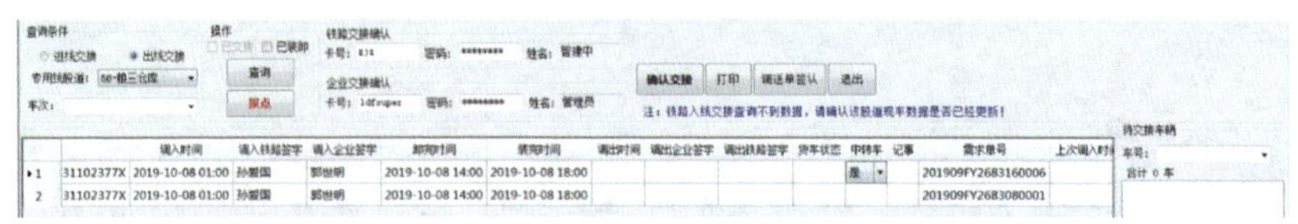

图 6-25 中转车

然后再去进线交接,点击【已交接】后查询,即可查询到该车,重新做入线。如图 6-26 所示。

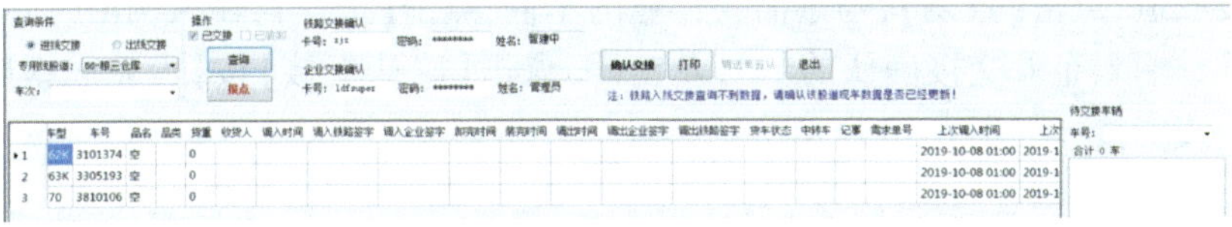

图 6-26　重新进线

②货重、件数、施封号等有问题

专用线装卸里的数据做错(货重、件数、施封号等),出线交接前,可以回退,出线交接后,不可回退。

进入【货运组织】菜单,点击【装卸作业】中的【专用线装卸】进入专用线装卸界面。选择【专用线股道】,点击【作业已结束车辆】,系统显示作业已结束车辆(装卸完成),勾选需回退的车辆,向右边拉动滑条,找到“取消作业”项,点击【取消作业】,系统弹窗选择【是】,即可完成装卸撤销。如图 6-27 所示。

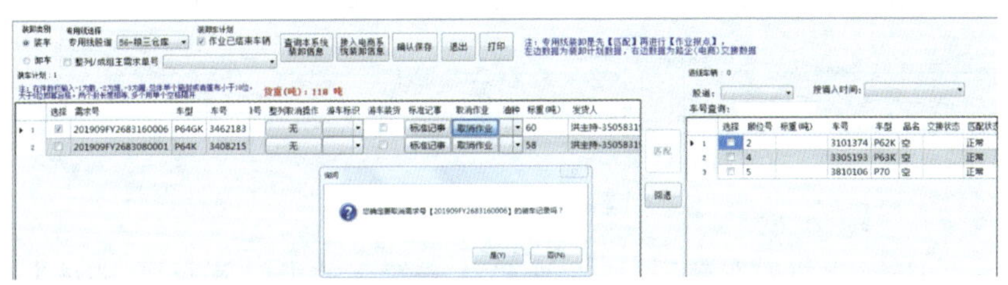

图 6-27　装卸取消

完成装卸撤销的车辆需要重新装车时,在专用线装卸重新装车即可。

(2)计费制单后

计费制单后,路企出线交接前,运单状态变为“已制票”,这时如发现问题,需先在货票系统作废该张运单,运单作废之后,状态变为“已装车”,然后按照计费制单前操作流程回退装车作业。

(3)路企出线交接后

路企出线交接后,装车不能回退。

6. 路企出线交接

进入【货运组织】菜单,点击【装卸作业】中的【路企交接】进入整车装卸车界面。点选【出线交接】,在【专用线股道】中选择需要作业的专用线股道,点击【查询】,勾选需要作业的车辆,点击【报点】,输入调出时间。

输入企业交接确认的卡号及密码,点击【确认交接】按钮,完成铁路出线交接。如图 6-28 所示。

图 6-28 路企出线交接

路企出线交接后,表示路企双方都完成了装车作业,装车不可回退。

7. 调送单签认

进入【货运组织】菜单,点击【装卸作业】中的【调送单签认】,进入调送单签认界面。选择查询条件,点击【查询】。如图 6-29 所示。

图 6-29 调送单查询

勾选已出线的车辆,输入企业确认方签字的卡号及密码,点击【核验】按钮,系统会自动采集调出、调入时间等信息,保存后即可完成该批车辆调送单的签认。如图 6-30 所示。

图 6-30 调送单签认

进入【经营管理】菜单,选择【作业报表】栏目,点击【货车调送单】,进入调送单查看界面,可查看调送单并打印。

四、专用线（专用铁路）电商系统装车

操作流程详见本章第三节“国联装车”。

第二节　货运站小站版装车

一、装车计划

同货运站大站版装车计划。

二、装车作业

（一）作业办法

1. 装车前检查

（1）外勤货运员在接车时抄录的车辆信息（车型、车号、标重）要与现车系统中的车辆信息进行核对，如果不一致，由货调通知行车部门处理。

（2）货调需在现车系统或货运站系统确认待装车辆是否在作业股道，并查看车辆“非运用码”。如有问题，联系行车部门处理。

（3）查看待装车辆是否为空车，且不带票据。带有票据的空车，需票车解绑后，才能装车；带有不良货车标记的货车，经确认能够保证安全的，才能装车。带有货车检修单（车统23、车统26）的车辆不能安排装车。

2. 装车作业

（1）使用货运站系统完成作业报时、车辆匹配、采集时间等操作。

（2）在装车作业过程中，按照作业报时→车辆匹配→采集时间的顺序完成操作，不能跳过某个环节直接执行下一环节。

（3）在装车作业过程中，如某个环节操作有误时，应取消作业，装车回退后，重新装车。

（4）车辆匹配时，有物品清单的，应核对物品清单与实际装车货物是否相符。如物品清单记载件数、重量与实际不符，应按实际修改件数、重量。物品清单记载品名与实际不符时，外勤货运员则将物品清单记载的相应品名删除。无物品清单的，实际装车件数、重量与电子运单需求联提供的件数、重量不符，外勤货运员与托运人确认后按实际件数、重量修改

电子运单需求联。

3. 装车后检查

(1)装车完毕后,在【运单打印】界面查看运单状态是否变为“已装车”,并核实录入的装车信息(重量、件数、施封号、篷布号、记事等信息)是否有误。如发现问题,立即装车回退。

(2)联系内勤核算员,确认货票系统收到该运单信息。如收不到,联系信息部门处理。

(二)操作流程

1. 装车前检查

(1)检查车辆

进入【经营管理】菜单,点击【综合查询】中的【股道现车】进入整车装卸车界面。选择作业股道或现车股道,股道信息显示在界面左侧,双击要查看的股道,股道内所有车辆信息显示在界面右侧;也可根据车号查询。

查看车辆的“票据 ID”“载重”“非运用码”“空重状态”“运单号”等项。重车、有票据 ID、有运单号的车辆不能装车。非运用码为“空”或“0”的车辆可以装车,其他值不能装车。非运用码为“9”时,表示车辆为检修车,可以卸车或换装,但不能装车。如图 6-31 所示。

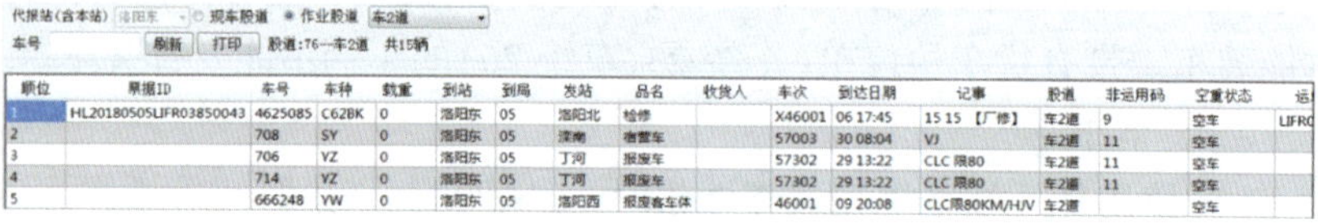

代报站(含本站) 洛阳东 ○ 现车股道 ● 作业股道 车2道
车号 刷新 打印 股道:76—车2道 共15辆

顺位	票据ID	车号	车种	载重	到站	到局	发站	品名	收货人	车次	到达日期	记事	股道	非运用码	空重状态	运
1	HL20180505LIFR03850043	4625085	C62BK	0	洛阳东	05	洛阳北	检修		X46001	06 17:45	15 15 【厂修】	车2道	9	空车	LIFR
2		708	SY	0	洛阳东	05	济南	宿营车		57003	30 08:04	VJ	车2道	11	空车	
3		706	YZ	0	洛阳东	05	丁河	报废车		57302	29 13:22	CLC 限80	车2道	11	空车	
4		714	YZ	0	洛阳东	05	丁河	报废车		57302	29 13:22	CLC 限80	车2道	11	空车	
5		666248	YW	0	洛阳东	05	洛阳西	报废客车体		46001	09 20:08	CLC限80KM/H/V	车2道		空车	

图 6-31 股道现车

(2)空车有票

空车有票处理方法查看第十四章“票车不符处理办法”。

2. 作业报时

进入【货运组织】菜单,点击【生产组织】中的【作业组织】,进入装车信息录入界面。选择未入线运单信息(可批量选择),点击【作业报时】。如图 6-32 所示。

3. 车辆匹配

在作业报时界面,点击【取现车】,系统会显示下发装车计划所在股

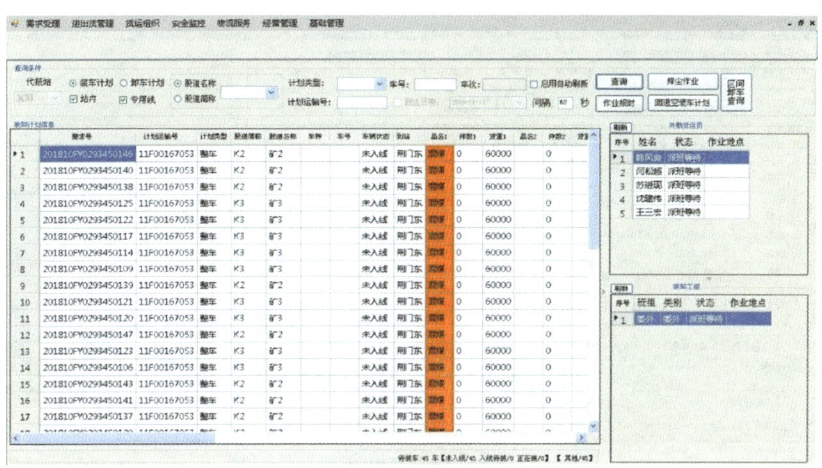

图 6-32　作业组织

道里的空车，将运单信息和车辆匹配。添加货重、件数以及记事信息。每条运单信息后面有查看物品清单、标准记事、超限超重等功能，需要自由记事的在【自由记事】中填记。如图 6-33 所示。

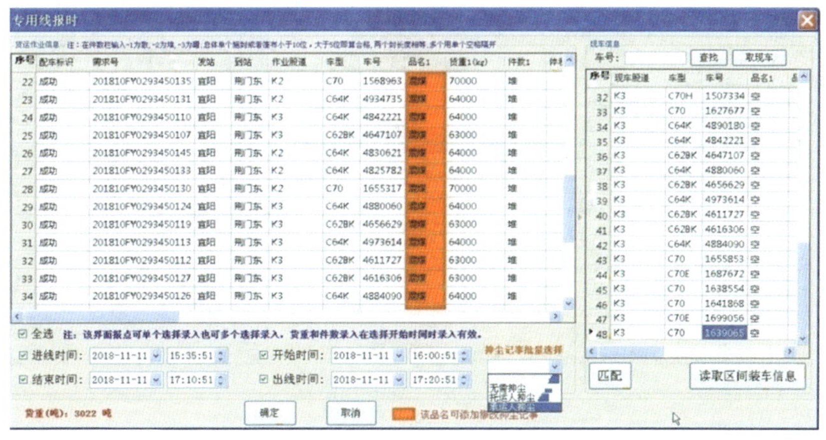

图 6-33　车辆匹配

需要抑尘作业的，点击【抑尘记事批量选择】下拉列表，选择抑尘记事信息。选择后该界面中所有品类代码为“01”的运单的抑尘记事都为选择的记事。如图 6-34 所示。

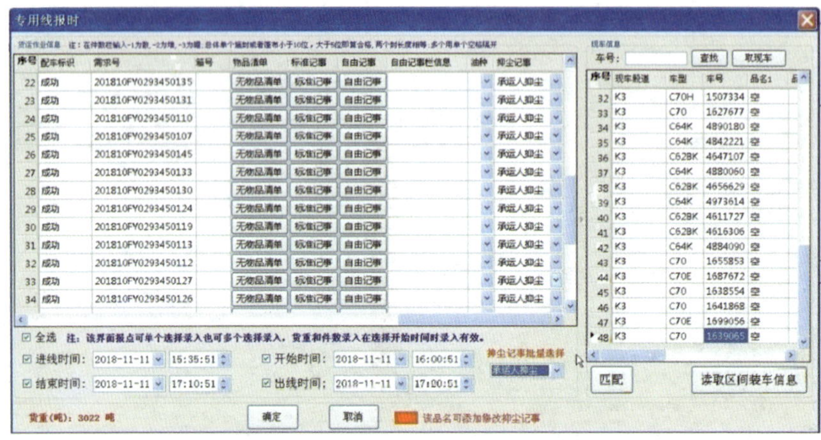

图 6-34　作业报时

当选择的车辆带有票据时,系统会提示“车号【××××××】空车有票,请按空车有票流程执行!”。如图 6-35 所示。

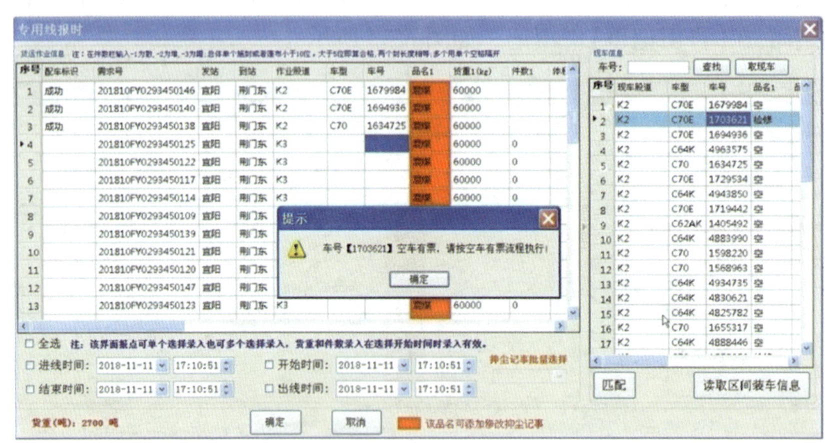

图 6-35　空车有票

4. 采集时间

按照进线时间→开始时间→结束时间→出线时间分别录入时间,点击【确定】,完成装车。

5. 装车后检查

装车完毕后,运单状态变为“已装车”。可在【运单打印】界面核实,并查看运单信息（重量、件数、施封号、篷布号、记事等信息）是否录入完整无误。

如运单信息有误，需取消作业，装车回退，重新装车。

运单信息无误后，联系内勤核算员，确认货票系统收到该运单信息后，可进行计费制单作业。

6. 装车回退

同货运站大站版装车回退。

第三节　国联装车

一、国联运单号

货运站系统在接收到国联运单号信息时，会生成虚拟国联运单号。虚拟运单号为国联运单号（8 位）前加“00”，后加“_年份”，如国联运单号为 10000736，2018 年 1 月份提报，货运站生成的虚拟运单号为 0010000736_2018。

二、国联装车方式

（1）客户在提报国联运单时，第 20 项“由何方装车”选择了“承运人”，则运单受理后推送至货运站，由车站作业人员在货运站进行后续装车作业。

（2）客户在提报国联运单时，第 20 项“由何方装车”选择了“发货人”，则运单受理后不推送货运站，由专用线企业运输员或客户在电商系统进行装车作业。

三、装车计划

1. 作业办法

同本章第一节“货运站大站版装车”的装车计划。

2. 操作流程

（1）国联运单查询

进入【需求受理】菜单，点击【国联运单查询】，选择查询日期段，查询出符合条件的运单。如图 6-36 所示。

提报日期 2018-10-29 至 2018-10-31 查询

运单号	提报日期	受理号	到站	品名	车号	车种	托运人	收货人	运单状态	是否作业	操作日期
0010633487_2018	2018-10-29	201809FY005044	二连(境)	棕刚玉			中国外运河南公司洛阳分...	俄罗斯联邦	已受理		
0010640940_2018	2018-10-30	201809FY005044	二连(境)	棕刚玉			中国外运河南公司洛阳分...	俄罗斯联邦	已受理		
0010644511_2018	2018-10-31	201810FY028720	二连(境)	棕刚玉	3104388	P62K	中国外运河南公司洛阳分...	俄罗斯联邦	已制票	已派班	20181102
0010644514_2018	2018-10-31	201810FY028720	二连(境)	棕刚玉	3315272	P62NK	中国外运河南公司洛阳分...	俄罗斯联邦	已制票	已派班	20181104
0010644516_2018	2018-10-31	201810FY028720	二连(境)	棕刚玉	3316578	P62NK	中国外运河南公司洛阳分...	俄罗斯联邦	已制票	已派班	20181101
0010644665_2018	2018-10-31	201810FY028720	二连(境)	棕刚玉	3110994	P62K	中国外运河南公司洛阳分...	俄罗斯联邦	已制票	已派班	20181101

图 6-36　国联运单查询

(2)查询装车计划

进入【货运组织】菜单中的【生产组织】,点击【装车计划】进入装车计划界面。选择“国联”并输入国联批号后,点击【查询】,显示待装国联虚拟运单信息,即装车计划信息。如图 6-37 所示。

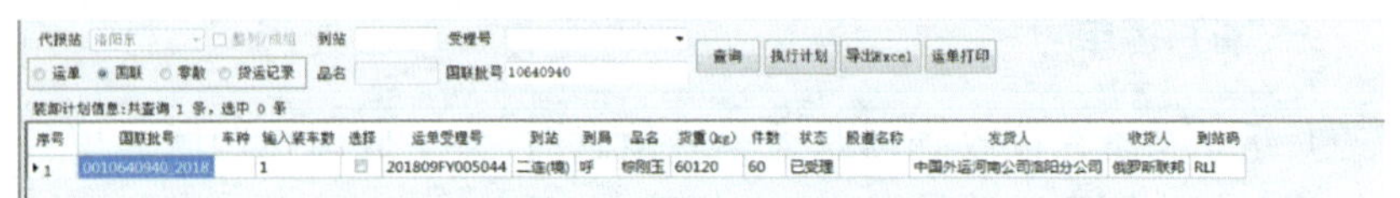

图 6-37　国联装车计划

(3)制定装车计划

同本章第一节“货运站大站版装车”的装车计划。

四、承运人装车

同普通整车装车。

五、托运人装车

1. 作业办法

托运人装车时,由专用线企业运输员或客户在电商系统进行装车作业,其他部分同承运人装车。

未提及事项按整车装车办理。

2. 操作流程

(1)路企进线交接

同货运站大站版整车装车的路企进线交接。

(2)电商系统装车

进入电商系统【国联运单管理】菜单,点击【货协运单查询】,输入国联批号与提报日期，点击【查询】，查询出运单后，勾选需要装车的运单，点击【装车】。如图 6-38 所示。

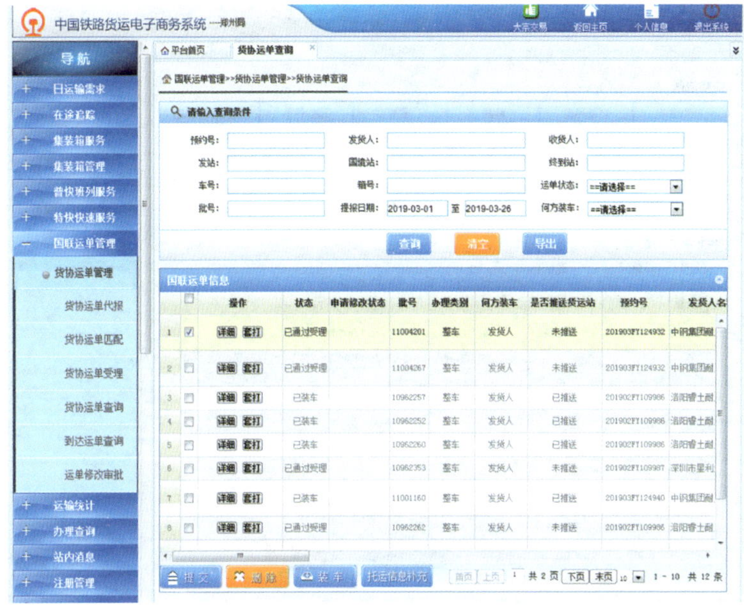

图 6-38　电商系统装车

进入装车界面，根据现场实际装车情况，输入或选择车号，并录入施封/篷布号、四个时间点及承运人记载事项，点击【确认装车】，保存即可。如图 6-39 所示。

(3)专用线装车

在货运站系统，进入【货运组织】菜单中的【装卸作业】，点击【专用线装卸】，进入专用线装卸界面。下拉选择专用线，点击【接入电商系统装卸信息】，货运站系统会自动查询电商系统在该专用线的装车信息，查询结果显示在界面右侧。勾选已装车的信息后点击【核实入库】，进入左侧菜单。如图 6-40 所示。

选择需求单后，点击【确认保存】，如果认为电商提报的时间错误，可以勾选后进行修改，如果不修改，点击【保存】即可。如图 6-41 所示。

(4)路企出线交接

同货运站大站版整车装车的路企出线交接。

运单概要信息

批号：10962353　　需求受理号：201902FY109987

办理类别：整车　　到达路名称：俄罗斯联邦铁路

发货人名称：深圳市星利达进出口有限公司　　收货人名称：俄罗斯鲁格磨料厂

发站：洛阳　　到站：卢加1

货物信息

货物名称	包装种类	件数	重量	*确定件数	*确定重量(千克)
棕刚玉	防潮纺织袋	60	60000	60	60000

货车信息

*车号：3315133　车种车型：P62N　货车标重：60 吨

施封/篷布信息

施封号：1234567　篷布号：

作业信息

*入线时间：2019-03-26 17:01:22　开装时间：2019-03-26 17:01:24

*装完时间：2019-03-26 17:01:24　出线时间：2019-03-26 17:01:28

其他信息

托运人记载事项：　　承运人记载事项：

保存　确认装车　关闭

图 6-39　装车录入界面

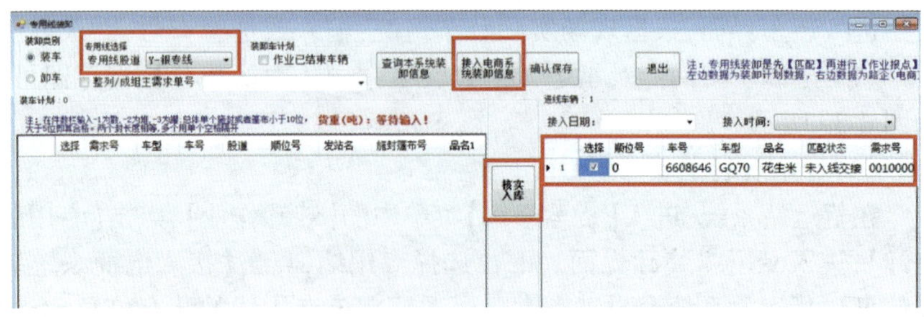

图 6-40　专用线装车

(5)调送单签认

同货运站大站版整车装车的调送单签认。

六、其他事项

装车完毕后运单信息传至货票系统，进行制单，国内运单作为计费凭

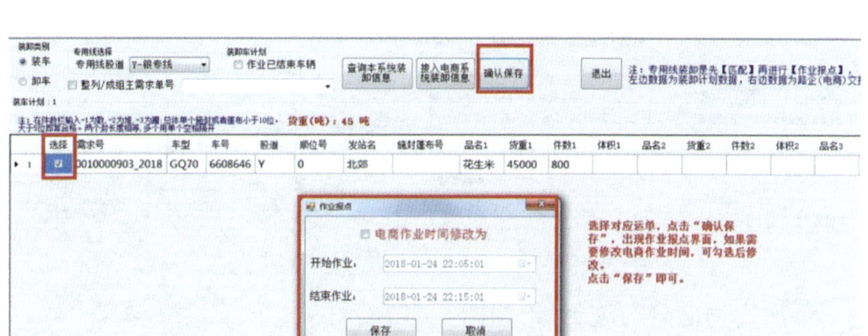

图 6-41　装车报点

证随货车及国联运单传递。

装车及制单完成后，承运信息由货运站返还电商系统，运单状态从“已通过受理”变更为“已装车”，并修改国联电子运单 7～12 栏及缔结运输合同的日期。

(1)进入电商系统【国联运单管理】菜单，点击【货协运单查询】，输入国联批号与提报日期，点击【查询】，运单状态变为“已装车”。如图 6-42 所示。

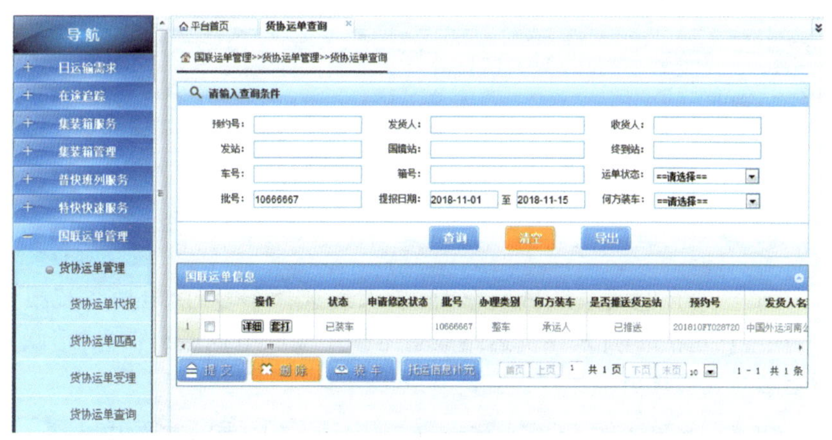

图 6-42　国联运单状态

(2)点击【详细】，查看国联运单，国联电子运单中需要由承运人填记的内容，系统自动反写进行修改。

添加车号及车辆信息，如图 6-43 所示。

5 到站-Станция назначения	072009						
卢加 1 Станция назначения Ст. Луга-1, Октябрьской ж/д. код 072009 ЛУГА 1		8 车辆由何方提供-Вагон предоставлен /9 载重量-Грузоподъёмность 10 轴数-Оси/11自重-Масса тары /12 罐车类型-Тип цистерны					
6 国境口岸站-Пограничные станции	7 车辆-Вагон	8	9	10	11	12	换装后-После перегрузки 13 货物重量 Масса груза / 14 件数 К-во мест
中铁КЖД 二连(境)Эрлянь(130940) Эрлянь	3122358 / 中铁	л	60	4	22.6		

图 6-43　国联运单添加车号

添加货物信息与施封号，如图 6-44 所示。

15 货物名称-Наименование груза	16 包装种类 Род упаковки	17 货物件数 К-во мест	18 重量(公斤) Масса (в кг)	19 封印-Пломбы 数量 К-во	记号-знаки
棕刚玉 Brown fused alumina type AE-17 электрокорунд нормальный тип AE-17 28181010NON-EXPLOSIVE НЕВЗРЫВЧАТЫЙ NON-FLAMABLE НЕ ВОСПЛАМЕНЯЕТСЯ НЕТОКСИЧНЫЙ H.S. CODE 281810	袋子	60	60,300	1	75457
				1	75458
				20 由何方装车-Погружено	承运人
		60	60,300	21 确定重量的方法 Способ определения массы	标记重量

图 6-44　国联运单添加货物信息与施封号

添加缔结运输合同的日期，如图 6-45 所示。

26 缔结运输合同的日期 Дата заключения договора перевозки	27 到达日期-Дата прибытия	28 办理海关和其他行政手续的记载 Отметки для выполнения таможенных и других административных формальностей
20181115		

图 6-45　国联运单添加合同缔结日期

七、常见问题

问题一：在电商系统做装车时，录入或选择车号时，电商系统报错"专用线【铁路货场】未在货运站股道维护中关联电商股道信息，请联系货运站系统管理员维护！"。如图 6-46 所示。

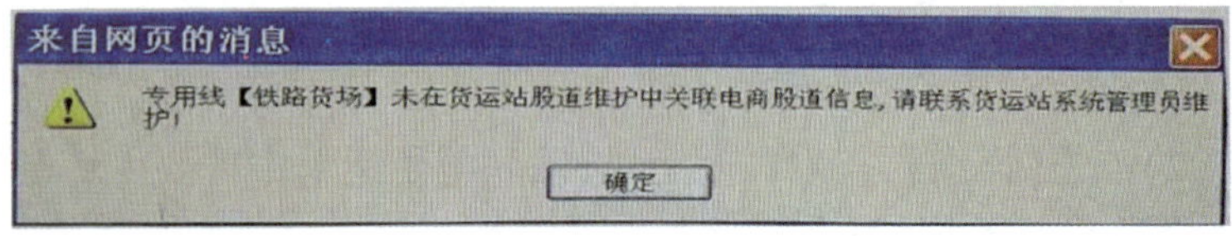

图 6-46　电商系统装车报错

解决办法：用管理员账号登录货运站系统，进入【基础管理】菜单中的【系统维护】，点击【资源信息维护】，进入货场资源维护界面。在界面左侧点击【股道资源】，界面右侧选择需维护的专用线，点击【修改】。如图 6-47 所示。

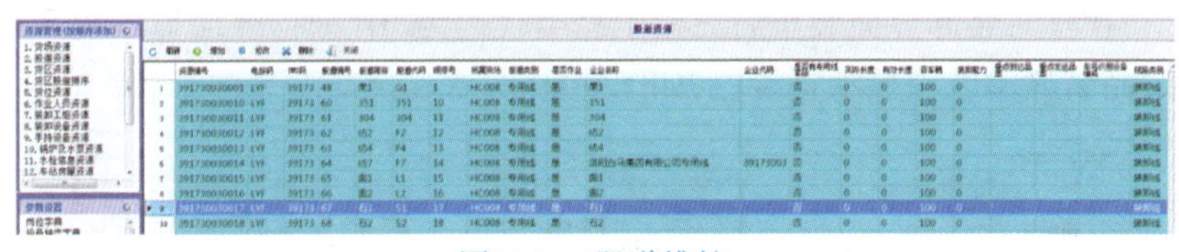

图 6-47　股道维护

进入修改股道资源信息界面后，点击【企业名称】项后面的【读取】按钮，然后点击【企业名称】项的下拉菜单，选择该专用线的企业名称，点击【确定】，即可解决问题。如图 6-48 所示。

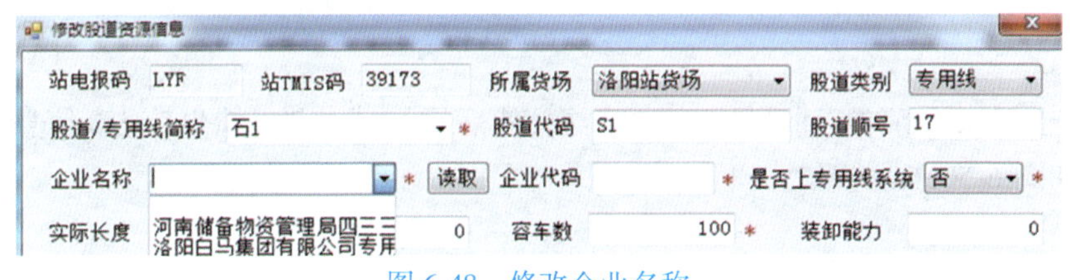

图 6-48　修改企业名称

问题二：在电商系统做装车时，录入或选择车号时，电商系统报错“1”。

解决办法：产生这个问题的原因有两种情况，一是该专用线没有空车；二是该国联运单在车站受理时所选的装车地点与实际空车所在的专用线不符。

第四节　装车其他事项

一、抑尘

1. 作业办法

货运站系统收到电商系统带“抑尘”记事项的运单信息后，在整车装车后三检、作业组织报点、专用线装卸功能中增加按品类代码为“01”(煤)判断，是“01”则品名单元格背景色为橙色(　　)，在标准记事界面中则可以添加“抑尘”记事或者修改来自电商的抑尘记事。添加或修改只能在参数 1

中填写“2、3、4”(2—无需抑尘;3—托运人抑尘;4—承运人抑尘)。

2. 操作流程

(1)大站版装车抑尘

在整车装卸界面装车后三检中品类代码为“01”时,界面显示提示信息,品名显示区域显示背景色,如图 6-49 所示。

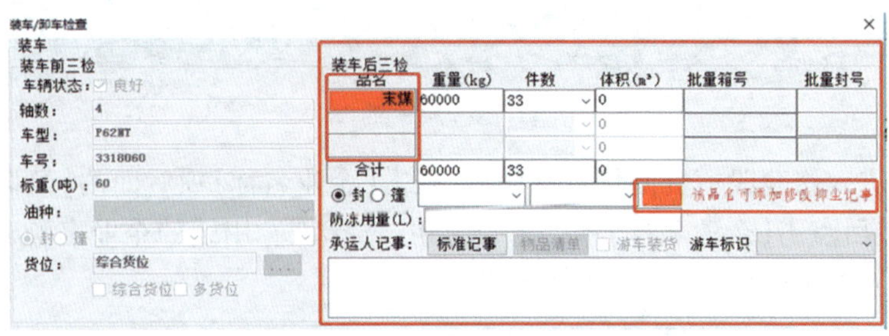

图 6-49 整车装车抑尘

点击【标准记事】按钮弹出界面,然后添加或修改“抑尘”记事信息。如图 6-50 所示。

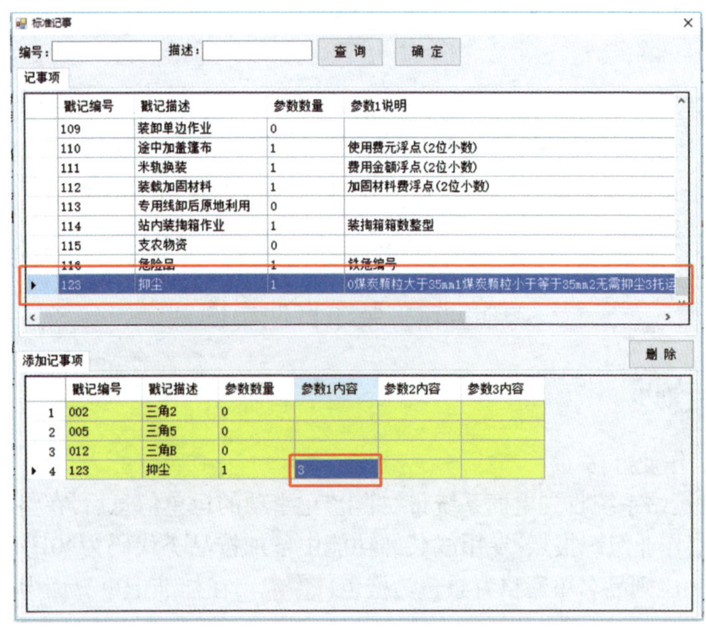

图 6-50 整车装车抑尘记事

(2)小站版装车抑尘

在作业组织报点界面中品类代码为“01”时,界面显示提示信息,表格中对应“品名 1”列单元格显示背景色。如图 6-51 所示。

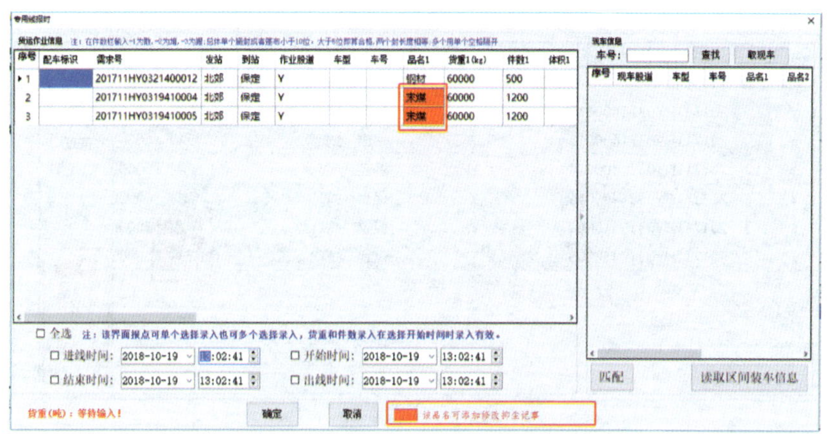

图 6-51　作业组织报点抑尘

点击该行的【标准记事】按钮弹出界面,然后添加或修改“抑尘”记事信息。如图 6-52 所示。

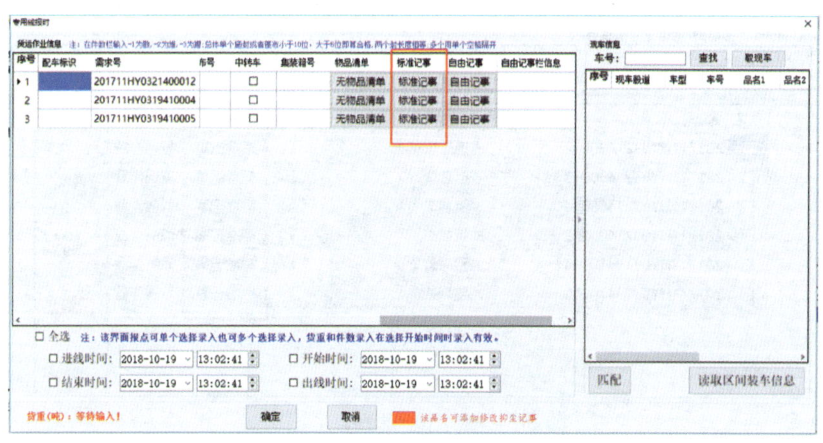

图 6-52　作业组织报点抑尘记事

(3)专用线装卸抑尘

在专用线装卸界面中品类代码为“01”时,界面显示提示信息,表格中对应“品名 1”列单元格显示背景色。如图 6-53 所示。

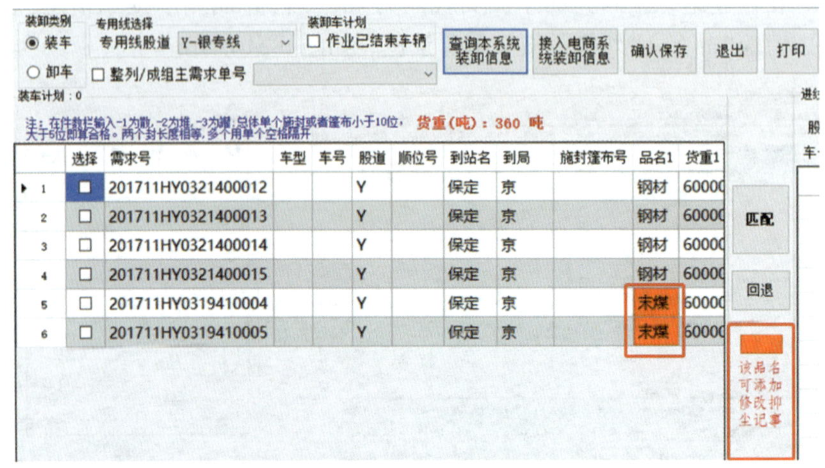

图 6-53 专用线装车抑尘

点击该行的【标准记事】按钮弹出界面，然后添加或修改“抑尘”记事信息。如图 6-54 所示。

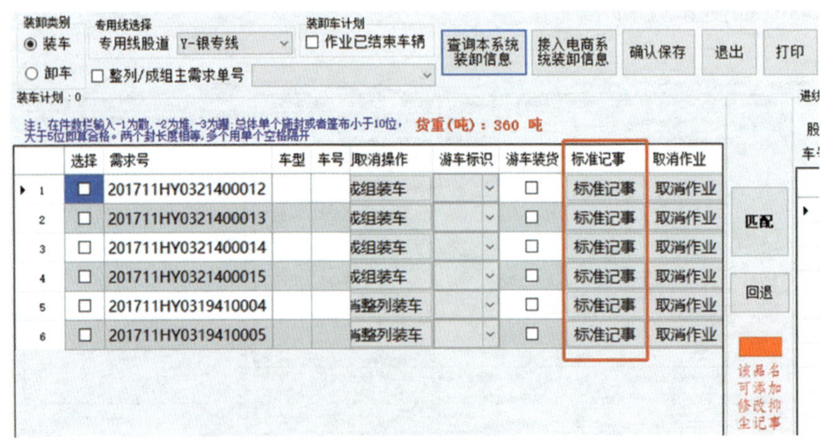

图 6-54 专用线装车抑尘记事

二、集装化用具作业

(1)当装车作业需要有集装化用具时，在货运站系统的作业组织界面中有操作限制提示。如图 6-55 所示。

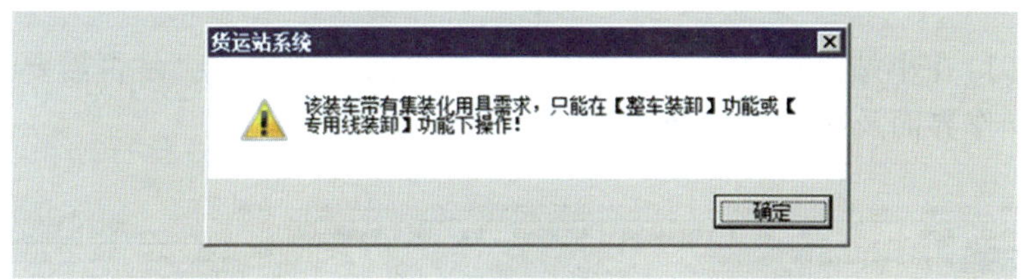

图 6-55　作业组织提示

(2)当装车作业需要有集装化用具时，货运站系统会自动从集装化系统查询该装车需求的用具单号，如果存在，则在整车装卸界面显示该用具单号。如图 6-56 所示。

装车后三检

品名	重量(kg)	件数	体积(m³)	批量箱号	批量封号
大米	60000	1200	0		
			0		
			0		
合计	60000	1200	0	用具单号:JY20180126BCHY0000059	

◉ 封 ○ 篷
防冻用量(L)　抑尘记事　☐ 是否需要开天窗
承运人记事:　标准记事　物品清单　☐ 游车装货　游车标识

图 6-56　系统获取相关信息

(3)当装车作业需要有集装化用具时，货运站系统会自动从集装化系统查询该装车需求的用具单号，如果不存在，则在整车装卸界面弹出提示信息。如图 6-57 所示。

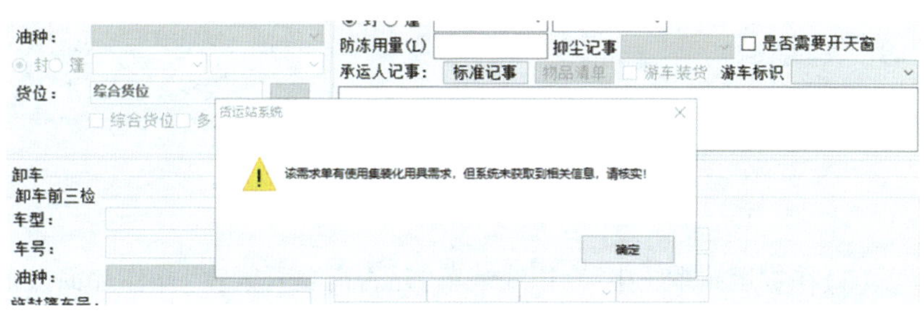

图 6-57　不能获取用具单号

三、鲜活记事操作

（1）在小站版货运站系统中作业组织界面，装车报点“是否需要开天窗”操作界面及显示位置，如图 6-58 所示。

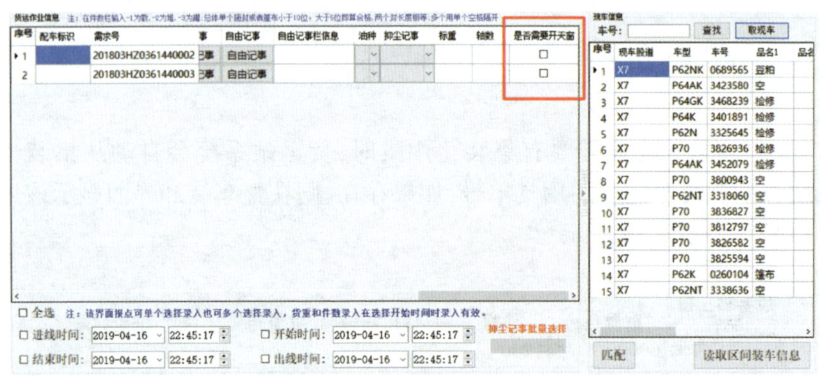

图 6-58　小站版货运站开天窗

（2）在大站版货运站系统中整车装卸界面，整车装车“是否需要开天窗”操作界面及显示位置，如图 6-59 所示。

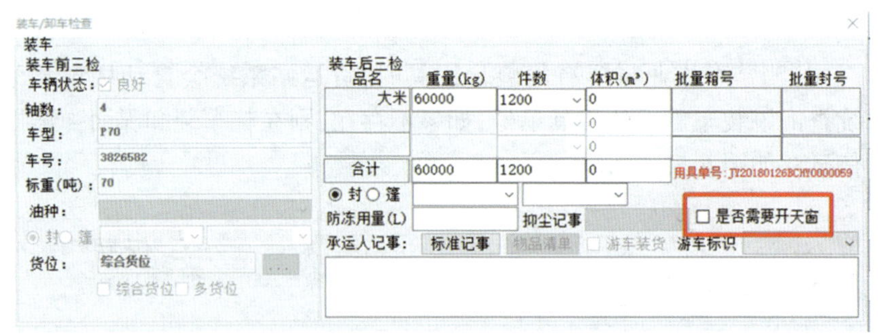

图 6-59　大站版货运站开天窗

（3）在货运站系统中，专用线装车“是否需要开天窗”操作界面及显示位置，如图 6-60 所示。

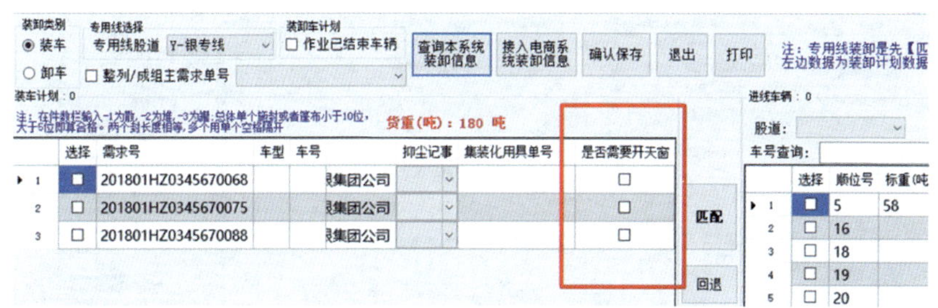

图 6-60　专用线装车开天窗

四、定检到过期车辆

在货运站系统装车作业过程中，遇到定检到过期车时，系统会在“作业组织报点”“专用线装卸”“整车装卸”“零散装卸”匹配车辆时，查询车辆定检到过期信息并弹出提示窗口。

1. 报废车

如车辆为报废车时，在作业组织报点界面，系统提示如图 6-61 所示。

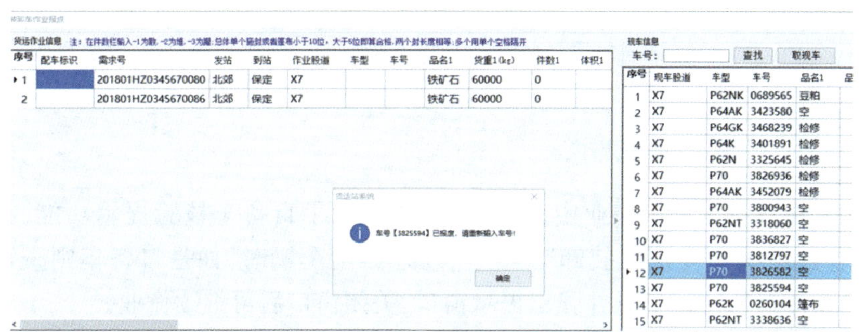

图 6-61　车辆为报废车

2. 车辆到期需检修

如车辆到期需检修时，该车不能继续匹配车辆信息（不能装车）。在作业组织报点界面，系统提示如图 6-62 所示。

3. 车辆到期需检修但可以装车

车辆到期需检修时，在作业组织报点界面，系统提示是否继续匹配车辆信息。如图 6-63 所示。

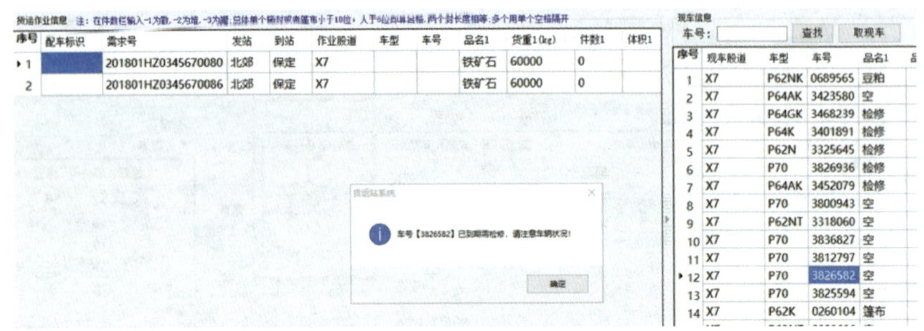

图 6-62 车辆到期需检修不能装车

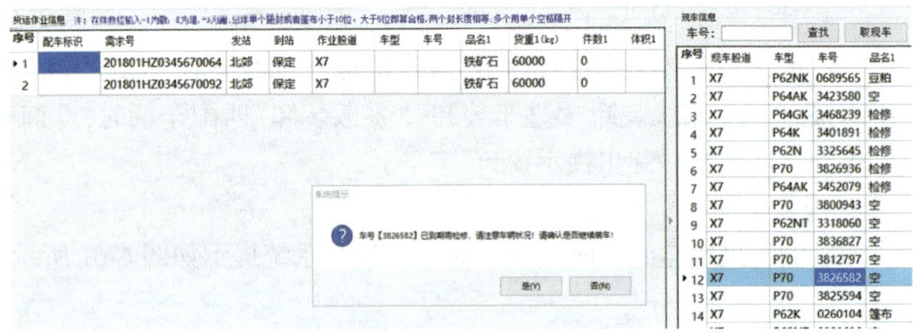

图 6-63 车辆到期需检修可装车

五、自备车核验提示

在自备车装车作业中,货运站系统增加了自备车核验提示功能,在“作业组织”“专用线装卸”“整车装卸”匹配车辆时,如是自备车则查询自备车过轨协议信息并弹出提示窗口,关闭窗口后可继续作业。

货运站系统不卡控自备车过轨协议信息是否到期,只是在装车过程中给货运人员提示。

1. 作业组织报点提示

作业组织报点自备车核验提示,提示后可直接关闭窗口。如图 6-64 所示。

2. 专用线装卸提示

专用线装卸自备车核验提示,提示后可直接关闭窗口。如图 6-65 所示。

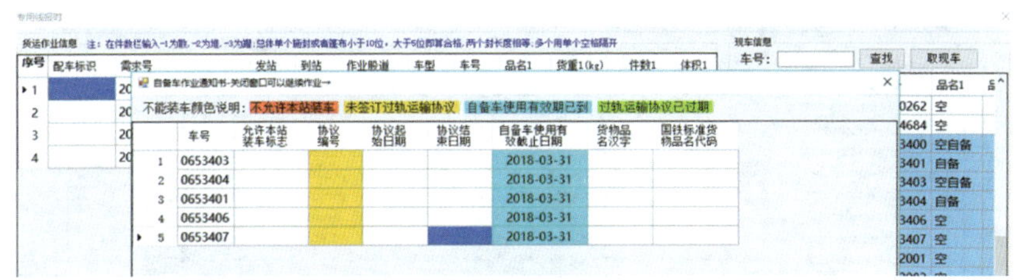

图 6-64　作业组织报点自备车核验提示

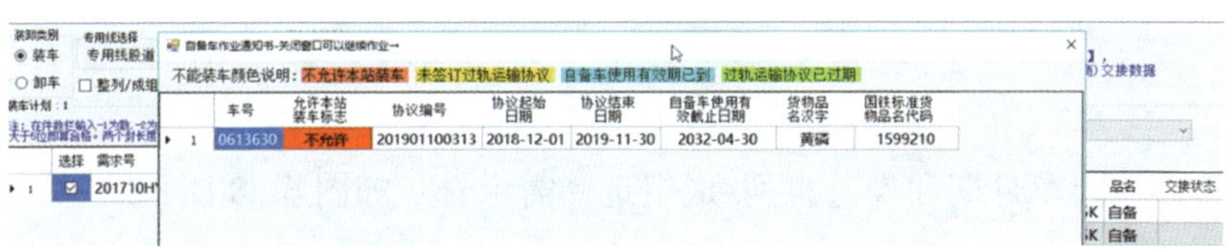

图 6-65　专用线装卸自备车核验提示

3. 整车装卸提示

整车装卸自备车核验提示，提示后可直接关闭窗口。如图 6-66 所示。

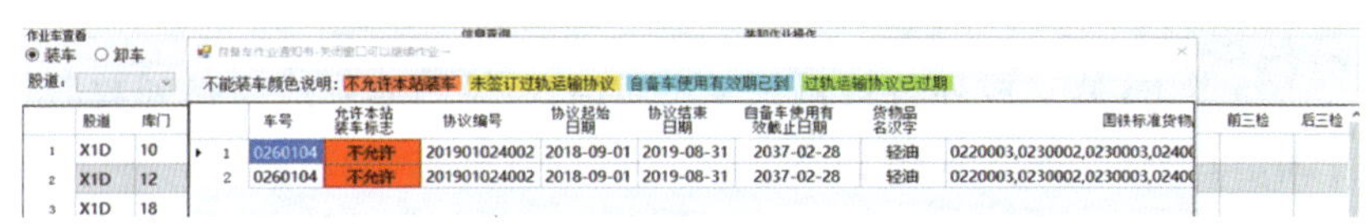

图 6-66　整车装卸自备车核验提示

六、修改整列车数

(一)装车计划界面修改

进入【货运组织】菜单中的【生产组织】，点击【装车计划】进入装车计划界面。选择查询条件后点击【查询】按钮，显示待装运单信息，即装车计划信息，向右拖动滚动条，找到“整列取消操作”项，点击【取消整列装车】按钮，即可取消该需求号的整列装车。如图 6-67 所示。

注意：在装车计划信息列表中，不能取消成组、整列的主需求单号。

(二)运单打印界面修改

(1)进入【需求受理】菜单，点击【运单打印】功能，进入运单打印界

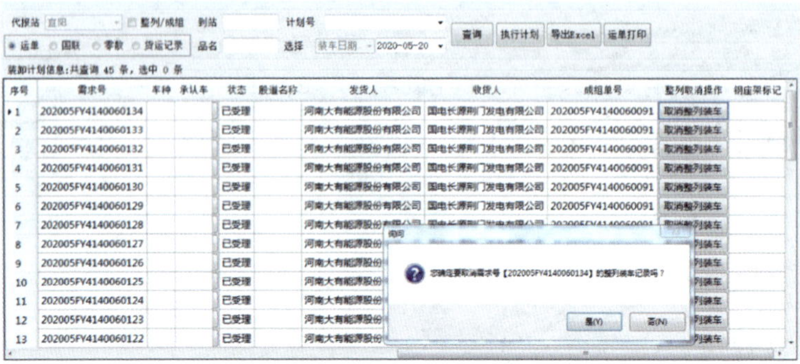

图 6-67　取消整列装车

面，选择装车日期和勾选整列/成组选择需求号。如图 6-68 所示。

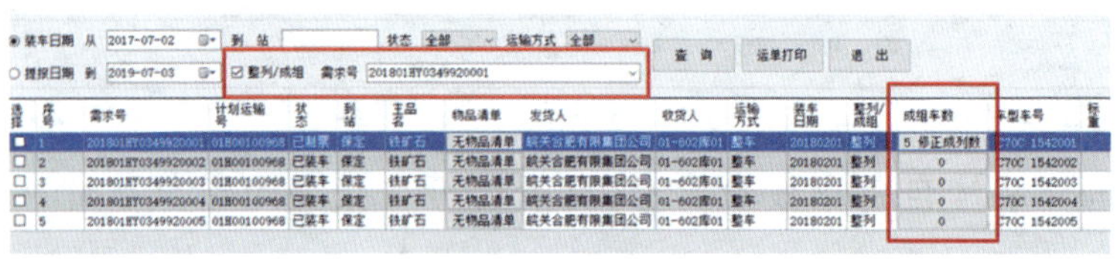

图 6-68　查询整列

（2）点击【修正成列数】，系统弹出对话框，填写实际成组整列数后点击【确定】保存。如图 6-69 所示。

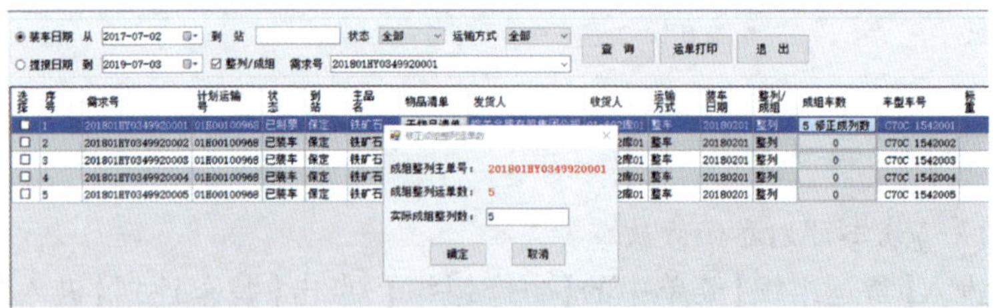

图 6-69　修改整列车数

七、回写现车不成功

进入【货运组织】菜单，点击【生产组织】中的【票据确认】，进入装车信息录入界面，点击【回写现车结果查询】按钮，进入回写现车结果界面。输入查询条件，点击【查询】，勾选在界面列表中未回写成功的车辆，根据实际情况，点击【反写现车】按钮或【重推现车】按钮。如图 6-70 所示。

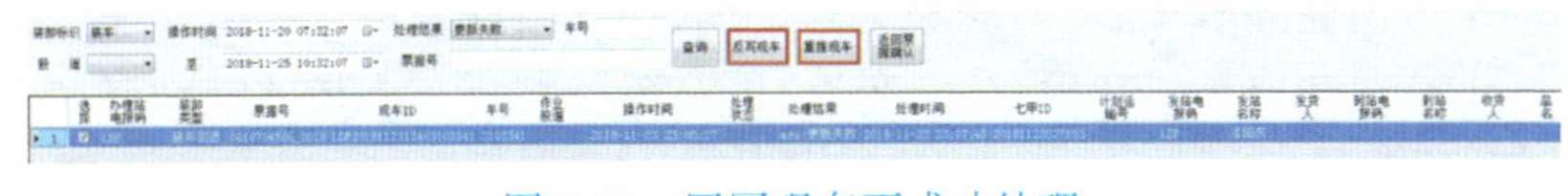

图 6-70　回写现车不成功处理

若货运作业未完成前（通知取车前），行车部门已将车辆调走，造成回写现车或通知取车失败的，联系行车部门将车辆调回原股道。

第五节　装车通知取车

一、作业办法

（1）货运站系统在货场装车时，装车完毕后，货调需核实现车系统的运单信息，并通知内勤核算员计费制单。

（2）货运站系统在专用线装车时，专用线装车完毕后，货调需核实现车系统的运单信息，并通知内勤核算员计费制单，建议待制单完成后，货调再做路企出线交接。

（3）内勤核算员应认真核实运单信息（货物总重、品名、到站、收货人、件数、货运记事等数据），正确添加记事、增值税等信息，守好货运生产组织的最后一关。发现运单信息有误时，及时通知货调。

（4）装车信息有误时，货调应在货运站系统回退装车作业，重新装车，如果电商提报信息有误，应停止装车，通知车站受理岗位人员，在电商系统重新提报。

（5）货调在票据确认界面核实出线时间，如缺少出线时间，需补录出线时间。

（6）通过现车系统的“毛玻璃”，查看实际场车辆状态，确认作业车辆在作业股道，如有问题，联系行车部门处理。

（7）车辆在现车系统状态正常，并且在票据确认界面中，车辆状态为带出线时间、票据状态为“已制票”、上传票据库状态为“已上传”时，才能通知取车。

通知取车是货运作业的最后一步，在通知取车前，一定要确保货运作业和车辆状态无误。

(8)当通知取车后,车辆未变为“可取车”时,联系信息部门处理。

(9)通知取车成功后,车辆变为“可取车”时,行车人员才能编制调车计划,组织挂运。

(10)如果没有通知取车,车辆开出,发现运单有问题,不允许运单作废,重新制票。

(11)如果出现漏装、漏卸等事故时,通知取车时间是划分货运与运输责任的关键点。

(12)通知取车后,托运人取消装车时,按照第十一章第三节“取消托运”操作。

二、操作流程

进入【货运组织】菜单,点击【生产组织】中的【票据确认】进入票据确认界面,下拉选择装卸标识为“装”,选择查询日期等条件,点击【查询】按钮。勾选核验的整车票据,点击【通知取车】,【取车标识状态】从“未通知”变为“可取车”,【通知取车结果】变为“mes:成功”。

三、常见问题

1. 票据未上传

在票据确认界面,当该车的【上传票据库状态】为“未上传”时,在确认该车的【票据状态】为“已制票”后,勾选该车,点击【票据上传】,待该车的【上传票据库状态】为“已上传”时,再点击【通知取车】。如图6-71所示。

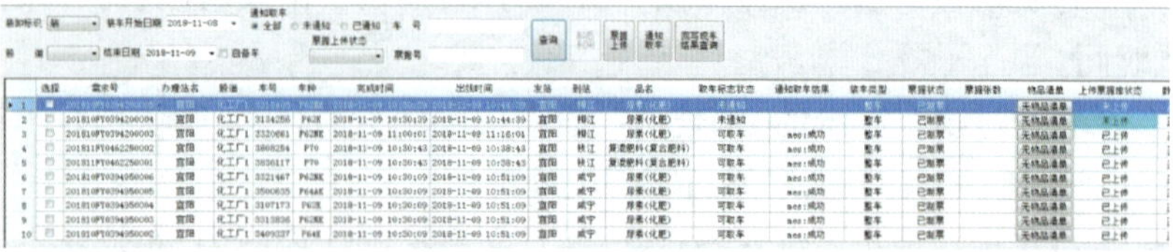

图6-71 票据未上传

2. 通知取车未成功

通知取车未成功常见于车辆不在作业股道,联系行车部门,把作业车辆调入作业股道后，再次点击【通知取车】。

3. 补填出线时间

专用线装车时，缺少出线时间常见于没有做路企出线交接。可以在货运站系统的作业报时界面补填。

第六节 装车过表

一、作业办法

货运站系统自动提取装车计划信息（包括旧的没有过表的数据）到装卸计划表，装车过表是将装车计划完成数据过表到装车日况表。

装车过表需要在每天18时前完整无误过表完成，由于货运人员存在交接班情况，所以每个班装车作业完毕后，检查无误，应立即装车过表。

二、操作流程

进入货运站系统，在主窗口中，选择【生产组织】菜单下【装卸组织】中的【装卸过表】，进入装卸过表界面。选择【装车过表】，系统会自动将未过表的数据显示在界面右侧。勾选需过表的数据，点击【日况表】按钮，计划表中的数据会过表到日况表中。如图6-72所示。

注意：过表的数据包括装车补录的信息。

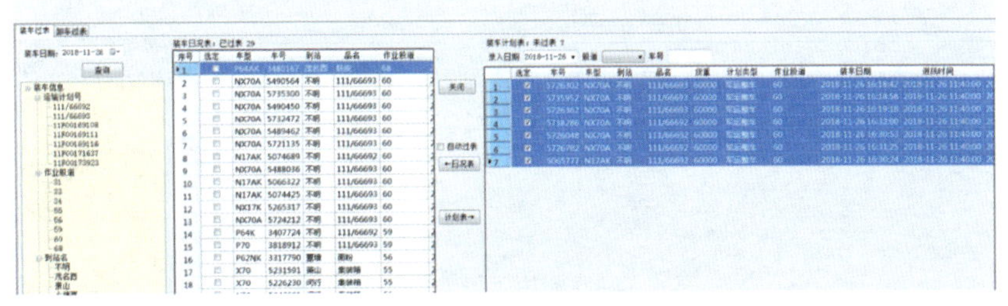

图6-72 装车过表

如日况表中的装卸车数据有问题，勾选之后，点击【计划表】按钮，自动过表到计划表。

三、常见问题

如装车数据不完整，常见的是没有出线时间，需将装车数据补充完整后再过表，装车出线时间补填详见货运站小站版装卸车。

第七节 货运站系统装车流程

货运站系统货场装车流程和货运站系统专用线装车流程如图 6-73、图 6-74 所示，这两张流程图也说明了装车时，货运站系统与电商系统、现车系统、货票系统、票据管理系统的数据交换流程，对理解货运站反写现车、票车绑定等问题有所帮助。

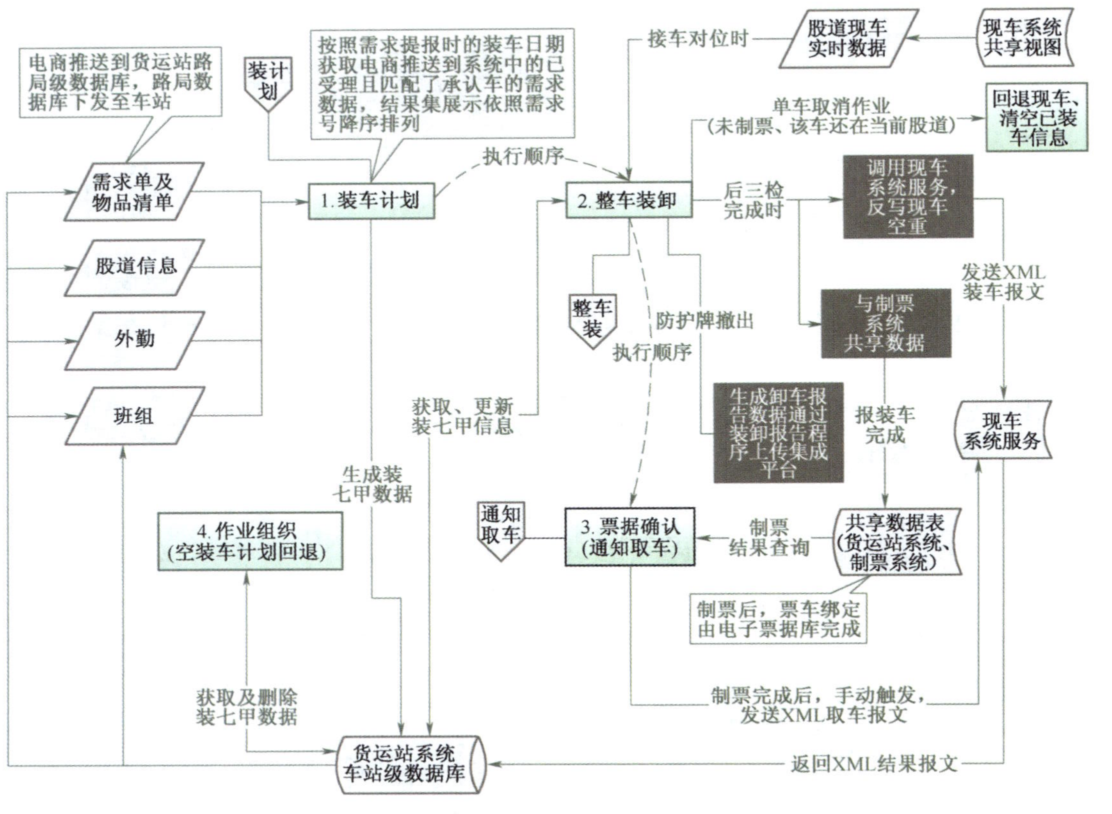

图 6-73　货运站系统货场装车流程

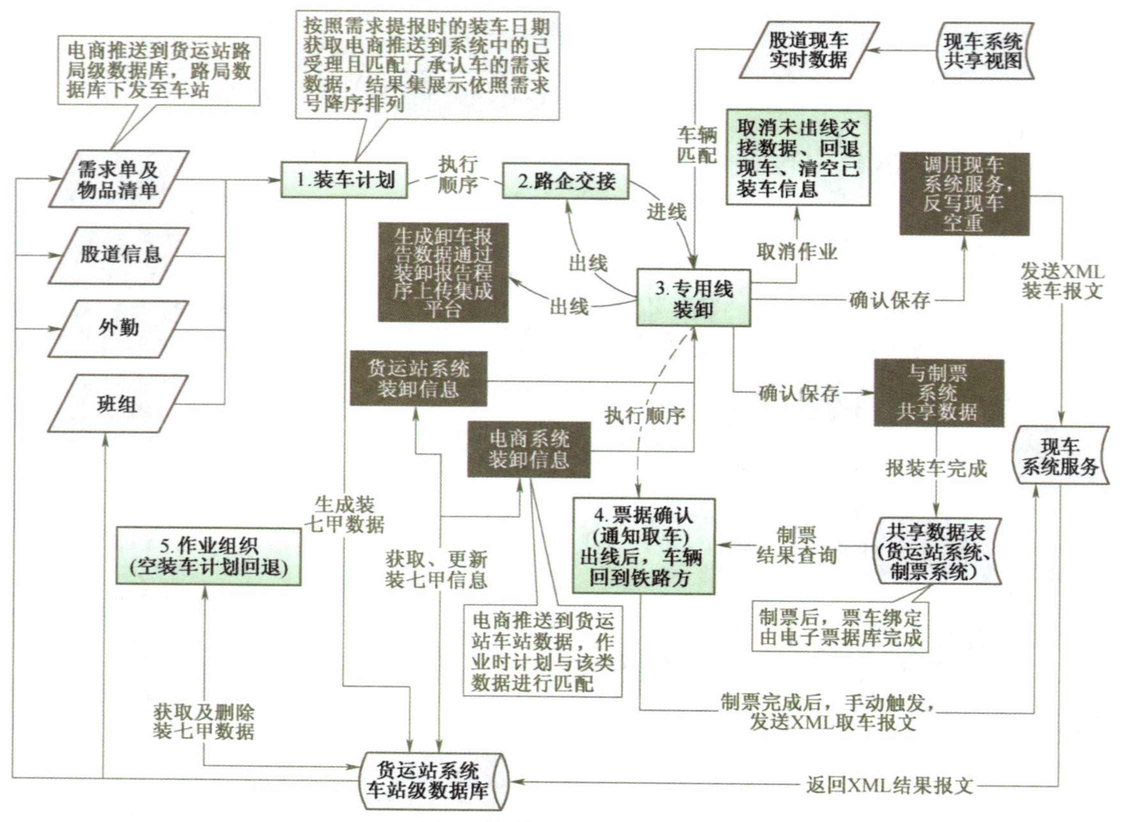

图 6-74 货运站系统专用线装车流程

第七章　整车卸车作业

第一节　货运站大站版卸车

一、卸车运单查询与打印

（一）作业办法

车辆到达作业股道或专用线时，登录货运站系统，查询待卸车辆，及时打印运单。

（二）操作流程

1. 根据股道查询

进入【货运组织】菜单中的【生产组织】，点击【卸车计划】进入卸车计划界面。选择需要卸车的股道，点击【查询】按钮，即可查询到待卸车辆。如图 7-1 所示。

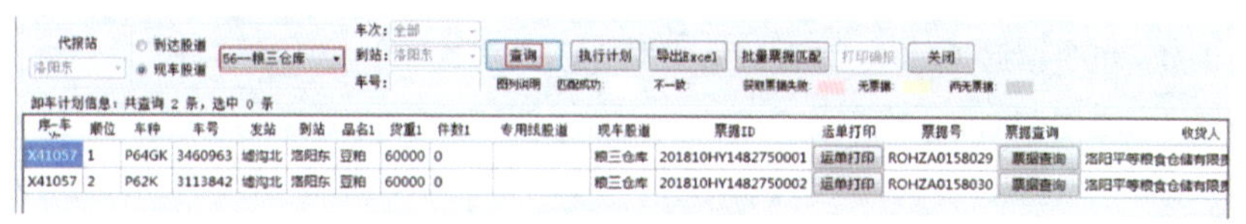

图 7-1　股道查询

2. 根据车号查询

进入【货运组织】菜单中的【生产组织】，点击【卸车计划】进入卸车计划界面。选择【到达股道】，输入待卸车车号，点击【查询】，在界面左侧显示该车的到达车次，双击到达车次，即可显示待卸车辆。如图 7-2 所示。

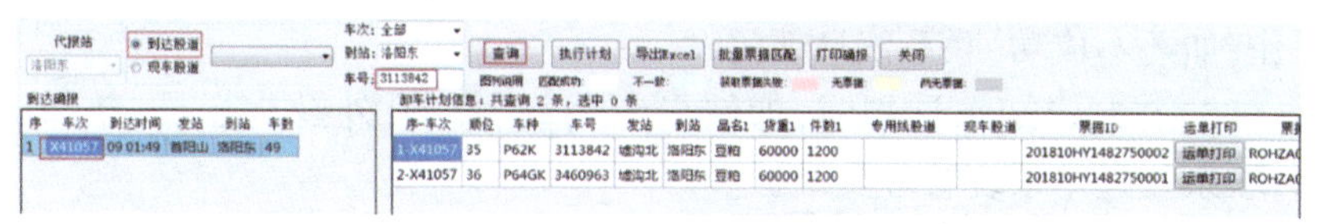

图 7-2　车号查询

注意:在【卸车计划】界面,货运站系统默认调取当前车站相关的所有到达确报信息,并显示在左侧【到达确报】列表栏中。双击【到达确报】列表栏中的数据项,可在右侧【卸车计划】列表栏中看到与所选车次匹配的到站卸车的车辆信息。

系统还提供了多种查询条件的选择,例如车次、到站等,可根据需要组合筛选到达确报信息。

3. 票据匹配

点击【批量票据匹配】按钮,待卸车辆在货运站系统运单号码与该车在现车系统的运单号码进行比对,若比对不成功,由货调通知行车部门在现车系统重新取票。如图 7-3 所示。

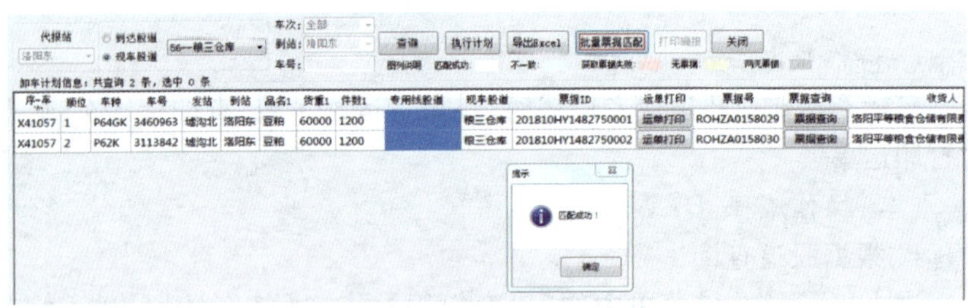

图 7-3 票据匹配

注意:一般情况下,货运站系统在批量票据匹配时会根据预设的时间(制票日期后延天数)、车号自动匹配最近的、未进行卸车(即未进行匹配)的、运输方式为整车的货票。批量票据匹配时只匹配到站为本站的票据。

4. 运单打印

票据匹配成功后,点击【运单打印】按钮,显示该车的运单信息。如图 7-4 所示。

二、卸车计划

(一)作业办法

(1)在货运站系统查看待卸车辆是否进入作业股道,并查看车辆状态。

(2)制定卸车计划匹配不成功时,联系行车部门在现车系统做取票操作,如还不成功,联系信息部门。

(3)在制定卸车计划时,如缺少专用线、货场、外勤货运员、装卸工组,联系货运站系统管理员维护。

(4)制定卸车计划有误时,应及时回退。

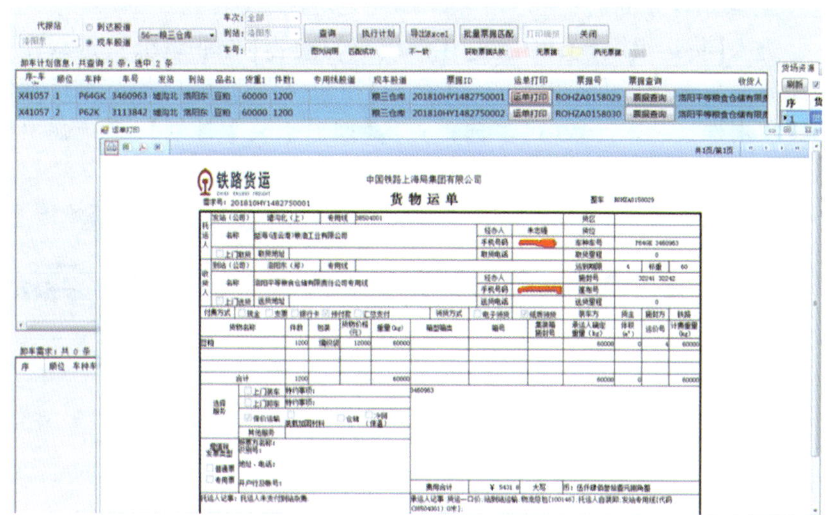

图 7-4 运单打印

（二）操作流程

1. 制定卸车计划

待卸车辆的运单匹配成功后，双击选择一条待卸运单信息（可批量选择），在界面右侧选择待卸车股道，在【外勤货运员】选择执行作业的外勤货运员，在【装卸工组】选择执行作业的装卸工组。

外勤、装卸工组均派班后，点击【执行计划】，卸车计划生成，转由外勤货运员装车作业。如图 7-5 所示。

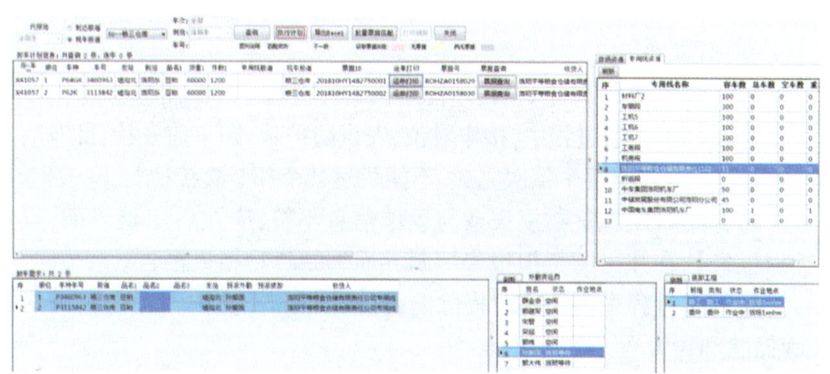

图 7-5 制定卸车计划

2. 卸车计划回退

进入【货运组织】菜单中的【生产组织】，点击【作业组织】，进入作业组织界面。选择查询条件后点击【查询】按钮，显示已制定的装车计划信息。双击选择装车计划（可多选），点击【回退空装车计划】，系统弹出确认对话框，点击【是】。如图 7-6 所示。

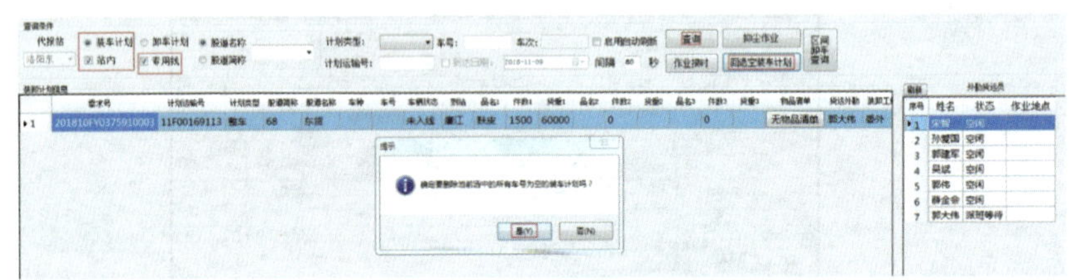

图 7-6 卸车计划回退

系统提示：该装车计划信息回退完成。如图 7-7 所示。

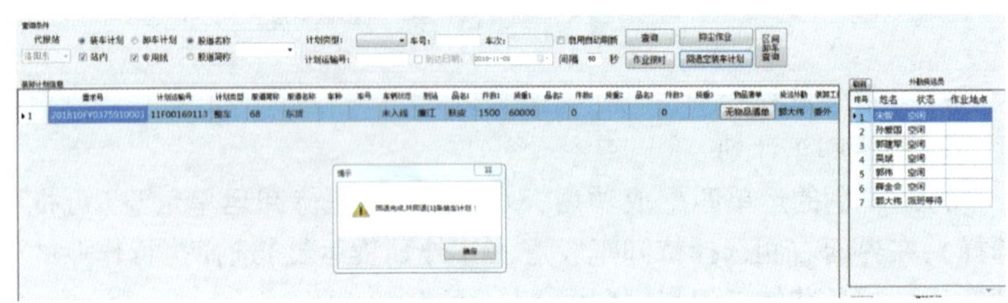

图 7-7 系统提示

三、货场卸车

（一）作业办法

（1）货调完成卸车计划后，才能进入卸车作业。

（2）在卸车作业过程中，接车对位、安设防护牌、卸车前三检、卸车后三检、撤除防护牌需要逐个依次完成，不能跳过某个环节直接执行下一环节。

（3）卸车时发现货物损失或与运单信息不符，应在后三检界面，点击【货损报告】，在弹出的货损报告填制界面编制货物损失报告。

（4）卸车过程中需要临时撤除防护牌，则点击【防护牌操作】，完成防护牌撤除和再设置。

（5）带货车检修单的车辆卸车完毕后不能装车。

(二)操作流程

1. 卸车计划查询

进入【货运组织】菜单,点击【装卸作业】中的【整车装卸】进入整车装卸车界面。【作业车查看】选择卸车(默认为装车),选择股道和外勤货运员,点击【查询】可查询当前符合条件的卸车任务。如图 7-8 所示。

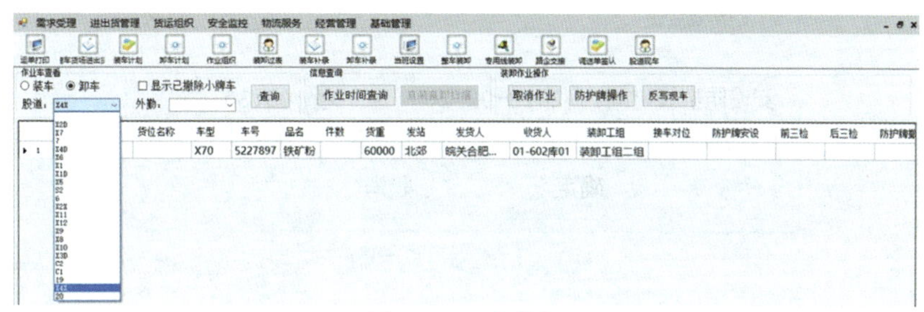

图 7-8　整车装卸

2. 卸车作业

(1)接车对位

选择所要操作的卸车任务,点击【接车对位】列:对于有现车系统的将会弹出当前股道上的所有重车信息,在需要卸车的车号前输入车位,确定后完成接车对位。如图 7-9 所示。

接车对位　×

接车对位

车号:　　　　该股道容车数为:40

	股道	车位	车型	车号	品名	顺位号
▸ 1	H1		C64K	4828759	空	5
2	H1		C64K	4958887	空	6
3	H1		C70E	1685964	空	7
4	H1		C70	1595480	空	8
5	H1		C70	1629085	空	9
6	H1		C70E	1721163	空	10
7	H1		C70	1651623	空	11
8	H1		C70	1589507	空	12
9	H1		C70	1606913	空	13
10	H1		C70E	1675034	空	14

图 7-9　接车对位

(2)安设防护牌

选择已完成接车对位的卸车任务,点击【安设防护牌】列,点击【确定】安设防护牌(可批量安设),作业时间需根据实际填写。如图 7-10 所示。

图 7-10　安设防护牌

(3)卸车前三检

选择已完成安设防护牌的卸车任务,点击【前三检】一栏,弹出前三检界面,检查车型、车号、施封篷布号、发站等信息;选择正确的货位,点击【确定】按钮完成前三检,系统自动补齐人员、装卸工组、货位状态以及作业时间,作业时间需根据实际填写。如图 7-11 所示。

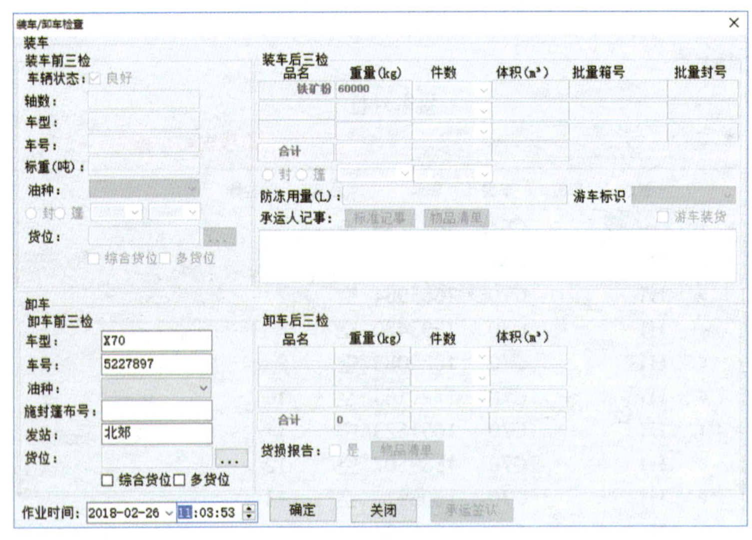

图 7-11　卸车前三检

(4)卸车后三检

选择已完成前三检的卸车任务,点击【后三检】一栏,弹出后三检界面,检查品名、件数、体积等信息;当所有信息填写并确认无误后,点击【确定】完成后三检填报,系统自动补齐人员、装卸工组、货位状态以及作业时间,作业时间需根据实际填写。如图 7-12 所示。

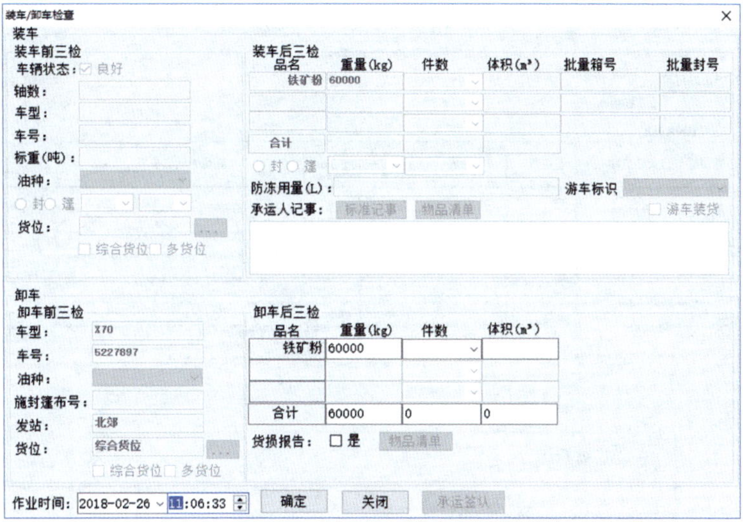

图 7-12　卸车后三检

如果出现货物损失等情况,需填记货损报告。点击货损报告复选框,弹出货损报告填写界面。如图 7-13 所示。

货损报告填写完后,点击【保存】按钮,完成填报。填报后的货损报告可以在【货运组织】→【装卸作业】→【货物货损报告】中查看。

(5)撤除防护牌

选择已完成后三检的卸车任务,点击【撤除防护牌】列,系统提示"是否撤除防护牌",点击【确定】撤除防护牌(可批量撤除)。作业时间根据实际填写。如图 7-14 所示。

四、专用线卸车

(一)作业办法

使用货运站系统,完成路企交接、专用线装卸车作业、填制调送单等

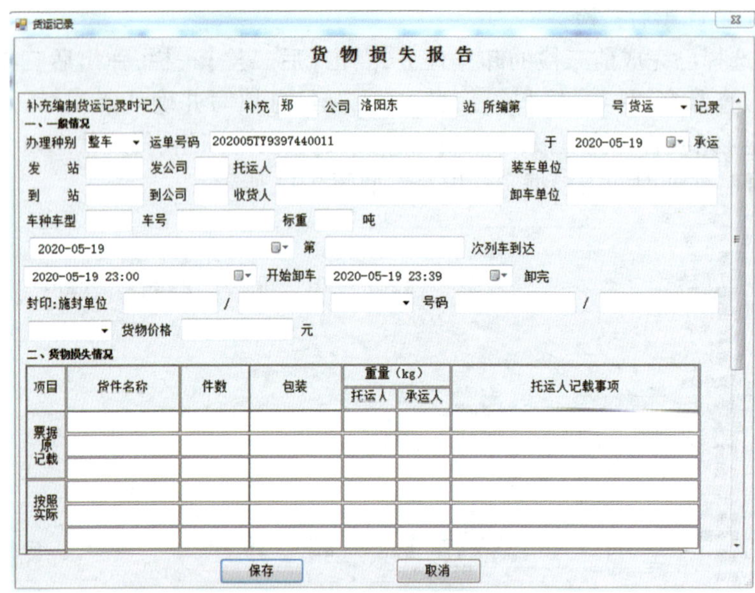

图 7-13　货损报告

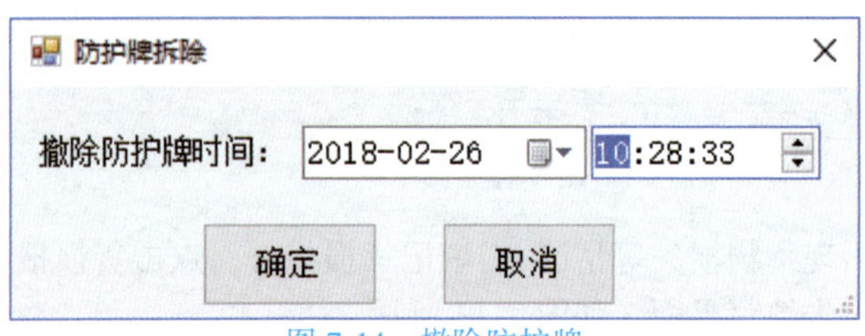

图 7-14　撤除防护牌

工作。

(1)按照路企进线交接→专用线装卸→路企出线交接→调送单签认的顺序完成操作。

(2)录入时间准确,并应经双方确认。

(3)目前只能通过货运站系统录入专用线装卸信息,不能在电商系统做卸车。

(二)操作流程

1. 路企进线交接

进入【货运组织】菜单,点击【装卸作业】中的【路企交接】进入整车装卸车界面。在【专用线股道】中选择需要作业的专用线股道,点击【查询】,勾选需要作业的车辆,点击【报点】,输入调入时间。如图 7-15 所示。

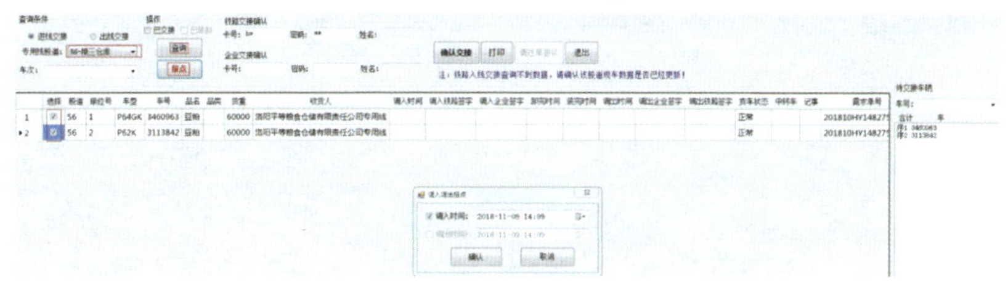

图 7-15　路企进线交接

输入企业交接确认的卡号及密码,点击【确认交接】按钮,完成铁路进线交接。如图 7-16 所示。

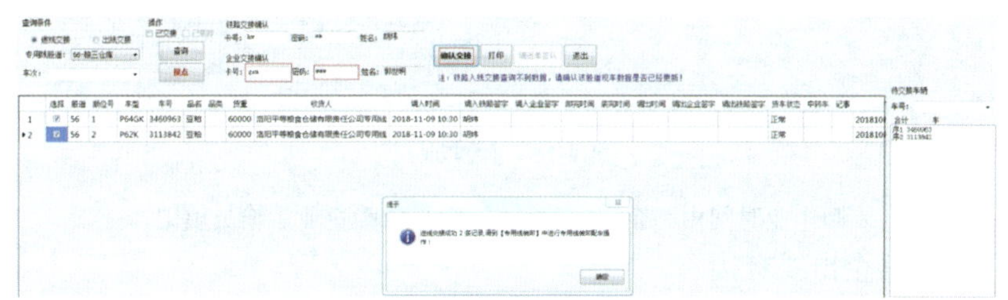

图 7-16　确认交接

2. 专用线装卸

进入【货运组织】菜单,点击【装卸作业】中的【专用线装卸】进入整车装卸车界面。

(1)信息匹配

专用线装卸界面中,点选【卸车】,下拉选择专用线股道,点击【查询本系统装卸信息】,在界面左侧显示符合条件的卸车计划信息,界面右侧显示专用线内的车辆,单击卸车计划信息中需要匹配的车辆复选框(如果货调未进行到达货票匹配时不能进行操作,可告知货调人员匹配到达货票),在进线车辆信息中找到相应车辆,单击【匹配】按钮,完成运单信息和车辆匹配。如图 7-17 所示。

(2)作业报点

已匹配完成的信息,点击【确认保存】,录入卸车作业开始时间和结束时间,点击【确定】完成报点。如图 7-18 所示。

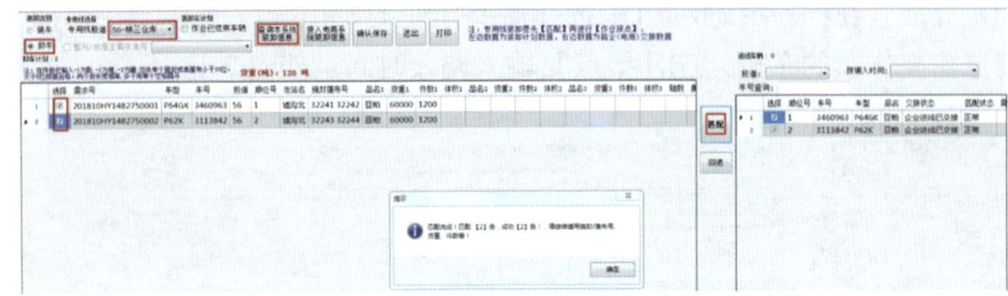

图 7-17　信息匹配

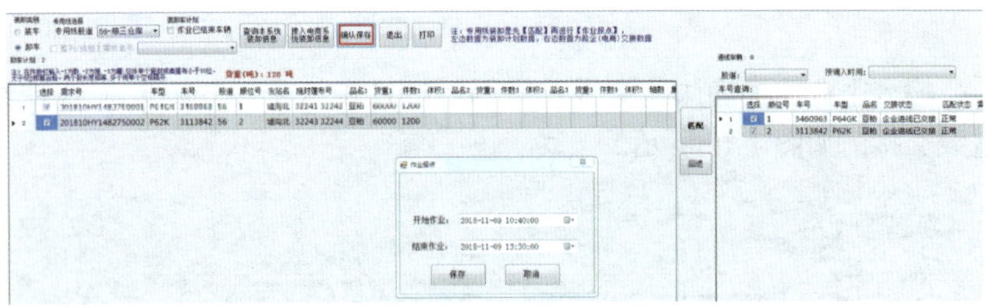

图 7-18　作业报点

注意：装卸作业时间由路企双方确认，不能只依赖企业运输员填记。

3. 路企出线交接

进入【货运组织】菜单，点击【装卸作业】中的【路企交接】进入整车装卸车界面。点选【出线交接】，在【专用线股道】中选择需要作业的专用线股道，点击【查询】，勾选需要作业的车辆，点击【报点】，输入调出时间。

输入企业交接确认的卡号及密码，点击【确认交接】按钮，完成铁路出线交接。如图 7-19 所示。

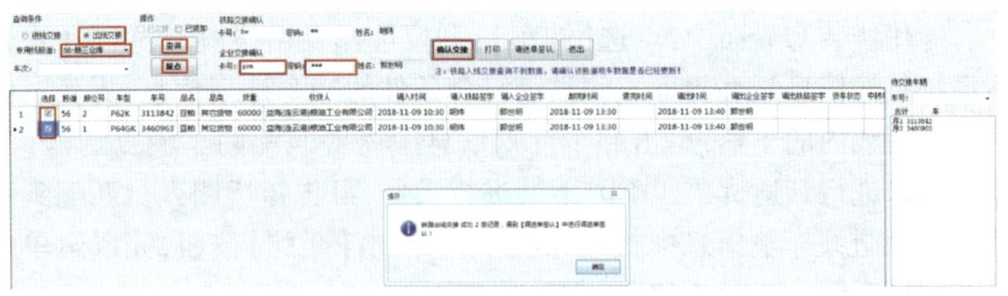

图 7-19　路企出线交接

4. 调送单签认

进入【货运组织】菜单，点击【装卸作业】中的【调送单签认】，进入调送单签认界面。选择查询条件,点击【查询】。如图 7-20 所示。

图 7-20 调送单查询

勾选已出线的车辆,输入企业确认方签字的卡号及密码,点击【核验】按钮,系统会自动采集调出、调入时间等信息,保存后即可完成该批车辆调送单的签认。如图 7-21 所示。

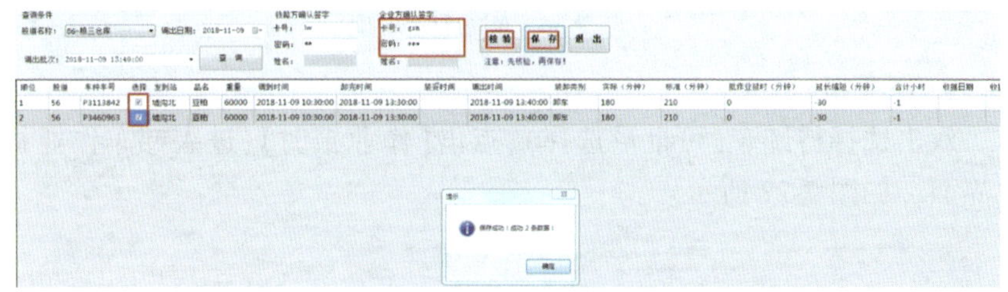

图 7-21 调送单签认

进入【经营管理】菜单,选择【作业报表】栏目,点击【货车调送单】,进入调送单查看界面,可查看调送单并打印。

第二节 货运站小站版卸车

一、运单查询与打印

同本章第一节“货运站大站版卸车”的卸车运单查询与打印。

二、卸车计划

同本章第一节“货运站大站版卸车”的卸车计划。

三、卸车作业

(一)作业办法

同本章第一节“货运站大站版卸车”的卸车作业。

（二）操作流程

1. 卸车计划查询

进入【货运组织】菜单中的【生产组织】，点击【作业组织】进入卸车计划界面（系统默认为装车计划）。选择查询条件后点击【查询】，查询到待卸运单信息，即卸车计划信息。如图 7-22 所示。

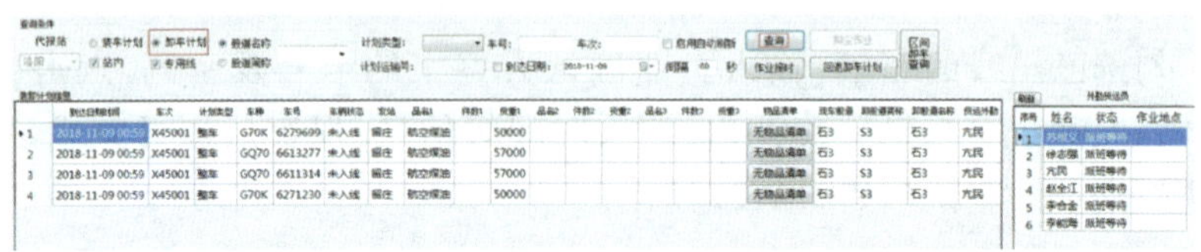

图 7-22　卸车计划

2. 作业报时

双击选择待卸车（可批量选择），点击【作业报时】，进入卸车作业报时界面。如图 7-23 所示。

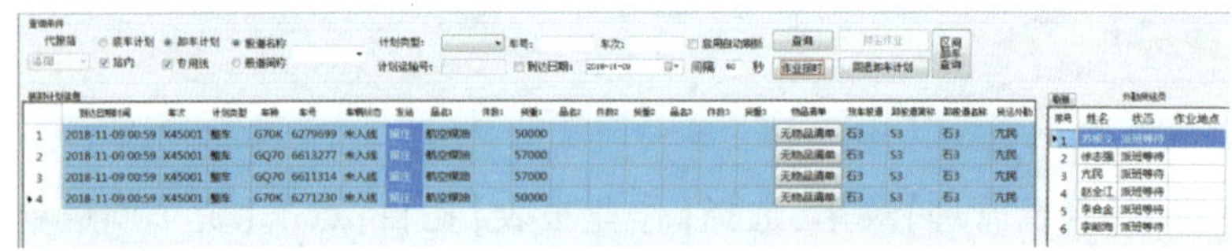

图 7-23　作业报时

3. 车辆匹配

在作业报时界面，点击【取现车】按钮，系统会自动将运单信息和车辆匹配。每条运单信息后面有查看物品清单、标准记事、超限超重等功能。如图 7-24 所示。

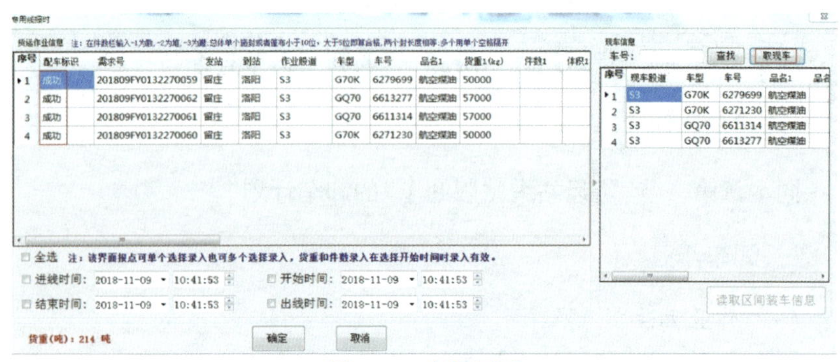

图 7-24　车辆匹配

4. 采集时间

按照“进线时间”→“开始时间”→“结束时间”→“出线时间”分别录入时间，点击【确定】，完成卸车。

第三节　卸车通知取车

一、作业办法

(1)卸车完毕后，需在现车系统或货运站系统查看车辆是否票车解绑且为空车。没有票车解绑的或者车辆不为空的，不能通知取车。

(2)货调在票据确认界面核实“出线时间”，如缺少“出线时间”，需补录“出线时间”。

(3)货调在票据确认界面核实“上传票据库状态”，如状态为“未上传”时，需先将票据上传。

(4)车辆在现车系统状态正常，并且在票据确认界面中，车辆状态为“带出线时间”、“上传票据库状态”为“已上传”时，才能通知取车。

(5)通知取车是货运作业的最后一步，在通知取车前，一定要确保货运作业和车辆状态无误。防止漏卸问题产生。

(6)卸车完毕后，如车辆需编制回送清单回送时，需等编制回送清单完成后，再点击【通知取车】按钮。

二、操作步骤

进入【货运组织】菜单，点击【生产组织】中的【票据确认】进入票据确认界面，下拉选择装卸标识为“卸”，选择查询日期等条件，点击【查询】按钮。勾选已卸车完毕的车辆，点击【通知取车】，【取车标识状态】从“未通知”变为“可取车”，【通知取车结果】变为“mes:成功”。

三、常见问题

1. 通知取车未成功

通知取车未成功常见于车辆不在作业股道，联系行车部门，把作业车辆调入作业股道后，再次点击【通知取车】。

2. 补填出线时间

专用线卸车时，缺少出线时间，常见于没有做路企出线交接。可以在货运站系统的作业报时界面补填。操作流程详见小站版货运站卸车。

四、注意事项

(1)卸车不能回退。

(2)货运站卸车操作时，车辆必须在作业股道，否则反写现车与通知取车都会出错。

(3)国联卸车作业办法同普通整车。

第四节 卸车过表

一、作业办法

货运站系统自动提取卸车计划信息(包括旧的没有过表的数据)到卸车计划表，卸车过表是卸车计划完成数据过表到卸车日况表。

卸车过表需要在每天18时前完整无误过表完成，由于货运人员存在交接班情况，所以每个班卸车作业完毕后，检查无误，应立即卸车过表。

二、操作流程

进入系统，在主窗口中，选择【生产组织】菜单下【装卸组织】中的【装卸过表】，进入装卸过表界面。选择【卸车过表】，系统会自动将未过表的数据显示在界面右侧。勾选需过表的数据，点击【日况表】按钮，计划表中的数据会过表到日况表中。如图7-25所示。

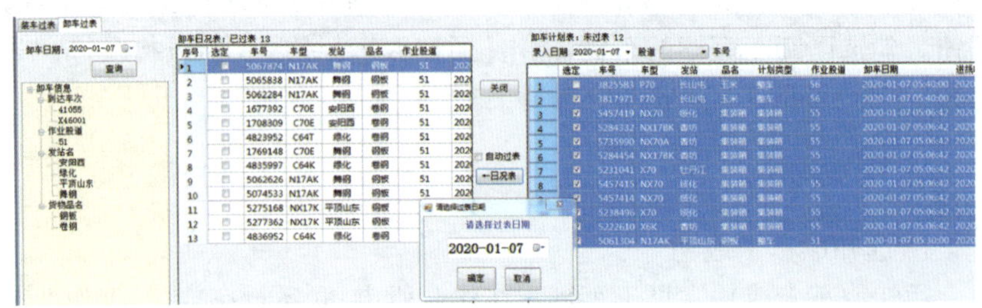

图7-25 卸车过表

注意:过表的数据包括卸车补录的信息。

如日况表中的卸车数据有问题,勾选之后,点击【计划表】按钮,自动过表到计划表。

三、常见问题

如卸车数据不完整,常见的是没有出线时间,需将卸车数据补充完整后再过表。

第五节　货运站系统卸车流程

货运站系统货场卸车流程和货运站系统专用线卸车流程如图 7-26、图 7-27 所示。同时,这两张图也说明了货运站系统与电商系统、现车系统、货票系统、票据管理系统的数据交换流程,希望对理解货运站反写现车、票车解绑等问题有所帮助。

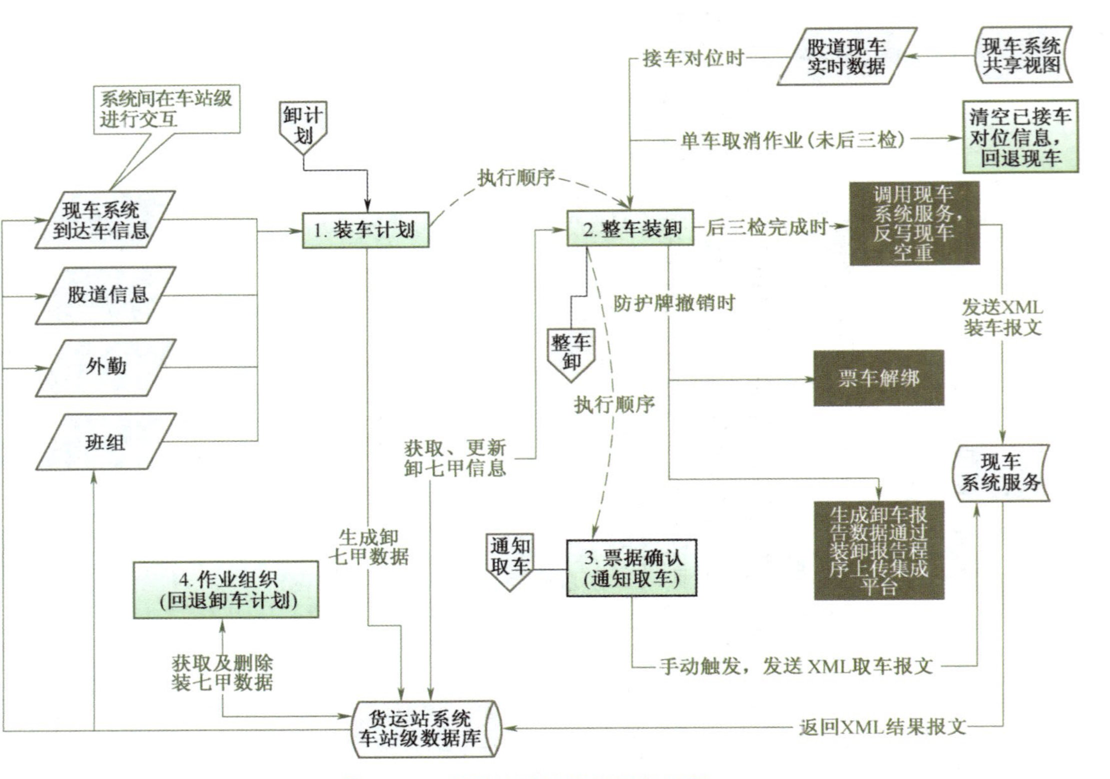

图 7-26 货运站系统货场卸车流程

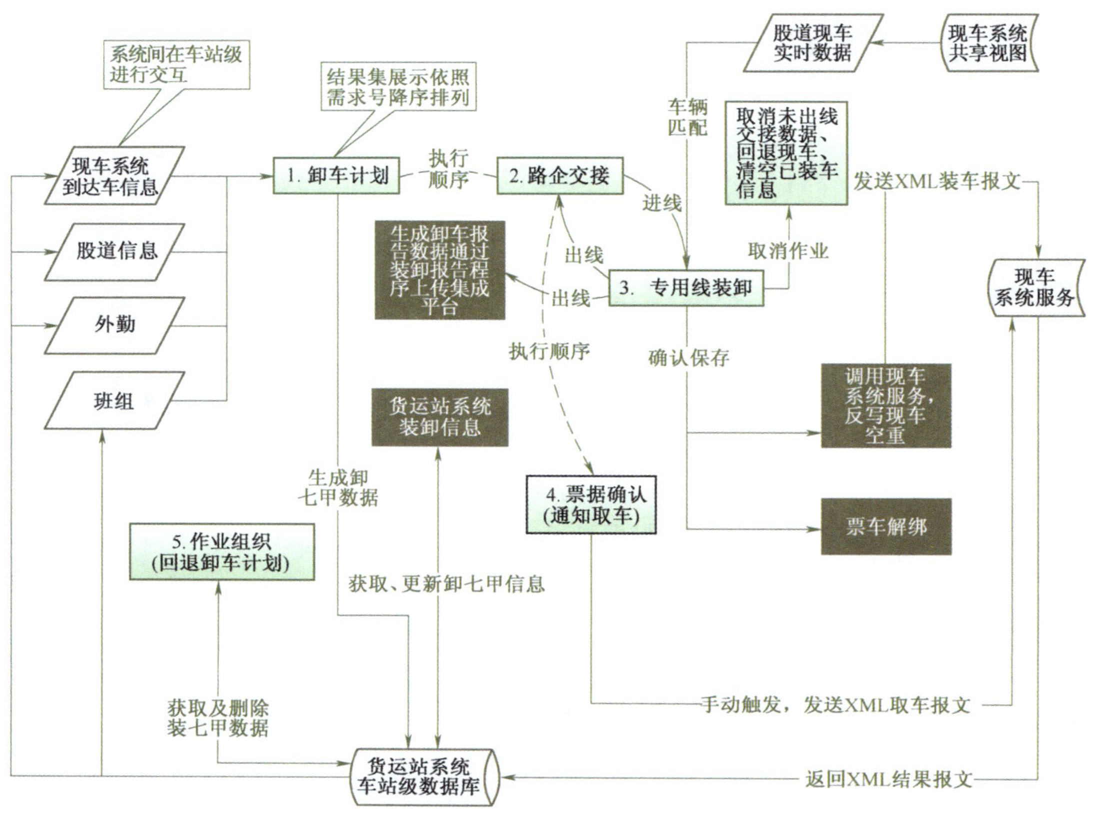

图 7-27　货运站系统专用线卸车流程

第八章　特殊货车及运送用具回送作业

特殊货车及运送用具回送需填制回送清单，回送清单是铁路内部根据规定运送铁路所属的货车或用具的运输交接凭证。根据《关于货运票据电子化部分作业信息采集工作的通知》（货管电〔2018〕114号）第一条规定：

（1）需洗刷除污的铁路货车，需回送的铁路篷布、用具、军用备品在货运站系统操作。

（2）需回送的铁路空集装箱在集装箱系统操作，具体作业办法和操作流程见第十章第四节"回送空箱"。

（3）路产特殊货车（《铁路货物运输管理规则》第二十三条中第1类和第2类需使用回送清单回送的路产货车）进行回送时，均在票据管理系统填制及签认。

第一节　票据管理系统填制及签认

一、发站填制

（一）作业办法

1. 填制回送清单前

通过现车系统或货运站系统确认待回送车辆是否在站，并查看车辆是否为空车，且不带票据。带有票据的空车，需票车解绑后，才能填制回送清单。

2. 填制回送清单

凭调度命令需填制回送清单回送的铁路特殊货车，发站登录票据管理系统，在车站作业菜单下进入【车辆回送办理】页面，依据调度命令选择待回送车辆，录入回送命令号和到站，选择承运人记事内容，编制回送清单。无需凭调度命令回送的其他特殊货车，回送命令号不填。

3. 核对回送清单

核对已编制的回送清单,发现有误时,可及时撤销。

4. 取票

票据管理系统中回送清单的填制和签认功能不能直接反写现车系统,车站需在现车系统取票后进行后续作业。如货运部门填制的回送清单,作业完毕后要通知行车部门。

(二)操作流程

1. 检查车辆

同第六章第一节“货运站大站版装车”的装车前检查。

2. 编制回送清单

登录票据管理系统,点击【车站作业】→【车辆回送办理】按钮;或点击首页的【车辆回送】按钮,进入车站回送办理页面,列表页首先显示的内容是5天内,当前用户车站所编制的回送清单。如图8-1所示。

图8-1　车辆回送办理查询

点击列表页【办理回送】按钮,进入选择车辆回送页面,根据需要回送的车次(如果有多个车次使用逗号分隔)、到达日期、车号(可输入多个车号,多个车号之间使用回车换行分隔),点击【查询】,系统显示出要回送的车辆信息。如图8-2所示。

图8-2　办理回送

注意：一定要在现车系统确认需回送车辆在本站，且为空车；如车辆实际的确在本站，但票据管理系统不在本站，也可办理。

核对车号、达到日期、车次、车型，核对无误后，勾选车辆，点击【填制回送单】按钮，进入【回送车辆添加办理】页面。如图 8-3 所示。

图 8-3　信息录入

根据提示，选择局令或者国铁集团令，填写回送命令号、到站，选择发送日期，选择记事内容，填写附注等信息，填写后，核对信息无误，点击【办理】按钮，进行回送车辆的办理。

信息确认无误后，点击【办理】按钮，点击【确认】则完成回送清单的办理。（红框标注字段为必填字段）

3. 查看回送清单

办理完毕后，可以根据填写的发送日期来查看已编制的回送清单。如发现回送清单有误时，点击操作项的【撤销】即可。如图 8-4 所示。

图 8-4　回送清单撤销

4. 取票

回送清单审核无误后，进入现车系统的股道现车修改界面，进行取票操作。

二、货车到站签认

（一）作业办法

1. 到站签认

确认货车到站后，到达车站登录票据管理系统，在车站作业菜单下进入【车辆回送签认】页面，录入车号和到达日期进行查询，确认该车在本站后点击【签认】。

2. 核对

核对已签认的回送清单。

3. 取票

票据管理系统中回送清单的签认功能不能直接反写现车系统，车站需取票后进行后续作业。

（二）操作流程

1. 到站签认

登录票据管理系统，点击【车站作业】→【车辆回送签认】按钮，进入车站回送签认页面，列表页默认显示的是 5 天内发到本站的回送车辆信息。

当记录需要签认时（确认货车已到站），勾选记录前面的复选框，可以对多条记录同时签认（发站和回送命令号不同的则不可以一同签认），点击【回送签认】按钮，进入签认页面。如图 8-5 所示。

图 8-5　回送签认

注意：签认车辆应该由现场确认在本站且为空车，签认日期为用户操作项，且为必填项，默认是当前日期，其余项为核对项。

核对无误,并且填写签认日期后,点击【签认】按钮,再点击【确认】按钮,完成回送车辆的签认。

2. 核对

签认后,发站和到站均可在【车辆回送办理】功能下根据发送日期或者车号,查看到车辆的回送签认状态,可查看此记录的签认状态和签认时间、签认人等信息。

3. 取票

核对无误后,车站需在现车系统取票后才能进行后续作业。

三、客车到站签认

(一)作业办法

1. 到站签认

确认客车到站后,票据到站登录票据管理系统,在车站作业菜单下进入【车辆回送签认】页面,录入车号进行查询,确认该车在本站后点击【签认】。

2. 核对

核对已签认的回送清单。

3. 取票

票据管理系统中回送清单的签认功能不能直接反写现车系统,车站需取票后进行后续作业。

(二)操作流程

1. 到站签认

登录票据管理系统,点击【车站作业】→【客车回送签认】按钮,进入车站回送签认页面,录入车号进行查询。如图 8-6 所示。

图 8-6 客车查询

勾选该车，点击【回送签认】按钮，进入签认页面。如图 8-7 所示。

图 8-7　客车签认

核对无误，点击【签认】按钮，再点击【确认】按钮，完成回送车辆的签认。

2. 核对

签认后，发站和到站均可在【车辆回送办理】功能下根据发送日期或者车号，查看到车辆的回送签认状态，可查看此记录的签认状态和签认时间、签认人等信息。

3. 取票

票据管理系统中回送清单的签认功能不能直接反写现车系统，车站需取票后进行后续作业。

四、注意事项

（1）回送办理时，选择发送日期只能是当天或之后五天范围之内，如：今日为 2019 年 05 月 29 日，可选发送日期范围为 2019-05-29 至 2019-06-03。

（2）回送签认查询：到站为到达运统一发报站和票据最终到站，如果途中将车进行调卸，则到站为调卸后的站；发送日期即办理回送时选择的发送日期。

（3）客车到站签认也适用于机车回送，并且在没有运统一的情况下，该车也能签认。

第二节　货运站系统填制及签认

一、发站办理

(一)作业办法

1. 编制前

通过现车系统或货运站系统确认待回送车辆是否在站,并查看车辆是否为空车,且不带票据。带有票据的空车,需票车解绑后,才能填制回送清单。

2. 编制

(1)登录货运站系统,在作业组织菜单下进入【装车补录】界面,使用增加车辆功能,编制回送清单。

(2)回送篷布时,先填制篷布交接单,再填制回送清单,在回送清单中输入篷布数量,自动按每块 60 kg 计算重量。

(3)核对已编制的回送清单,发现有误时,应及时撤销。

(4)特殊用具回送清单发站打印一份留存。

3. 通知取车

回送清单核对无误后,点击【通知取车】。

(二)操作流程

1. 检查车辆

同第六章第一节“货运站大站版装车”的装车前检查。

2. 编制回送清单

(1)装车补录

进入【货运组织】菜单,点击【生产组织】中的【装车补录】进入装车补录界面。

点击【增加车辆】,进入增加车辆界面。选择【回送类型】和作业股道,输入车号、发站、到站,录入“入线时间”→“开始时间”→“结束时间”→“出线时间”,点击【确定】,进入特殊用具回送清单填记界面。如图 8-8所示。

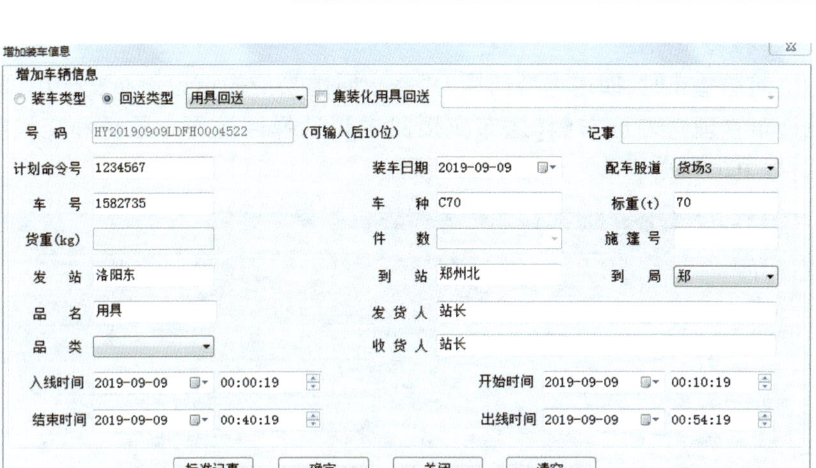

图 8-8　装车补录

在回送清单填记界面，录入发送时间、回送数量等信息，增加附记，填记发站经办人，点击【保存】，回送清单编制完毕。如图 8-9 所示。

特殊货车及运送用具回送清单

特殊货车及运送用具回送清单

发　站　洛阳东　　到　站　郑州北　　发送日期　2019-04-15　　回送命令号　60011

车种车号　P64GK 3467320　　施封号码　76520 76519　　到达日期　　回送种类　篷布

回送的货车及运送用具　　承运人记事

种　类	号　码	数　量	重　量(kg)	附注
		150	9000	

发站经办人　　集装化用具明细　　到站经办人

注：1. 本清单一车一单，发到站打印留存。
2. 按调度命令回送的应将命令号码记入“回送命令号码”栏内，局管内回送的填记局调度命令，跨局回送的填记总公司调度命令。
3. 按照货物运单“承运人记事”栏要求填记“承运人记事”栏。
4. “回送种类”分为：洗刷货车、集装箱、篷布、用具、军用备品。
5. 回送须洗刷除污的货车时，“回送种类”栏填记洗刷货车，“车种车号”栏填记车种车型车号，“种类”、“号码”、“数量”栏不填记。
6. 回送集装箱时，“回送种类”栏填记集装箱，“种类”栏填记箱型箱类，“号码”栏填记箱号，“数量”栏填记箱数。
7. 回送篷布时，“回送种类”栏填记篷布，“数量”栏填记回送张数，“种类”、“号码”栏不填记。
8. 回送用具时，“回送种类”栏填记用具，“种类”栏填记运营衡器、装卸机具、集装化用具，“号码”栏不填记，“数量”栏填记用具数量，“附注”栏填记用具名称，如回送1.5吨小型铁路箱时，附注栏填记“1.5吨小型箱”。
9. 回送军用备品时，“回送种类”栏填记军用备品，“种类”栏填记移动设备（备品）、移动站台、装卸备品、加固材料（装置），“号码”栏不填记，
“数量”栏填记军用备品数量。
10. “重量”栏按照《铁路货车统计规则》规定填记。

保存　　关闭

图 8-9　回送清单填记

(2)篷布回送

回送篷布时,回送类型选择为“篷布回送”,应先填记篷布交接单(详见篷布管理),勾选右侧【篷布交接回送】,选择回送篷布数量和交接时间,再填记回送清单。如图 8-10 所示。

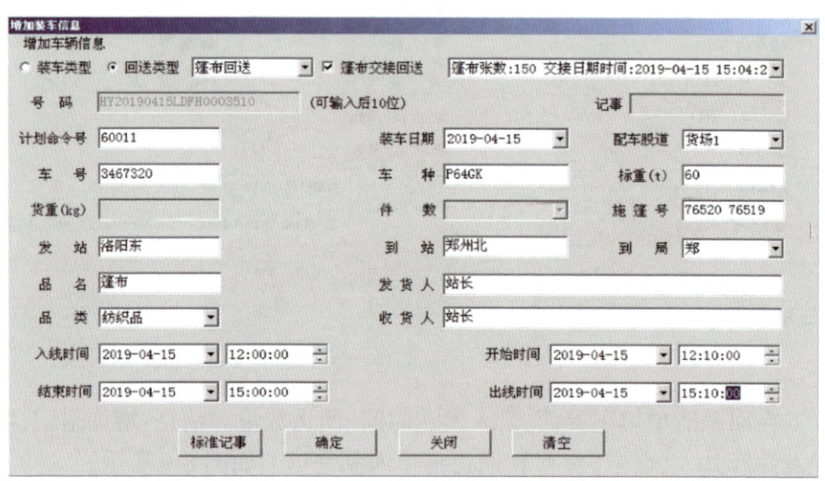

图 8-10 回送篷布

3. 核对回送清单与打印

进入【货运组织】菜单,点击【生产组织】中的【票据确认】进入票据确认界面,选择装卸标识、查询日期等条件,点击【查询】按钮。如图 8-11 所示。

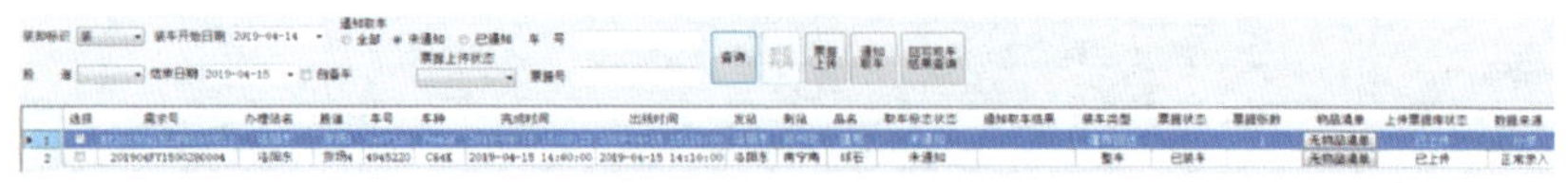
图 8-11 票据确认

找到需回送的车辆的“票据张数”列,点击单元格内的数字(表示对应的相关票据张数),会弹出票据查询对话框。如图 8-12 所示。

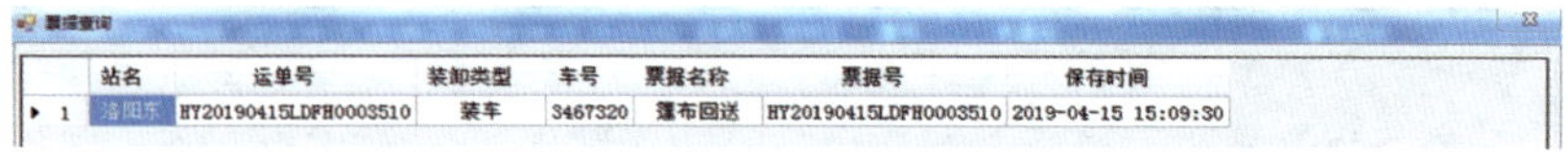
票据查询

	站名	运单号	装卸类型	车号	票据名称	票据号	保存时间
▸ 1	洛阳东	HY20190415LDFH0003510	装车	3467320	篷布回送	HY20190415LDFH0003510	2019-04-15 15:09:30

图 8-12 票据查询

单击相对应的“票据名称”列,即可打开相应票据信息。点击【打印】按钮即可打印票据。如图 8-13 所示。

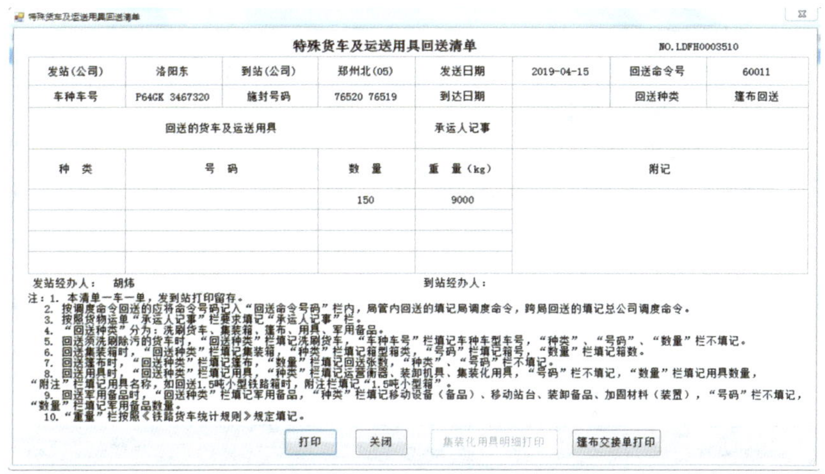

特殊货车及运送用具回送清单　　NO. LDFH0003510

发站(公司)	洛阳东	到站(公司)	郑州北(05)	发送日期	2019-04-15	回送命令号	60011
车种车号	P64GK 3467320	施封号码	76520 76519	到达日期		回送种类	篷布回送
回送的货车及运送用具				承运人记事			
种　类	号　码		数　量	重　量(kg)	附记		
			150	9000			

发站经办人：　胡炜　　　　到站经办人：

注：1. 本清单一车一单，发到站打印留存。
2. 按调度命令回送的应将命令号码记入“回送命令号码”栏内，局管内回送的填记局调度命令，跨局回送的填记总公司调度命令。
3. 按照货物运单“承运人记事”栏要求填记“承运人记事”栏。
4. “回送种类”分为：洗刷货车、集装箱、篷布、用具、军用备品。
5. 回送须洗刷除污的货车时，“回送种类”栏填记洗刷货车，“车种车号”栏填记车种车型车号，“种类”、“号码”、“数量”栏不填记。
6. 回送集装箱时，“回送种类”栏填记集装箱，“种类”栏填记箱型箱类，“号码”栏填记箱号，“数量”栏填记箱数。
7. 回送篷布时，“回送种类”栏填记篷布，“数量”栏填记回送张数，“种类”、“号码”栏不填记。
8. 回送用具时，“回送种类”栏填记用具，“种类”栏填记运营衡器、装卸机具、集装化用具，“号码”栏不填记，“数量”栏填记用具数量，“附注”栏填记用具名称，如回送1.5吨小型铁路箱时，附注栏填记“1.5吨小型箱”。
9. 回送军用备品时，“回送种类”栏填记军用备品，“种类”栏填记移动设备（备品）、移动站台、装卸备品、加固材料（装置），“号码”栏不填记，“数量”栏填记军用备品数量。
10. “重量”栏按照《铁路货车统计规则》规定填记。

打印　关闭　集装化用具明细打印　篷布交接单打印

图 8-13　票据打印

4. 回送清单撤销

进入【货运组织】菜单,点击【生产组织】中的【装车补录】进入装车补录界面。界面列表显示当日的装车数据,点击选择需要撤销的车辆(未通知取车前),向后拖动滚动条,找到操作项,点击【撤销】按钮,即可完成回退。如图 8-14 所示。

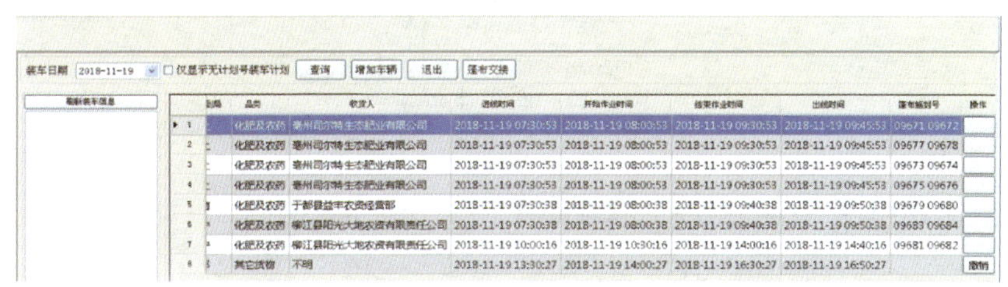

图 8-14　回送清单撤销

5. 通知取车

同第六章第五节“装车通知取车”。

二、到站办理

(一)作业办法

1. 到站签认

确认货车到站后,到达车站使用货运站系统,及时进行票车解绑操作。回送篷布时,需先做卸车操作,卸车完毕后,票车解绑。

2. 通知取车

到站票车解绑完毕后,需通知取车。

(二)操作流程

1. 票车解绑

票车解绑操作流程详见第九章第一节“凭运单运输的机车车辆”的到站作业。

2. 回送篷布票车解绑

回送篷布时,票车解绑同整车卸车。如图 8-15 所示。

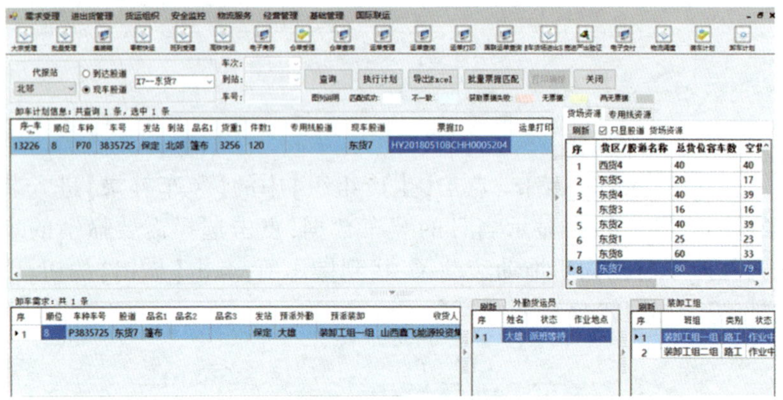

图 8-15 回送篷布卸车

3. 通知取车

同第七章第三节“卸车通知取车”。

第三节 篷布管理

一、作业办法

根据相关规定,当有篷布发送和到达时,需认真核验货运站系统的篷布数量及状态。

二、操作流程

1. 篷布查询

进入【货运组织】菜单，点击【篷布管理】中的【货车篷布到发管理】进入篷布管理界面，选择查询日期等条件，点击【查询】按钮，系统显示本站在这一时间段内发送和到达的篷布。界面左侧为已达到篷布，右侧为发送已发送的篷布。在做装卸车操作时，货运站系统会自动将到发的篷布号、时间、车号等信息记录并保存。如图 8-16 所示。

注意：系统默认到达的篷布状态为“完好”。

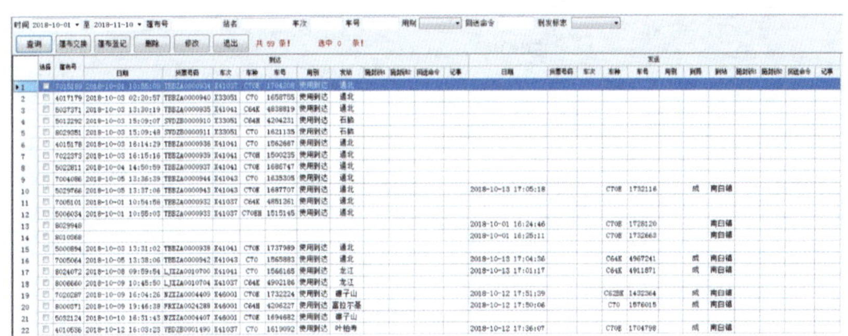

图 8-16　篷布查询

2. 增加篷布

点击【篷布登记】，录入篷布号、状态、标识等信息，点击【保存】。如图 8-17 所示。

重新查询，即可显示该篷布。如图 8-18 所示。

3. 修改篷布

勾选需要修改的篷布，点击【修改】按钮，修改完成后，点击【保存】即可。如图 8-19 所示。

注意：不能修改已发送的篷布。

4. 删除篷布

勾选需要删除的篷布，点击【删除】按钮，确认系统提示框，即可删除该篷布。如图 8-20 所示。

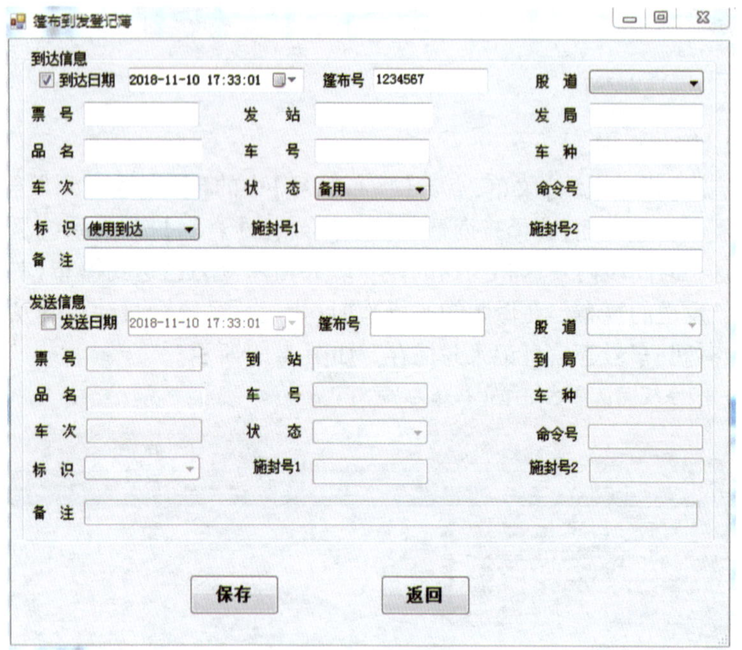

图 8-17　增加篷布

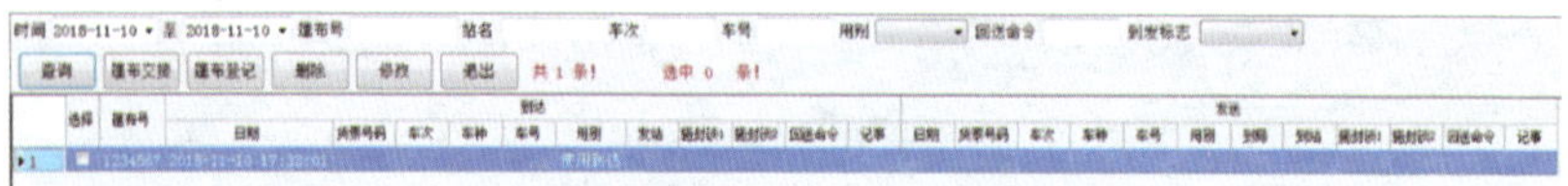

图 8-18　增加篷布查询

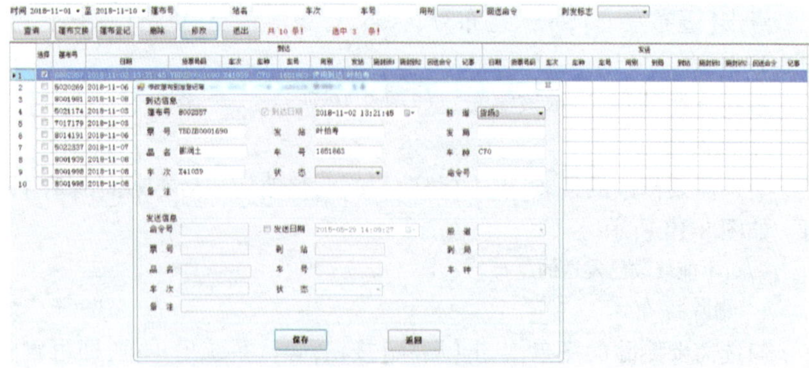

图 8-19　修改篷布

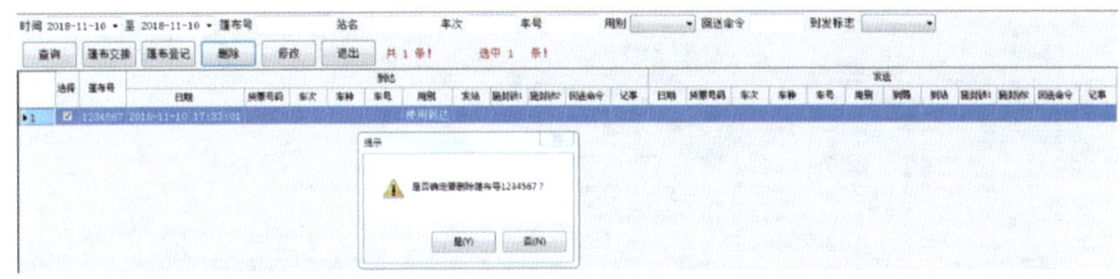

图 8-20　删除篷布

5. 篷布交接单

在【篷布管理】界面可以逐个勾选来选择需回送的篷布，也可点击不放鼠标上下拉动来上下多选篷布。如图 8-21 所示。

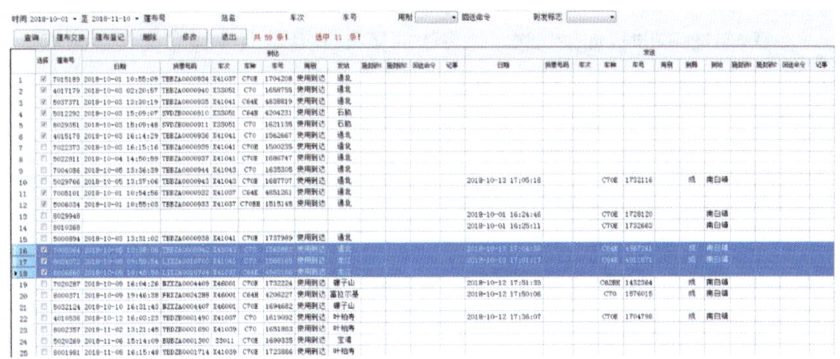

图 8-21　篷布选择

也可以在篷布号文本框输入篷布号后敲击回车键，则自动选中这一行记录并勾选。如图 8-22 所示。

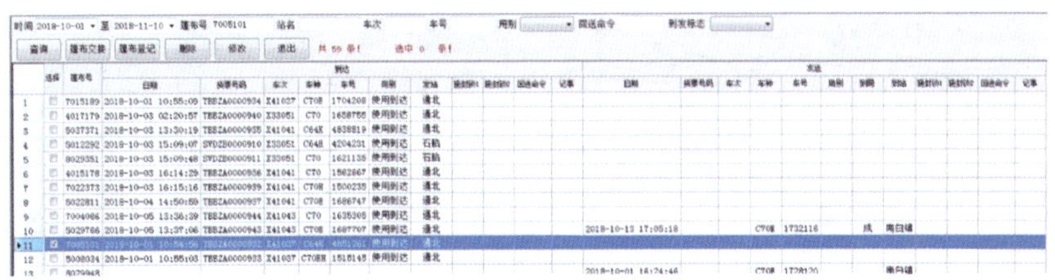

图 8-22　篷布精确选择

勾选好所需回送的篷布后，点击【篷布交接】，核对篷布号，点击【保存】。如图 8-23 所示。

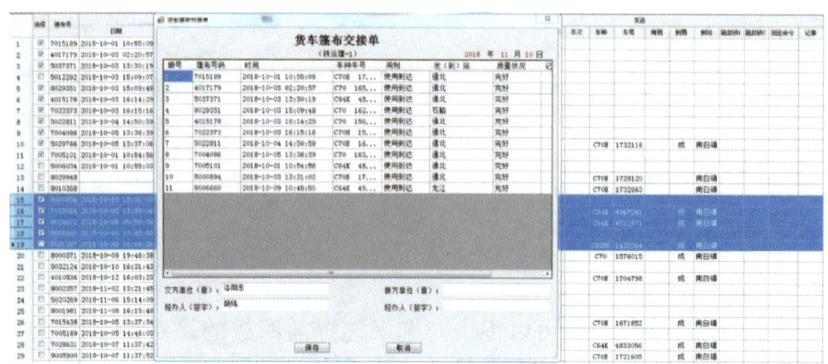

图 8-23　篷布交接单

注意：勾选篷布时，如果勾选了已发送的篷布，在生成货车篷布交接单时不统计在内。

第九章　整车其他作业

第一节　凭运单运输的机车车辆

凭运单运输的机车车辆(品类为1721),包括自备机车车辆回送、无火机车回送、轨道起重机等自轮运转设备运输时等。这些机车车辆都有一个共同点,载重为零,无需装车作业。这些机车车辆都是在电商系统直接提报车辆运输需求,货运站系统校验车辆在站,且状态为空,无票据信息后推送货票系统。

一、发站作业

(一)作业办法

1. 电商系统提报前

(1)在现车系统核实需凭运单运输的机车车辆是否在系统中存在。如果不存在,由货调联系行车人员在现车系统添加。

(2)通过票据管理系统核实凭运单运输的机车车辆是否存在重车号和票据信息。

如存在重车号,按第十四章第七节“重车号”处理。

如存在票据信息,需票据解绑后才能提报。如票据为货车检修单(车统23、车统26),待车辆部门开具车辆修竣通知书(车统33并车统36),行车人员签认后,才能票据解绑。

(3)确认车辆在站、状态为空、无票据信息后,货票系统收不到运单信息的,联系信息部门处理。

2. 电商系统提报

凭运单运输的机车车辆运输需求,由车站按既有规定审核受理。

3. 计费制单

货票系统收到电商系统提报的机车车辆运输需求后,审核无误,方可计费制单。

4. 通知取车

货调在货运站系统查看凭运单运输的机车车辆的运单状态变为“已制票”后，运单核对无误，点击【通知取车】。

(二)操作流程

1. 电商系统提报前

(1)空车有票、重车号等问题操作详见第十四章“票车不符处理办法”。

(2)货车检修单解绑详见本章第六节“货车检修单”。

2. 电商提报

操作详情见第五章第一节“需求受理”。

3. 计费制单

操作详情见第十二章“制票与交付”。

4. 通知取车

登录货运站系统，在【运单打印】界面核实并查看运单信息。运单核对无误后，通知取车，操作详见第六章第五节“装车通知取车”。

(三)发站作业流程

发站作业流程如图9-1所示。

二、到站作业

(一)作业办法

凭运单运输的机车车辆到站后，不管是否装车或有其他作业，都必须先票车解绑。如不解绑，当车辆离开到站后，是不能正常解绑的。

(二)操作流程

1. 下发卸车计划

同第七章第一节“货运站大站版卸车”的卸车计划。

2. 票据解绑

进入【货运组织】菜单中的【生产组织】，点击【票据确认】进入票据确认界面。装卸标识下拉选择“卸”，勾选“洗刷/宿营/游车”，点击【查询】按钮，显示已下发卸车计划的自备机车车辆，勾选需解绑的车辆(可以批量选择)，点击【票据上传】按钮，即完成票据解绑。如图9-2所示。

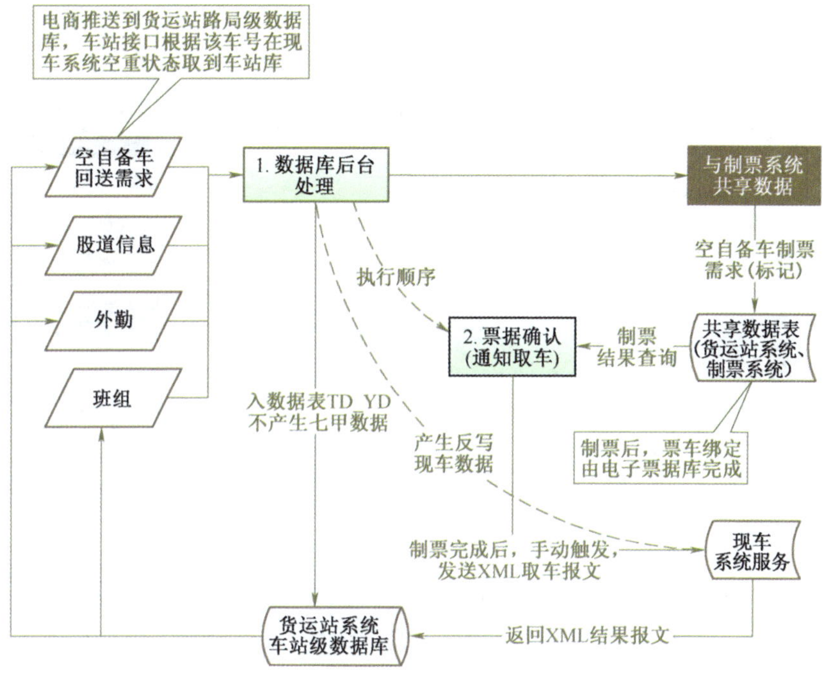

图 9-1　发站作业流程

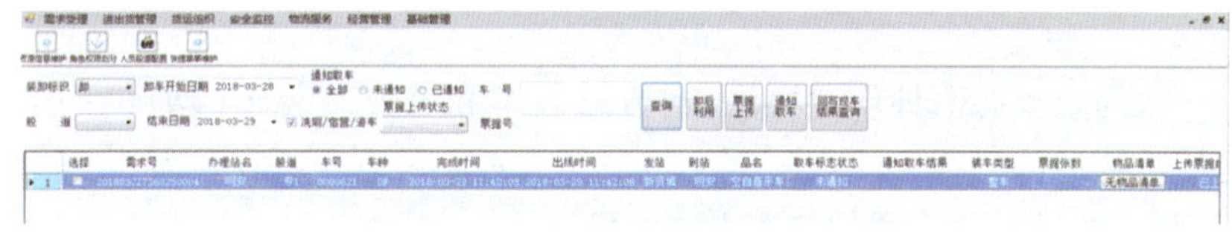

图 9-2　票据上传

注意：如查询不到到达确报，请确认车辆到达日期，系统默认读取 10 天内确报信息，超出 10 天需要在车站参数界面修改确报读取天数并重新登录系统。

（三）到站作业流程

到站作业流程如图 9-3 所示。

三、小结

（1）凭运单运输的机车车辆到站票车解绑后，由于车辆载重为零，是不算卸车数的。

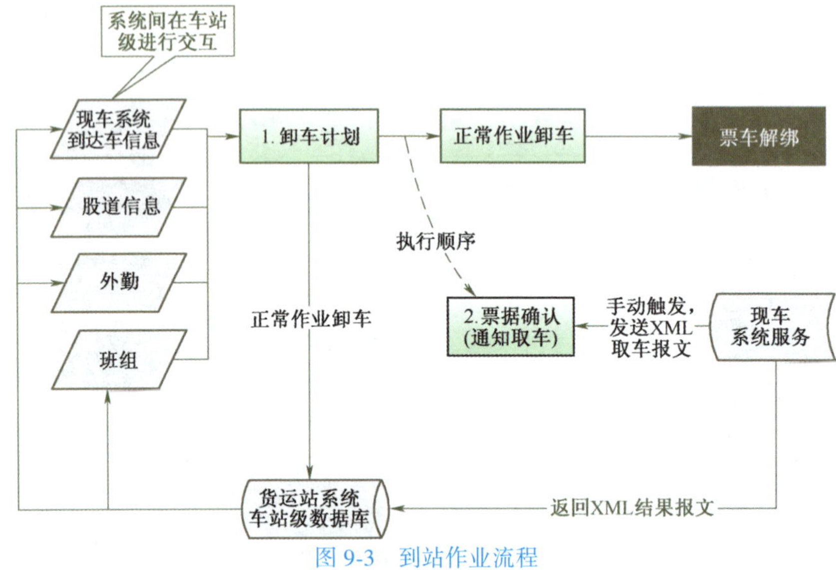

图 9-3　到站作业流程

(2)如到站的机车车辆没有后续装车作业,可点击【通知取车】。

(3)该票车解绑办法适用于所有带运单的、载重为零的机车车辆。

第二节　区间装车

区间装车有两种作业办法:前方站装车和后方站装车(均按后方货运站计算运价里程)。根据车辆运行情况及装车地点所在位置,综合分析判断,选择一种合适的装车方式即可。

一、区间装车解释

如图 9-4 所示,箭头所指方向为车辆运行方向(B 站装车,装车完毕向 C 站方向运行),A 站和 C 站都可以作为发站,A 站为装车地点的后方站,C 站为装车地点的前方站,装车地点(B)可以为区间站,也可以为货运站,但 A 站和 C 站必须是货运站。

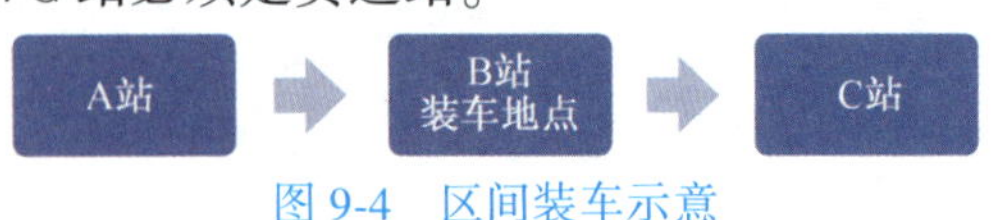

图 9-4　区间装车示意

C 站做区间装车时,C 站为发站,B 站装车完毕,运行至 C 站,从车辆运行方向看,B 站就是 C 站的后方站,这种作业方式叫"装车后方站"。C 站负责需求提报、运单受理、计费制单等作业,但运单计费的发站是 A 站。

A 站做区间装车时,A 站为发站,B 站装车完毕,不经过 A 站,直接向 C 站运行,从车辆运行方向看,B 站就是 A 站的前方站,这种作业方式叫"装车前方站"。A 站负责需求提报、运单受理、计费制单等作业,运单计费的发站是 A 站。

二、装车后方站

(一)作业办法

后方站装车的作业流程为:运单受理→添加"区间装车"→装车→计费制单→删除"区间装车"。

1. 运单受理

C 站负责运单受理、货运站系统装车、计费制单。C 站在受理时须添加标准记事"装车后方站"及计费站电报码(A 站)。

2. 添加"区间装车"

当已装好的重车从装车地点到达 C 站时,车辆在现车系统显示为空车,C 站行车人员在现车系统的其他记事栏添加"区间装车"。

注意:已装好车辆到达 C 站时,车辆不用进入货场,待货运部门作业完成后,可直接发车。

3. 区间装车

C 站货运人员在货运站系统做区间装车操作。货运站系统操作完成后,现车系统车辆变为重车。

4. 计费制单

C 站内勤核算员收到装车信息后,计费制单时添加标准记事"装车后方站(A 站)"。

5. 删除"区间装车"

车辆出发前,C 站行车人员在现车系统删除"区间装车"标记。

(二)操作流程

1. 运单受理

C 站在电商系统运单受理时,选择承运人标准记事:"后方装车站",

并输入车站电报码(A 站)。如图 9-5 所示。

其他操作步骤按既有规定办理。

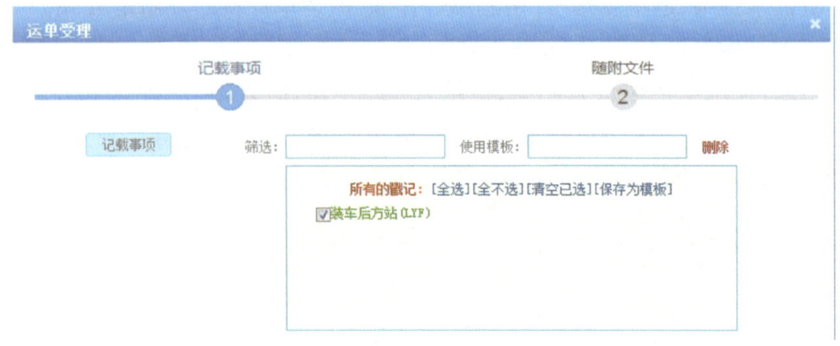

图 9-5　添加标准记事

2. 添加“区间装车”

C 站车务人员进入现车系统的股道现车修改界面中,在其他记事栏添加“区间装车”(手工录入)。如图 9-6 所示。

图 9-6　修改现车

3. 区间装车

货运人员接到车务人员通知后,在货运站系统进行装车作业操作。执行装车计划到任意股道,在【货运组织】→【生产组织】→【作业组织】中按股道进行查询,选中计划后点击【作业报时】进入作业报时界面,点击【读取区间装车信息】按钮,系统会自动读取已标记“区间装车”的车辆,匹配车号成功、修改货重等信息后,录入四个作业时间,点击【确定】按钮完成区间装车。如图 9-7 所示。

4. 计费制单

点击货票系统的【记事】按钮,选择“后方装车站”标准记事,并输入车站电报码(A 站),这时 A 站作为计费里程的起始站。核对无误后,计费打印。如图 9-8 所示。

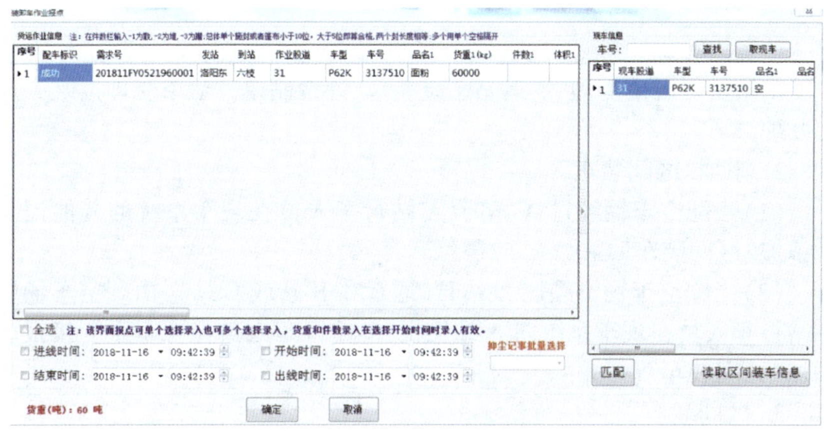

图 9-7　区间装车

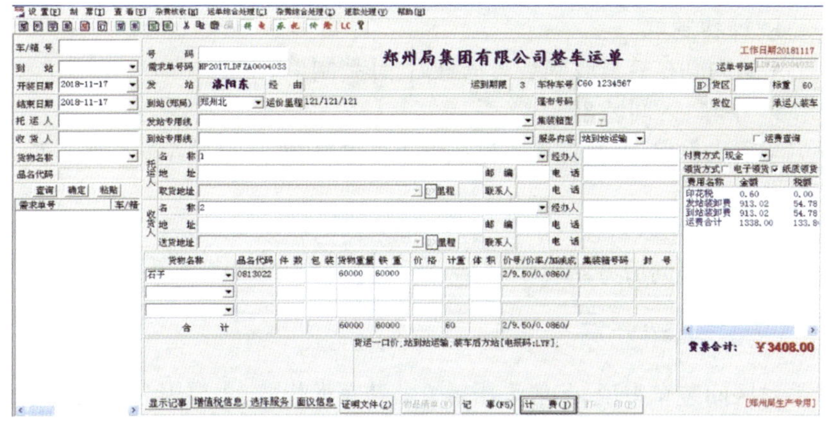

图 9-8　运单打印

5. 删除“区间装车”

车辆出发前(车辆在现车系统为重车),C 站行车人员在现车系统删除“区间装车”。

三、前方站装车

(一)作业办法

前方站装车的作业流程为:运单受理→标注“区间装车”→装车→计

费制单→删除“区间装车”。

1. 运单受理

A站负责运单受理、货运站系统装车、计费制单。运单受理按既有规定办理。

2. 添加“区间装车”

(1)当配空车辆经过A站时,A站行车人员在现车系统的其他记事栏添加“区间装车”后。

(2)当配空车辆不经过A站时(通常在B站或C站),由配空车辆所在站行车人员在现车系统向A站发报,A站行车人员在现车系统接报后添加“区间装车”。

3. 区间装车

A站货运人员在货运站系统做区间装车操作,货运站系统操作完成后,现车系统车辆变为重车,而车辆实际为空车。

4. 计费制单

A站内勤核算员收到装车信息后,计费制单。

5. 删除“区间装车”

车辆出发前,A站行车人员在现车系统删除“区间装车”标记,并向B站或C站发报。

(二)操作流程

操作流程同后方站装车。

四、区间装车小结

对区间装车来说,一般采用后方站装车的模式,主要因为以下三方面原因:

(1)牵扯的部门、所需的步骤少。

(2)车辆装车完毕时肯定经过后方站的,而不要去管配空车辆是不是经过后方站。

(3)使用前方站装车时,配空车辆径路的问题就是一个大问题。

第三节 区间卸车

当前区间卸车主要是路料,车辆运行情况及所在位置均由调度所工调全程监控,装卸车前由工调向计划调度提出区间装卸计划(日期、时间、是否封锁区间、安全防护事项等),计划调度安排铺点后下达执行。

一、区间卸车解释

如图 9-9 所示,箭头所指方向为车辆运行方向,A 站为发站,B 站和 D 站都可以是到站,B 站为卸车地点的后方站,D 站为卸车地点的前方站。卸车地点 C 可以是多个区间段(站),但发站和到站必须是货运站。

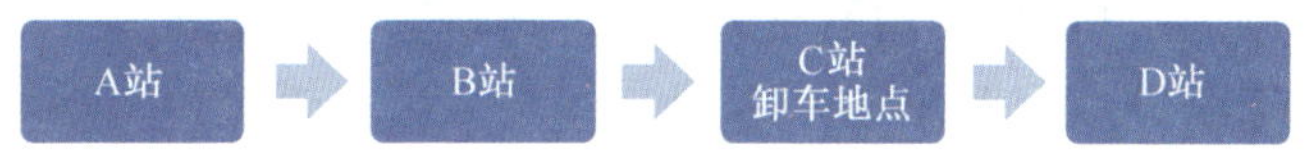

图 9-9　区间卸车示意

通常情况下,发站 A 收到区间卸车计划后(B 站至 D 站之间区间卸车),B 站和 D 站都可以作为到站,但 A 站并不清楚,车辆是否会经过 D 站(区间卸车车辆运行线路由调度所工调指挥,发生变化的可能性非常大),唯一确定的是车辆肯定通过 B 站后,才能进行区间卸车作业。根据这种情况, B 站作为到站,D 站作为计费到站是最合适的一种作业方法。

二、发站办理

(一)作业办法

1. 需求提报

提报阶段需求时,到站应该为实际卸车地点的后方货运站 B。如果发到站不办理路料时,运输特征要选择“路料”,电商系统不再对发到站营业办理限制进行卡控,但发到站必须是货运站。

注意:当到站不是货运站时,发站需求提报时,运输特征选择“路料”,电商系统依然可以通过,但到站是无法做卸车的。

2. 运单受理

发站 A 在需求单提报时,到站应该为实际卸车地点的后方货运站 B。在运单受理环节添加标准记事 “卸车前方站”,输入对应车站电报码(D)。

3. 计费制单

计费制单时核实货票系统的记事栏是否有“卸车前方站”信息。货票系统会自动按照 D 站计费，这张运单的票据发站为 A，票据到站为 B，计费到站为 D。

4. 其他事项

其他未尽事项按整车货物办理。

（二）操作流程

1. 需求提报

提报阶段需求时，到站应该为实际卸车地点的后方货运站 B。如果发到站不办理路料时，运输特征要选择“路料”，电商系统不再对发到站营业办理限制进行卡控，但发到站必须是货运站。如图 9-10 所示。

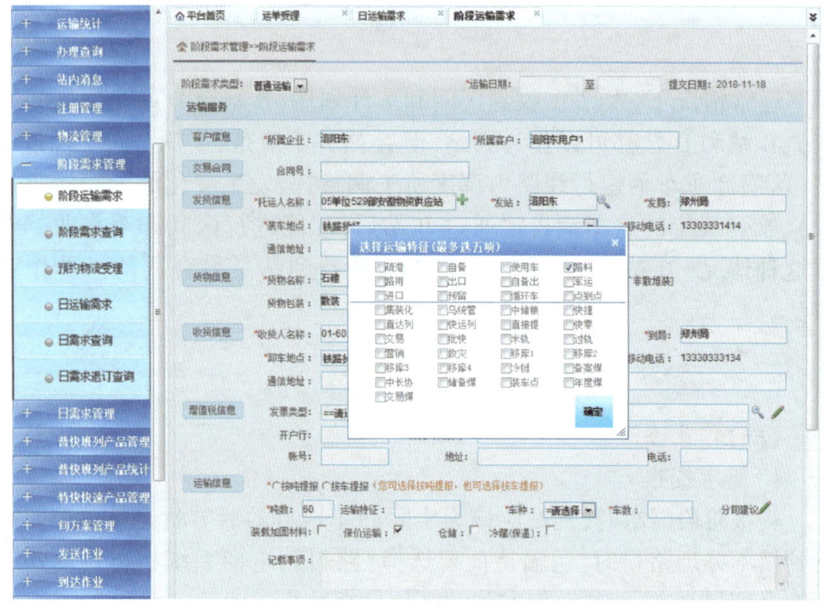

图 9-10 需求提报

2. 运单受理

A 站在运单受理时，选择承运人标准记事：“卸车前方站”，并输入车站电报码（D 站）。如图 9-11 所示。

3. 计费制单

点击货票系统的【记事】按钮，选择“卸车前方站”标准记事，并输入车站电报码(D 站),这时 D 站作为计费里程的起始站。核对无误后,计费打印。如图 9-12 所示。

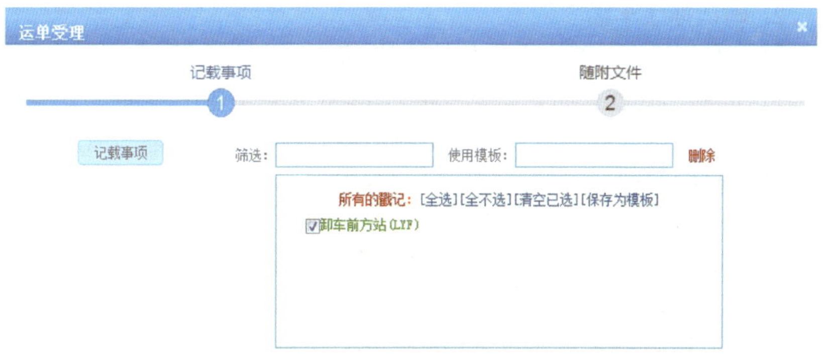

图 9-11　添加标准记事

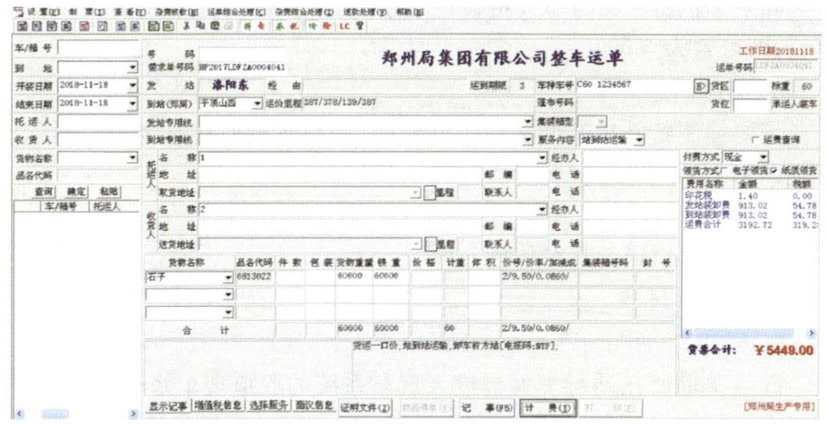

图 9-12　运单打印

4. 其他事项

其他未尽事项查看整车货物办理操作。

三、到站办理

(一)作业办法

1. 标注“区间卸车”

重车到达区间后开始作业,待区间卸车完毕后,卸空车辆所在站行车人员在现车系统接报,并在现车系统把整列车辆(包括空车、客车体)的其他记事栏标注“区间卸车”(不能手工录入)。

2. 确认标注车辆

卸空车辆所在站行车人员标注“区间卸车”完毕后,登录票据管理系统,在区间卸车查询页面查证是否整列车辆(包括载重为零的货车、客车体)都标注了“区间卸车”,如查询不到车辆或者车辆没有全部标注,需重新标注“区间卸车”。

3. 区间卸车

票据到站(B)货运人员在货运站系统做区间卸车,作业完毕后,通知卸空车辆所在站行车人员。

区间卸车完毕后,票据到站(B)货运人员需在货票系统中交付。

4. 标注“区间卸车完毕”

卸空车辆所在站行车人员在现车系统标注“区间卸车完毕”,重新取票后,即可置为空车。

5. 编制回送清单

需要编制特殊货车回送清单回送的,卸空车辆所在站登录票据管理系统办理。

6. 其他事项

其他未尽事项按整车货物办理。

(二)操作流程

1. 标注“区间卸车”

卸空车辆所在站行车人员进入现车系统的股道现车修改界面中,置标所有区间卸车的车辆(包括载重为空、带票据的车辆),在其他记事栏点击鼠标右键,选择添加“区间卸车”,并验证置标车辆的记事栏是否有“区间卸车”记事,确认无误后,点击【保存】按钮。

2. 确认标注车辆

卸空车辆所在站行车人员标注“区间卸车”完毕后,使用本站用户登录票据管理系统,点击【统计分析】→【区间卸车查询】按钮,进入区间卸车查询页面,列表显示当前已标注区间卸车的车辆(未作区间卸车),也可输入条件查询。如图 9-13 所示。

注意:图 9-13 所示卸车站为卸空车辆所在站,即标注“区间卸车”的站。对已标注

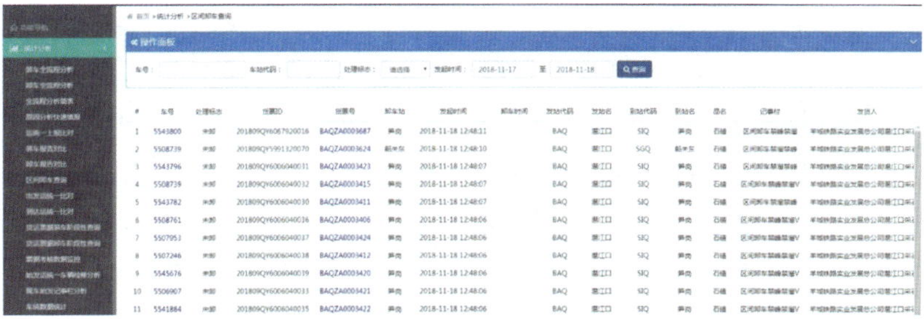

图 9-13　区间卸车查询

“区间卸车”的车辆,“票据 ID”和“票据号”必须同时存在,缺一就不能做区间卸车。

3. 区间卸车

票据到站(B)货运人员确认“区间卸车”标注无误后,进入货运站系统,通过【货运组织】→【生产组织】→【作业组织】中点击【区间卸车查询】按钮,录入进线时间和出线时间,点击【确定】,即可完成区间卸车。如图 9-14 所示。

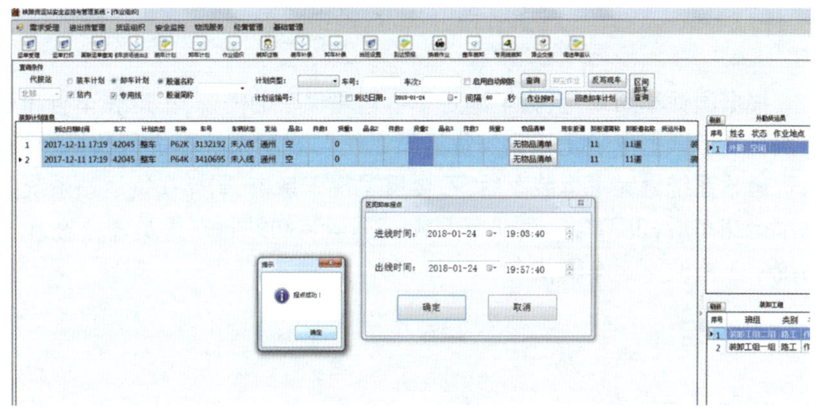

图 9-14　区间卸车

4. 标注“区间卸车完毕”

卸空车辆所在站行车人员接到票据到站(B)货运人员通知后,进入现车系统的股道现车修改界面中,置标所有区间卸车的车辆(包括载重为空的车辆),在其他记事栏点击鼠标右键,选择添加“区间卸车完成”,并验证置标车辆的记事栏是否有“区间卸车”记事,确认没有后,点击【批取】,系统置为空车,存盘后即可完成操作。

5. 编制回送清单

操作详情见第八章第一节“票据管理系统填制及签认”。

6. 其他事项

其他未尽事项参照整车货物办理操作。

四、区间卸车小结

通过以上作业流程可以看出，区间卸车时，车辆可以在任意一个站，只要标注了“区间卸车”，票据到站都可以卸车。

在票据管理平台中区间卸车查询下如果没有相对应的记录，区间卸车会被考核。

根据目前的情况，区间卸车是没有限制的，也就意味着，区间卸车是“万能”的，操作时必须谨慎。当遇到一些历史遗留的电子票据时，尤其是回送清单时，我们可以参考这个办法进行票据解绑。

第四节　军运装卸车

根据国铁集团规定，为了满足军事运输保密的需要，军运装车与卸车不执行货运票据电子化作业。货运站系统与现车系统不进行数据交换，在货运站系统做完军运装车后，不会反写现车系统，同样在货运站系统做完军运卸车后，也不会反写现车系统。军运装卸站行车人员需要在现车系统手工修改军运车辆信息。

一、军运装车

（一）作业办法

1. 装车前

（1）外勤货运员要核对现车系统中的车型、车号是否与实际相符。如果不符，由货调通知行车部门处理。

（2）货调需确认待装车辆在现车系统是否为空车，且不带票据。重车不能装车，通知行车部门处理；带有票据，需解绑后再装车。

（3）确认待装车辆是否存在重车号情况，如果存在，联系车辆部门，并上报单位上级部门。

2. 装车

(1)货运人员使用货运站系统进行军运装车作业,作业时要准确录入各项信息。军运装车有误时,先将军运装车回退后,再重新装车。由于军运不带电子票据,所以军运装车完毕后,不用“通知取车”。

(2)军运装车完毕,在货票系统生成并打印军运货票。

3. 装车后

货运人员将军运货票递送给行车部门,行车人员根据军运货票在现车系统修改车辆信息。

(二)操作流程

1. 军运装车

登录货运站系统,进入【货运组织】菜单中的【生产组织】,点击【装车补录】进入装车补录界面。点击【增加车辆】按钮,弹出增加装车信息界面,点选装车类型为军运整车后,根据界面提示信息依次录入计划命令号、装车日期、股道、车号等信息,修改“入线时间”“开始时间”“结束时间”“出线时间”四个作业时间,点击【标准记事】按钮,添加记事信息后,点击【确定】即可完成军运装车。如图 9-15 所示。

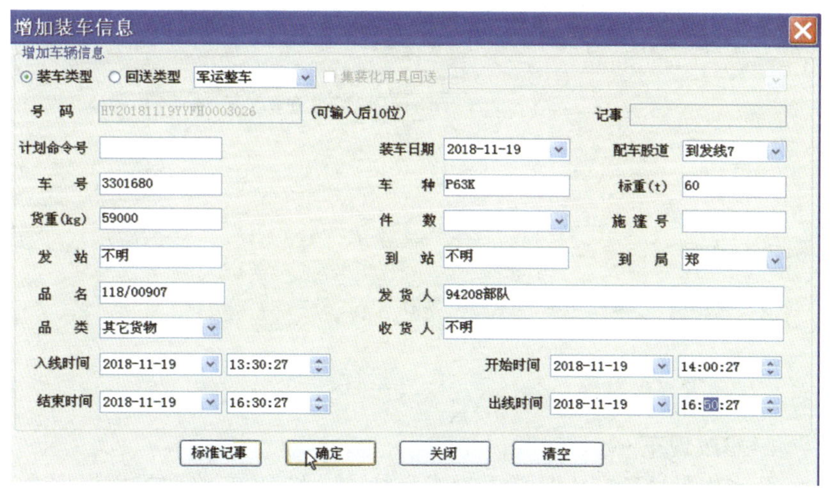

图 9-15　军运装车

2. 军运装车回退

在装车补录界面,找到已补录的军运装车,向后拖动滚动条,找到操作项，点击【撤销】按钮，即可完成军运装车回退。如图 9-16 所示。

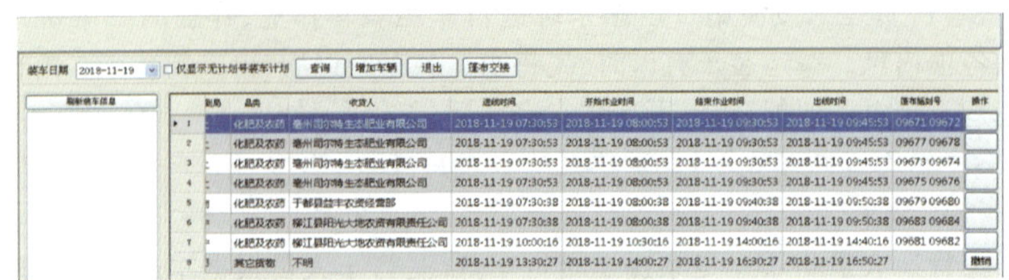

图 9-16　军运装车撤销

3. 军运制单

在货票系统进入【军运后付整车货票】界面，录入军运装车信息，点击【打印】即可。如图 9-17 所示。

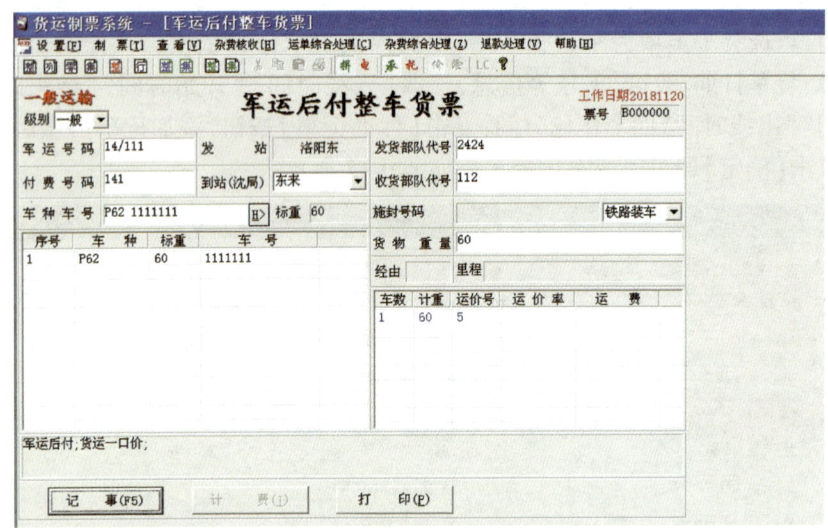

图 9-17　军运制单

4. 修改现车

军运装车站行车人员登录现车系统，在股道现车修改界面根据军运货票手工修改车辆信息。

注意：车辆的军运项一定要修改为“1”；军运车辆不需要在现车系统取票；手工修改军运车辆信息不考核。

二、军运卸车

(一)作业办法

1. 卸车前

外勤货运员要对军运后付货票、现车系统的车型与车号、实际车型与车号进行“三核对”,核对无误后,方可卸车。

2. 卸车

(1)货运人员使用货运站系统进行军运卸车作业,作业时要准确录入各项信息。

(2)军运卸车完毕,如有需要,在货票系统中核实杂费。

3. 卸车后

货运人员卸车完毕后,货运站系统会自动反写现车,该车在现车系统变为空车。

(二)操作流程

1. 军运卸车

登录货运站系统,进入【货运组织】菜单中的【生产组织】,点击【卸车补录】进入卸车补录界面。点击【增加车辆】按钮,弹出增加卸车信息界面,在计划类型项下拉选择军运整车,根据界面提示信息依次录入股道名称、车号、运单号等信息,修改“入线时间”“开始时间”“结束时间”“出线时间”四个作业时间,点击【确定】即可完成军运卸车。

2. 杂费核收

在货票系统杂费核收界面收取杂费。

3. 修改现车

军运卸车站行车人员登录现车系统,在股道现车修改界面把已卸空车辆变为空车。

注意:车辆的军运项一定要修改为“0”;手工修改军运车辆信息不考核;修改完成后,在现车系统取票。

三、军运小结

(1)军运的装车和卸车是在货运站系统通过补录的方式操作。

(2)军运票据还是在货票系统中套打军运票据(老票据)。

(3)军运不产生电子票据。

(4)军运装卸完毕后,不要点击【通知取车】。

(5)军运装车有误可以回退,军运卸车无法回退。

第五节　换装作业

一、换装分类

换装可以分为发站换装和途中换装,只有重车才能换装,空车或者带票据空车无法换装。

途中换装可以分为三类:

(1)列检签发的车辆检修通知单(车统23),重车所在站行车人员签认后产生换装作业。

(2)列检签发的检修车回送单(车统26),由车统26的到站进行换装作业。

(3)重车所在站货检人员在货检系统编制的普通记录后产生换装作业。

二、换装成因

1. 发站换装

货运作业已完成,车辆变为“可取车”,未出站前发现车辆、装载等问题需要在站内换装时,货运人员在货运站系统换装作业。

2. 车统23与换装

列检签发的车辆检修通知单(车统23)第五项“是否需要倒装”为“是”(不考虑修程),重车所在站行车人员签认车统23后,待换装重车在现车系统的记事栏增加【扣倒装】信息,货运站系统接收待换装重车电子票据信息,货运人员在货运站系统换装作业。

车统23票据如图9-18所示。

3. 车统26与换装

当重车绑定车统26时,货运站系统接收待换装车辆的电子票据信息,车统26票据到站货运人员在货运站系统换装作业。

车统-23
本单据填发一式三份，车站签字后，一份交车站，一份交车辆修理单位，一份自存。

车辆检修通知单

1. 填发日期　2018　年　11　月　18　日　16　时　10　分

2. 编号　LIFG048B0257　送交　洛阳北　车站

3. 车次　X41147　车辆停留在　洛阳北下行　场　5　线

4. 车种车型　C64K　车号　4862956　轴数　4　标记载重　空重别　重

5. 是否需要倒装　是　车站通知倒装完毕时间　年　月　日　时　分

重车装车车站　到达车站　货物品名

6. 修程　临修　检修车辆送往修理的单位名称　洛阳北

7. 主要故障情况　1位敞车端墙板开焊2000毫米

8. 前次定检情况：厂修年月　2014-07-01　单位　广株　检修周期　年

段修年月　2017-07-01　单位　京天　检修周期　年

辅修年月日　单位　检修周期　年

临修年月日　单位　空重别

9. 扣车单位　郑州北　车辆段　洛北下行　作业场（印章）

一班一组　班组　徐振义　检车员（签字）

10. 车站值班员（签字）　洛阳北

11. 车站值班员签字日期　2018　年　11　月　18　日　16　时　23　分

12. 检修车进入检修线日期　年　月　日　时　分

13. 检修单位检查人员（签字）

说明：1. 本单据作为车辆检修扣留的原始依据，在发出车统-33并车统-36前，是计算检修车的依据。

2. 第1～9项由车辆运用部门填写，第10、11项由车站填写，第12、13项由修理单位填写。

规格：210mm×297mm

图 9-18　车统 23

车统 26 票据如图 9-19 所示。

4. 货检系统与换装

货检途中扣车需要换装整理时，在货检系统编制普通记录，货运人员需在货运站系统进行换装。待换装重车在现车系统的记事栏增加【扣倒装】信息，货运站系统接收待换装重车电子票据信息，货运人员在货运站

（车统 26）
本单据填发一式两份，交车站签字后，一份
交车站随货运票据送至到达地点，一份自存。

检修车回送单

1. 填发日期 2018 年 11 月 21 日 22 时 50 分
2. 编号 LIFR038B0032 回送命令号
3. 车种车型 C70E 车号 1705617 轴数 4
4. 回送局 F 及车站 洛阳北
5. 到达局 F 及车站（工厂、车辆段检修车间或站修作业场所在站名称） 洛阳东
6. 车辆编挂位置等特殊要求
7. 扣车回送修程（含临修） 段修 主要故障情况
8. 前次定检情况：厂修年月 2013-01 单位 东方厂 检修周期 年
段修年月 2017-01 单位 昆昆北 检修周期 年
辅修年月日 单位 检修周期 月
临修年月日 单位 检修周期 月
9. 填发单位 车辆段 郑州北 作业场（印章）
填发人员（签字） 于朝辉
10 经由分界站名称 办理回送的车站值班员（签字） 洛阳北
11 回送车挂运车次 日期 年 月 日 时 分
12 检修车到达工厂、车辆段检修车间或站修作业场所在车站日期
年 月 日 时 分
13 检修车到达的车站值班员（签字）
14 检修车进入检修线日期 年 月 日 时 分
15 接到检修车的人员姓名（签字）

图 9-19 车统 26

系统换装作业。

三、换装作业

（一）作业办法

1. 检查新车状态，不能为重车、带票据空车、检修车。

2. 待实际换装完毕后，进入货运站系统进行换装操作。

3. 换装作业完毕，确认无误后，通知取车。

（二）操作流程

1. 换装

登录货运站系统，进入【货运组织】菜单中的【生产组织】，点击【换装作业】进入换装作业界面，在“原车号”项录入待换装车辆车号，点击【增

加】按钮,系统会自动调取该车运单信息。

在"新车号"项录入新车号,补充必要的信息(件数、货重、篷布等)后,点击【增加】按钮,添加到空车列表中。

车辆信息填写完毕后,补充报点信息、货运员名称、工组、品类、倒装原因等信息,确认无误后点击【保存】按钮,即可完成倒装作业的信息填记工作。保存成功后货运站系统自动生成普通记录,并反写现车,车辆空重状态改变。如图 9-20 所示。

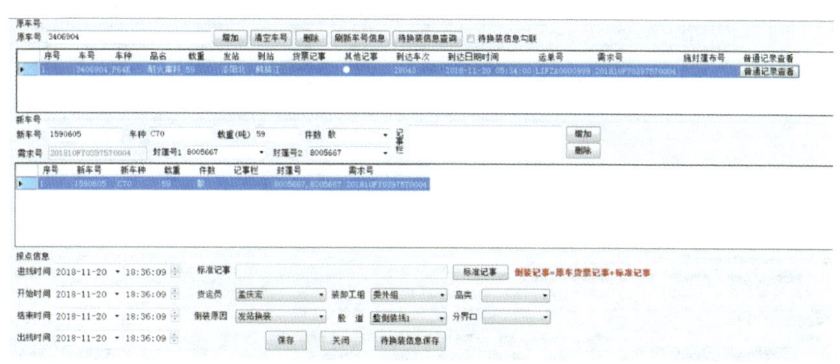

图 9-20　换装

注意:

(1)在换装作业过程中,如不填写空车信息,而选择【待换装信息保存】按钮,可将录入的重车提前保存为待换装状态,待空车实际达到作业后,再将换装信息补充完整。保存的待换装信息可点击【待换装信息查询】按钮查看,如图 9-21 所示。

(2)在原车号输入框中录入车号会检索出之前保存的待换装信息。如图 9-22 所示。

选定后,之前保存的数据自动加载。之后的操作与普通录入换装信息一样,补充完毕其他信息后保存即可。

2. 通知取车

通知取车前一定要查看换装生成的普通记录是否上传,如果没有,点击【票据上传】。

换装好的新车和旧车都要点击【通知取车】,不同的是,一个在装车界面,一个在卸车界面。

操作详情见第六章第五节"装车通知取车"和第七章第三节"卸车通

待换装信息查询

车号： 股道：

顺位号	车号	车型	到达车次	到达时间	发站名	到站名	品名	货重	件数	股道名称	票据I
3	5255556	X6BK	ADDCC	2018-03-09 16:46:00	北郊	北郊	大豆	60000		5道	2018(
32	5255575	X6BK	ADDCC	2018-03-11 11:09:00	北郊	保定	通二空2	6000		西货4	JX201
4	1512313	C70H	40083	2018-02-28 19:46:00	北郊	石家庄南	铁矿石	70000		2道	2018(
32	5255575	X6BK	ADDCC	2018-03-11 11:09:00	北郊	保定	通二空2	6000		西货2	JX201
3	1501687	C70H	40083	2018-02-28 19:46:00	北郊	保定	石碴	60000		7道	2018(
7	4812009	C64K	ADDCC	2018-03-05 10:06:00	丰台西	保定	铁矿粉	60000		4道	2018(
7	4812009	C64K	ADDCC	2018-03-05 10:06:00	丰台西	保定	铁矿粉	60000		4道	2018(
16	5255557	X6BK	ADDCC	2018-03-09 16:46:00	北郊	保定	自四重1	30000		西货2	JX201
20	3107462	P62K	89234	2018-02-28 14:40:00	北郊	保定	锑矿石	60000		银专线	2018(
46	3300060	P63K	89234	2018-02-28 14:40:00	北郊	保定	自四重1	30000		银专线	JX201
9	4840163	C64K	40083	2018-02-28 19:46:00	北郊	石家庄南	铁矿石	61000	-1	西货4	2018(
5	4817440	C64K	24008B	2018-03-16 00:46:00	北郊	保定	原煤	60000		1道	2018(
6	5234564	X70	ADDCC	2018-03-09 16:46:00	北郊	保定	零快	3000		西货2	LS20'
6	5234564	X70	ADDCC	2018-03-09 16:46:00	北郊	保定	零快	3000		西货2	LS20'
2	3810216	P70	ADDCC	2018-03-14 18:54:00	北郊	北郊	其他货物	60000		西货2	2018(
8	5234566	X70	ADDCC	2018-03-12 16:53:00	北郊	保定	自四重1	10000		西货2	JX201
11	5255585	X6BK	ADDCC	2018-03-11 11:09:00	北郊	保定	自四重1	30000		西货2	JX201

关 闭

图 9-21 待换装信息

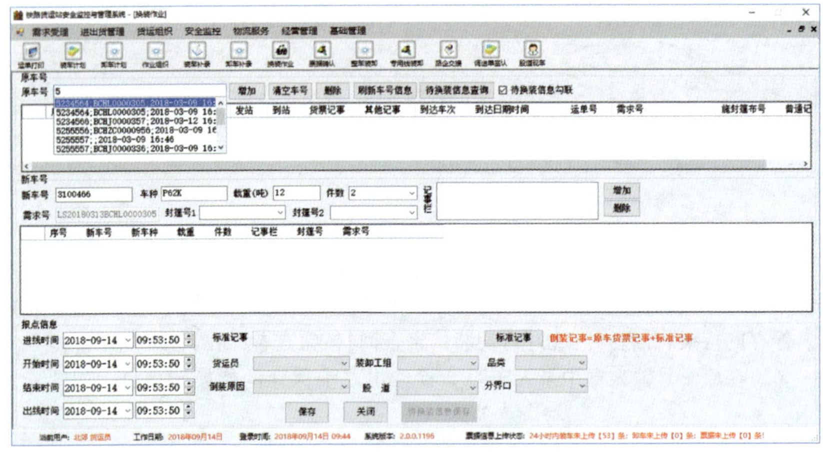

图 9-22 待换装信息读取

知取车”。

四、其他事项

(1)一车货物换装两车时，普通记录电子格式较文件公布的格式增加两行填记新车号、新封号，用于在一张普通记录中填记换装后的多个车号，同时增加“重量”栏，分别填记换装后的多车货物重量。同时货运站系统自动生成18位需求号(将需换装车需求号第一位改为A),作为换装后两车中的一车需求号,与原需求号一起推给现车系统。

(2)如果车辆装载货物是危险品,由于危险品不允许进列检厂,所以必须要送到具备倒装作业站先进行倒装作业,再去修车。

(3)原车号、新车号都可录入多个车辆信息,以满足一对多、多对多、多对一等不同情况的换装作业。

第六节　货车检修单

一、货车检修单简介

货车检修单由车辆部门签发,分为两种,分别是车辆检修通知单(车统23)和检修车回送单(车统26)。

车辆检修通知单(车统23):列检发现车辆故障,需要扣车检修时签发货车检修单。车辆检修通知单表示车辆在站内被列检扣车,本站修理,不用回送其他车站维修。车辆检修通知单没有发站、到站,只有修程。

检修车回送单(车统26):列检发现车辆故障,需要回送他站检修时签发货车检修单,检修车回送单是检车人员判断检修车在一定条件下允许在规定区段内运行的依据。检修车回送单有发站、到站及修程,检修车辆到站修理。

二、货车检修单签认

1. 作业办法

(1)根据《铁路货运票据电子化作业办法》(铁总货〔2018〕41号)文件第26条规定,车站收到车辆扣修、修竣、回送及新造移交通知单后,30 min内在现车系统签收相关票据。

(2)重车需要在本站换装时,行车部门接到列检通知后,应立即联系货运部门,核实货运部门有无装卸能力。

(3)重车装载货物是危险品时,由于危险品是不允许进列检厂的,所以必须要送到具备倒装作业站先进行倒装作业,再去修车。

2. 操作流程

检修车所在站行车人员通过“车站票据管理系统”签的货车检修单，签认后，需现车系统取票操作。

三、货车检修单与车辆

(一)空车不带票

(1)签认车统23后，车辆不带电子票据。现车系统取票后，车辆在现车系统的信息不变，只是在现车系统记事栏中增加“站修”。

(2)签认车统26后，车辆的电子票据(主单据)为车统26。现车系统取票后，车辆在现车系统的信息为车统26票据信息。

(二)空车带票

票据指的是电子回送清单、运单。

(1)签认车统23后，车辆票据不变。现车系统取票后，车辆在现车系统的信息不变，只是在现车系统记事栏中增加“站修”。

(2)签认车统26后，车辆主票据为车统26，子票据为回送清单、运单。现车系统取票后，车辆在现车系统的信息为车统26票据信息，与车统26修程无关，必须先修车。

以下为在票据管理系统的全流程分析查询出来的车辆信息。

车号为5507437的车辆被扣车后，车辆的主票据没有变化(货车装载清单)，增加了子单据(车统26)，车统26的修程为“段修”。如图9-23所示。

车号：5507437 查询

车号	票据id	票据类型	运单类型	运单运输方式	票据号	装车日期	载重	发局	发站码	发站名	到局	到站码	到站名	品名	记事栏	制票时间
5507437	2018118Z7910780024	货物运单	普通	整车	MDBZD0007856	20181113105059	0	哈	MDB	牡丹江	郑	MOF	庙沟	其他挂运车辆等	LC	20181113 105

子票据id	子票据类型	子发局	子发站码	子发站名	子到局	子到站码	子到站名	子品名	子修程	子主要故障	子票据时间
HL20181119LDFR02880175	检修车回送单(车统-26)	郑	LDF	洛阳东	郑	ZBF	郑州北	检修	段修		20181120013924

图9-23 车辆摘要信息

车号为5507437的车辆在现车系统的信息，如图9-24所示。

16*	5507433	K13NK	23.0	1.1	洛阳东	LDF	郑 014	LC,段修,其他挂运车辆等,检修	郑州铁路局洛	X33051	11-19 23:18	洛阳东
17*	5507437	K13NK	23.0	1.1	郑州北	ZBF	郑 001	LC,段修,其他挂运车辆等,检修	郑州铁路局洛	X33051	11-19 23:18	洛阳东

图9-24 现车系统信息

表示该车需要从洛阳东开往郑州北，进郑州车辆段修。待车辆修竣后，开具检修车辆竣工移交记录（车统33并车统36），现车系统取票后，车辆信息变为主票据信息（回送运单）。

（三）重车带票

1. 车统23与重车

签认车统23后，车辆票据不变。如果车统23的第五项“是否需要倒装”为“是”，现车系统取票后，车辆在现车系统的信息不变，在现车系统记事栏中增加“扣倒装”；如果车统23的第五项“是否需要倒装”为“否”，现车系统取票后，车辆在现车系统的信息不变，在现车系统记事栏中增加“站修”。

以下为在票据管理系统的全流程分析查询出来的车辆信息。

车号为4862956的车辆在洛阳北被列检扣车后，车辆的主票据没有变化（运单）。如图9-25所示。

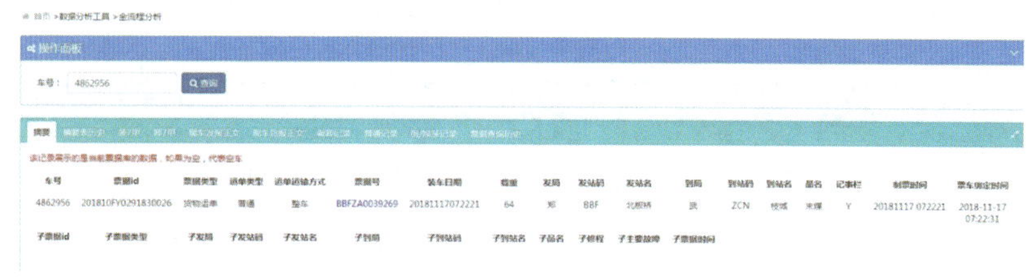

图9-25 车辆摘要信息

车号为1703257的车辆在现车系统的信息，如图9-26所示。

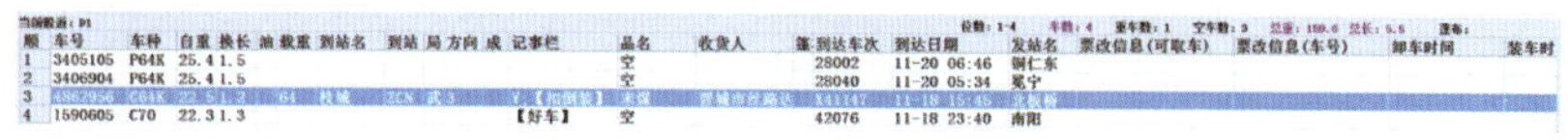

图9-26 现车系统信息

车辆信息没有变化，记事栏增加“扣倒装”，车辆运行径路不变，需要洛阳北站换装之后继续运行。

2. 车统26与重车

签认车统26后，车辆主单据不变，增加子单据（车统26）。现车系统取票后，车辆在现车系统的信息根据车统26的修程来确定。

（1）车统26的修程是临修、事故修、其他，车辆在现车系统的信息为车统26信息,必须先修车后卸车。

以下为在票据管理系统的全流程分析查询出来的车辆信息。

车号为1703257的车辆被扣车后,车辆的主票据没有变化(货车装载清单),增加了子单据(车统26),车统26的修程为“临修”。如图9-27所示。

车号: 1703257 查询

摘要

该记录展示的是当前票据库的数据,如果为空,代表空车

车号	票据id	票据类型	运单类型	运单运输方式	票据号	装车日期	载重	发局	发站码	发站名	到局
1703257	JX20180821LWJJ0052995	货车装载清单	普通	集装箱	LWJJ0052995	20180821152700	59.48	兰	LWJ	绿化	郑

子票据id	子票据类型	子发局	子发站码	子发站名	子到局	子到站码	子到站名	子品名	子修程	子主要故障	子票据
HL20180825LDFR02880226	检修车回送单(车统-26)	郑	LDF	洛阳东	郑	LIF	洛阳北	检修	临修	3位敞车下侧门折页座折损	20180825

图9-27　车辆摘要信息

车号为1703257的车辆在现车系统的信息,如图9-28所示。

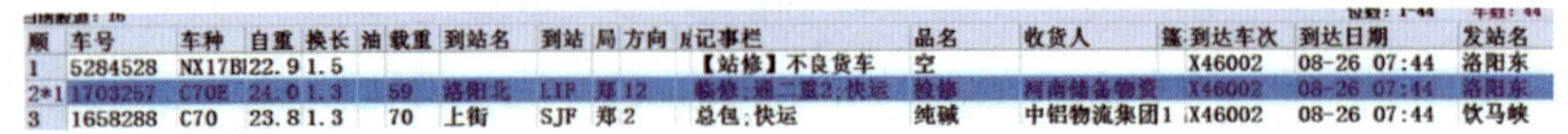

顺	车号	车种	自重	换长	油	载重	到站名	到站	局	方向	记事栏	品名	收货人	到达车次	到达日期	发站名
1	5284528	NX17BI	22.9	1.5							【站修】不良货车	空		X46002	08-26 07:44	洛阳东
2*1	1703257	C70E	24.0	1.3		59	洛阳北	LIP	郑	12	临修;通二篮2;快运	检修	河南储备物资	X46002	08-26 07:44	洛阳东
3	1658288	C70	23.8	1.3		70	上街	SJF	郑	2	总包;快运	纯碱	中铝物流集团1	X46002	08-26 07:44	饮马峡

图9-28　现车系统信息

表示该车需要从洛阳东开往洛阳北,由列检修车,待车辆修竣后,列检开具检修车辆竣工移交记录(车统33并车统36),现车系统取票后,车辆信息变为主票据信息(货车装载清单)。

(2)车统26的修程为其他类型(厂修、段修、入段厂修等),车辆在现车系统的信息为主票据信息,可以先卸车再修车。

(四)现车系统的径路

车辆在现车系统的信息是现车系统根据货车检修单、运单(装载清单)之间的规则生成的。车辆信息表明了车辆运行的径路(发站、到站),决定了车辆是修车和卸车(换装)的先后顺序。

四、货车检修单之间的关系

(1)新的车辆检修通知单(车统23)可以覆盖旧的车辆检修通知单(车统23)。

(2)新的检修车回送单(车统26)可以覆盖旧的检修车回送单(车统26)。

(3)检修车回送单(车统26)可以覆盖车辆检修通知单(车统23)。

(4)车辆检修通知单(车统23)不能覆盖检修车回送单(车统26)。

五、货车检修单票据查询

1. 查看车辆单据

登录票据管理系统，通过【数据分析工具】→【全流程分析】,输入车号,点击【查询】即可。

(1)当列检开具车统23时,车辆摘要信息不变。

(2)当列检开具车统26时,该车主单据是重车,子单据是车统26,在子单据里显示车统26修程。

2. 查看票据信息

登录票据管理系统，通过【货运票据】→【检修车回送单】,输入车站电报码、车号,修改起止时间,点击【查询】,即可显示车统26票据,点击票据号,可以显示该票据完整内容。如图9-29所示。

注意:车站电报码是指编制车统26的车站,不是车辆所在站。

图9-29　查询车辆票据

点击【车辆检修通知单】按钮,输入车站电报码、车号,修改起止时间,点击【查询】,即可显示车统23票据,点击车号,可以显示该票据完整内容。

第七节　货运站系统编制不良货车通知单

一、作业要求

(1)货运作业人员在装车前三检发现不良货车不能满足本次货物装载要求时,在货运站系统、集装箱系统填制不良货车通知单。车务人员在票据平台签收，现车系统进行取票操作后，系统对应车辆的货运记事栏中自动标注“不良货车”。

(2)车务作业人员发现不良货车后，在票据管理平台或现车系统填制不良货车通知单，现车系统在对应车辆的货运记事栏中自动标注“不良货车”。

(3)车务人员在现车系统签认车辆检修通知单(车统23)或检修回送通知单(车统26)生效后，不良货车通知单将解绑，车务人员在现车系统进行取票操作，消除货运记事栏中的“不良货车”。

(4)装车时，对标有“不良货车通知单”的货车，货运作业人员要确认车辆状态是否符合本批货物装车要求，车辆状态能够保证该批货物运输安全的，在货运站系统、集装箱系统确认后，组织装车。

二、操作流程

在货运站系统的不良货车通知单功能界面增加【不良货车通知单上传票据平台】按钮，表格新增【撤销】按钮和上传票据平台、撤销、推送现车等状态。

1. 添加不良货车通知单

进入【货运组织】菜单，点击【装卸作业】中的【不良货车通知单】进入不良货车通知单界面。点击【添加】按钮，输入车号，系统查询该车号相关信息。输入主要损坏部分和备注，点击【保存】。如图9-30所示。

2. 上传不良货车通知单

点击【不良货车通知单上传票据平台】按钮，系统将所有未上传票据平台的不良货车通知单上传票据平台。如图9-31所示。

3. 撤销不良货车通知单

点击【撤销】按钮，撤销本站填写且已上传票据平台的不良货车通知单，同时产生撤销记录推送现车系统。如图9-32所示。

4. 修改不良货车通知单

点击【修改】按钮弹出修改界面，如果已上传票据平台则不能修改，撤销后可修改。如图9-33所示。

5. 删除不良货车通知单

点击【删除】按钮弹出删除提示，如果已上传票据平台则不能删除，撤销后可删除。如图 9-34 所示。

图 9-30　不良货车通知单

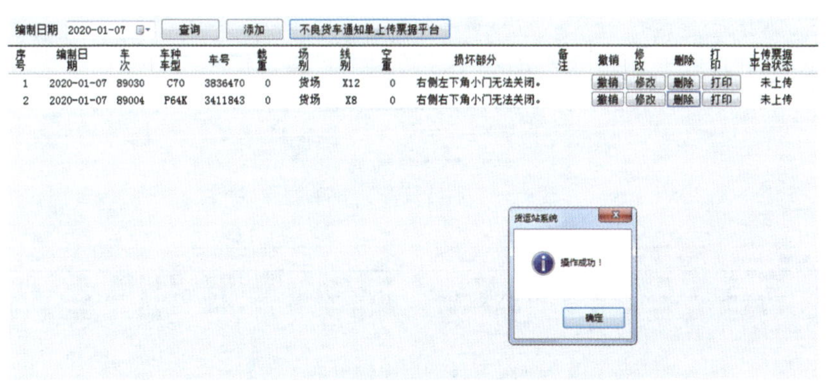

序号	编制日期	车次	车种车型	车号	载重	场别	线别	空重	损坏部分	备注	撤销	修改	删除	打印	上传票据平台状态
1	2020-01-07	89030	C70	3836470	0	货场	X12	0	右侧左下角小门无法关闭。		撤销	修改	删除	打印	未上传
2	2020-01-07	89004	P64K	3411843	0	货场	X8	0	右侧右下角小门无法关闭。		撤销	修改	删除	打印	未上传

图 9-31　不良货车通知单上传

6. 不良货车通知单推送现车系统

系统后台自动将未推送现车系统的不良货车通知单推送至现车系统。如图 9-35 所示。

图 9-32 不良货车通知单撤销

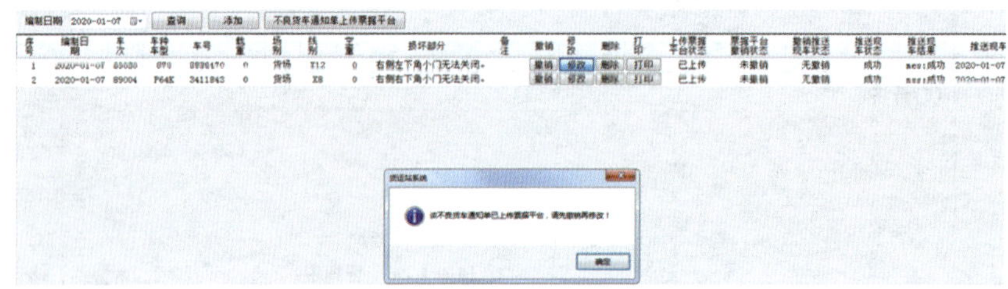

图 9-33 不良货车通知单修改

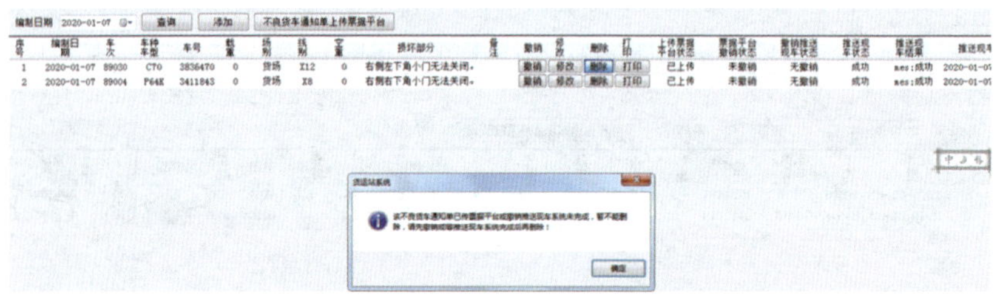

图 9-34 不良货车通知单删除

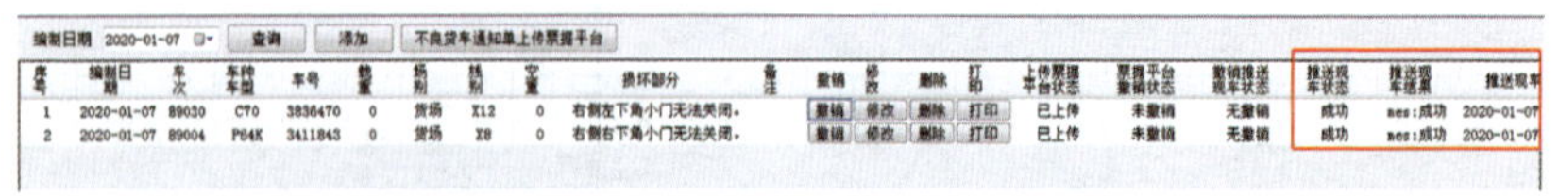

图 9-35 不良货车通知单推送状态

7. 不良货车通知单提示

在货运站系统的整车装卸、零散装卸、专用线装卸、作业组织、装车补录、换装作业等功能中，装车配车环节增加空车是否带有不良货车通知单票据验证，如果带有不良货车通知单，则系统提示"该批货物正在使用不良货车，确认是否能保证途中运输安全”，选择“是”，继续配车，选择“否”则跳出重新选择车号。如图 9-36 所示。

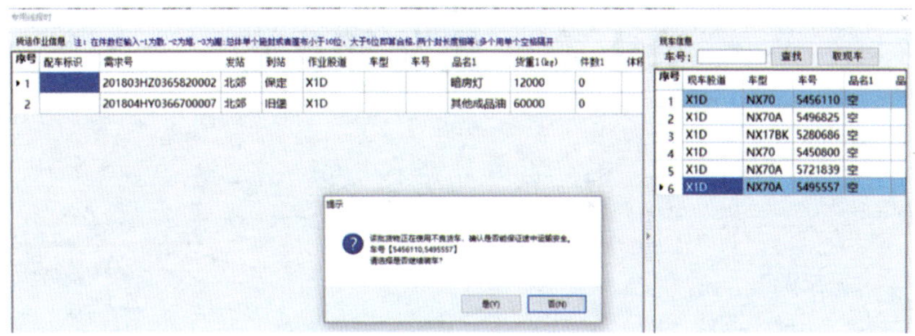

图 9-36　不良货车通知单提示

第十章　集装箱作业

第一节　集装箱发送

一、受理

(一)预订铁路箱

客户需通过电商系统或铁路网上营业厅预订铁路集装箱。

登录电商系统,进入【集装箱服务】菜单,点击【空箱预订提报】按钮,进入空箱预订提报页面。依次填写发货信息、收货信息、订箱信息、付费方式、增值税信息、日运输需求等(带＊项为必填项)。

系统自动审核集装箱办理限制、箱型箱类、箱数、专用线办理限制等。

预订成功后,电商系统生成集装箱预订号。如图 10-1 所示。

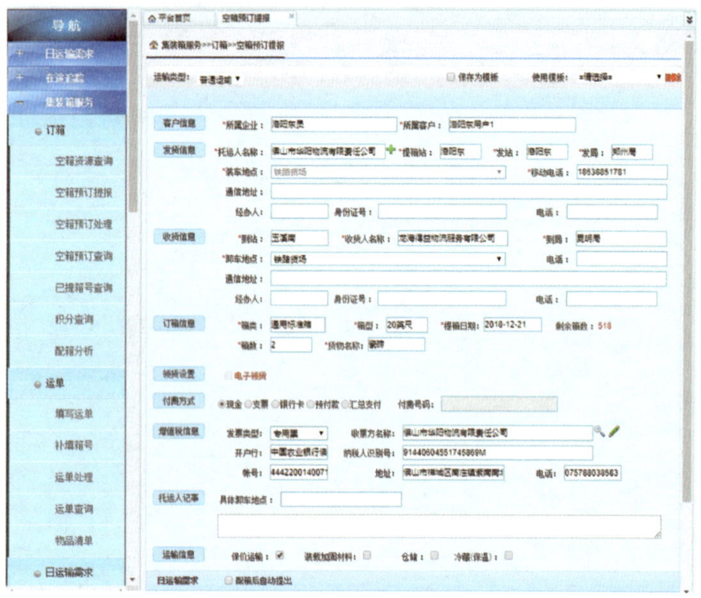

图 10-1　空箱预订提报

(二)打印提箱单

客户通过电商系统或铁路网上营业厅打印提箱单,凭提箱单到车站进行提箱。

登录电商系统,进入【集装箱服务】菜单,点击【空箱预订查询】按钮,进入空箱预订查询页面。输入查询条件(各种条件),查询出符合条件的预订号,勾选需打印提箱单的预订号,点击【提箱单】按钮,系统弹出集装箱提箱单,点击【打印】即可。如图 10-2 所示。

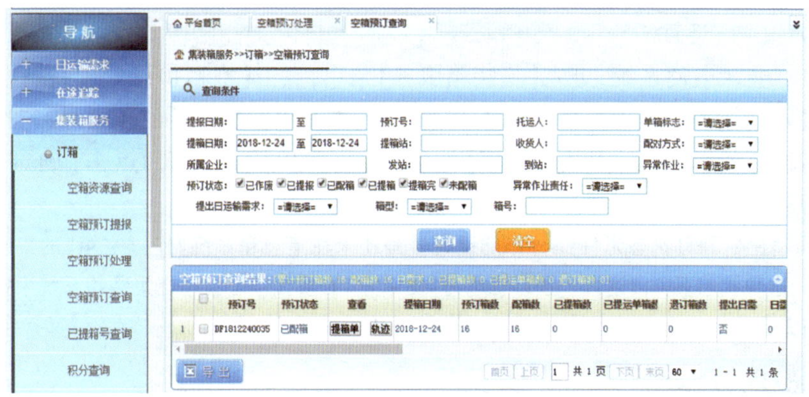

图 10-2　打印提箱单

(三)安排空箱

车站根据客户提报的铁路通用箱预订信息安排站内可用空箱。

(1)登录集装箱系统,进入【发送管理】菜单,点击【安排空箱】按钮,进入安排空箱页面。页面列表会自动显示空箱预订信息,可以通过预订号、到站、提箱日期查询。如图 10-3 所示。

图 10-3　安排空箱

(2)点击【提箱录入】,弹出安排空箱的操作窗口。集装箱系统默认装箱地点为“站外”,依次输入箱号、集卡号、领箱人;如在站内装箱时,需点选装箱地点为“站内”。录入完毕后点击【确定】即可完成安排空箱。如图 10-4 所示。

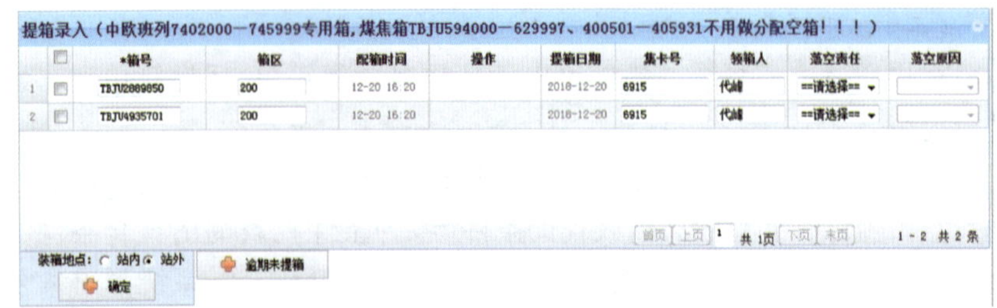

图 10-4　提箱录入

（四）退订

登录电商系统，进入【集装箱服务】菜单，点击【空箱预订处理】按钮，进入空箱预订处理页面。输入查询条件，查询出符合条件的预订号，勾选需退订的预订号，点击【退订】按钮，系统弹出确认界面，点击【确定】即可。

注意：预订状态为“已配箱”的预订号是还未在集装箱系统“安排空箱”的集装箱，这种状态下可以退订。预订状态为“提箱完”的预订号是已经在集装箱系统中提箱完毕的集装箱，这种状态下不可退订。如图 10-5 所示。

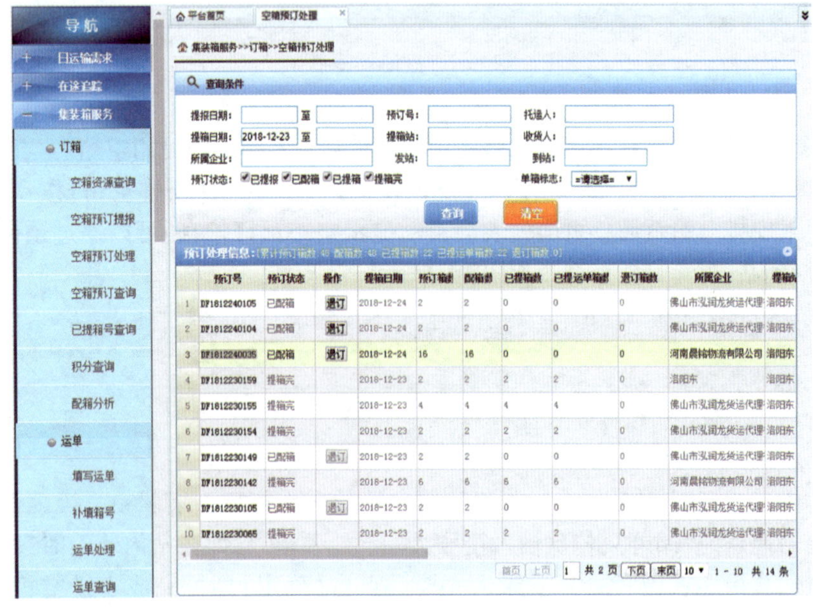

图 10-5　退订

(五)补填箱号

1. 作业办法

客户在电商系统或铁路网上营业厅选择车站已安排的铁路空箱,补充填记发收货人信息、增值税信息、付费方式、保价等信息,设置领货方式,选择服务方式,可同时订车(提日运输需求)。成功后,系统生成运单需求号,运单需求号格式为“5 位车站 tmis 码+8 位年月日+5 位顺序号”。

注意:各项信息必须填记准确,提报成功后发现错误只能作废运单,重新提报。货物品名必须是实际品名。(单箱内装两种或两种以上货物时,货物品名填记混装货物,应在物品清单栏填记详细物品清单。)

2. 操作流程

(1)登录电商系统,进入【集装箱服务】菜单,点击【补填箱号】,进入补填箱号页面。输入查询条件,查询出符合条件的运单需求号。如图 10-6 所示。

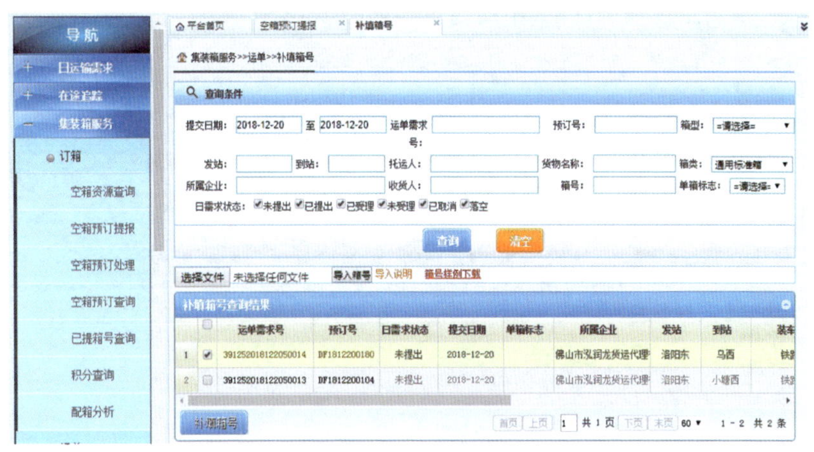

图 10-6　补填箱号

(2)勾选待补填箱号的运单需求号,点击【补填箱号】按钮,系统弹出“补填运单”页面,录入已安排的铁路空箱,补充填记发收货人信息、增值税信息、付费方式、保价等信息,设置领货方式,选择服务方式,可同时订车(提日运输需求)。录入完毕后,点击【提交】按钮,电商系统生成运单需求联。如图 10-7 所示。

货物信息

	货物名称	品类	铁危编号	箱号	箱属	箱型	箱类	包装	空重	重去重回箱	施封号
1	耐火砖			TBJU4935701	铁路箱	20英尺	通用标准箱		重		
2	耐火砖			TBJU2889850	铁路箱	20英尺	通用标准箱		重		

物流服务

门到站 上门取货 仓储

站到门 送货上门 仓储

提交

图 10-7　生成运单需求联

（六）危险品校验

集装箱在订箱、补填箱号或自备箱填写运单时，若输入的货物品名为危险品，系统自动调取危货系统接口，校验品名、发到站、托运人、装卸地点等，不满足运输条件的，不能通过。如图 10-8 所示。

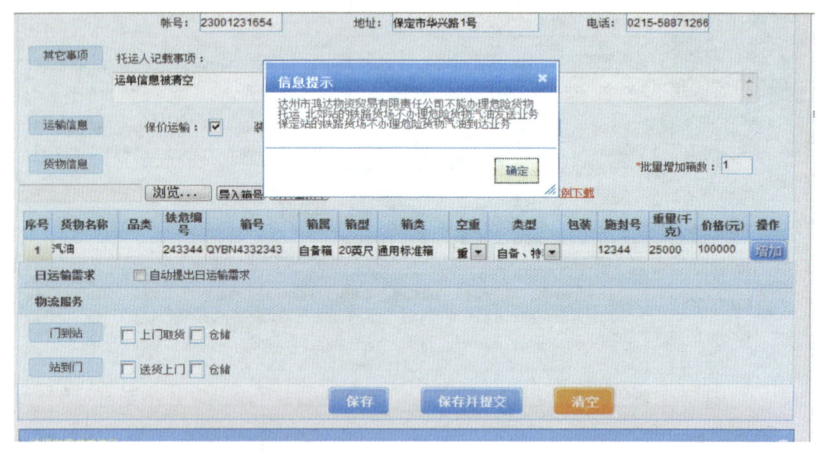

图 10-8　危险品校验

（七）填记物品清单

当提报的品名为“混装货物”“混装货物（P）”“混装货物（F）”需求时，需在电商系统填记物品清单（集装箱服务菜单下的物品清单）。物品清单以箱为单位，确定箱号后进行填记。货票系统制单前可修改，货票系统制单后就不能进行修改。

(八)在电商系统增加戳记及采集证明文件

车站受理人员登录电商系统(集装箱管理菜单下的戳记及证明文件)核实采集证明文件、特价运输证明书等相关影像资料;标识货运记事和戳记。货票系统制单后就不能进行修改。

二、装箱

(一)站外装箱

1. 出门

(1)作业办法

客户凭提箱单或需求号(运单需求联)到车站领取铁路空箱。车站核对提箱单或需求号(运单需求联),双方现场检查箱体质量,核实箱号,开具铁路箱出站单(可在集装箱管理系统打印),客户凭铁路箱出站单出站。

(2)操作流程

①登录集装箱系统,进入【发送管理】菜单,点击【出门】按钮,进入出门页面。

②下拉选择出门类型为“铁路箱发送”,或录入箱号进行查询,查询结果显示在“出门查询结果”栏内。如图 10-9 所示。

说明:出门类型包括集装箱发送、集装箱到达、公路调拨、站外修理、铁路箱下水、自备箱。其中“自备箱”为不经过铁路发到、仅在场站办理堆存作业。

图 10-9　出门

③勾选待出门的集装箱，点击【出门】，系统提示操作成功，并自动弹出“铁路箱出站单”界面。点击【打印】按钮，打印集装箱出站单甲乙两联。如图 10-10 所示。

铁路箱出站单

洛阳东 站存查　　　　甲联　　LDFM0011323

LDFM0011323

出站填记(空)							
托运/收货人	/					调度命令号	
到站/运单号		箱型箱号	20英尺TBJU2889850			接收站	
箱体状况	擦伤B. 割伤C. 破洞H. 凹损D. 破损BR. 部件缺失M. 污箱DR.					如有异状，请注明程度和尺寸	
领箱人	刘宏战					备注	
搬出汽车号	豫CE1510	损坏记录号		车站经办人	洛阳东	出站日期	2018-12-21 10:04
箱体状况						如有异状，请注明程度和尺寸	
还箱人						备注	
搬入汽车号		损坏记录号		车站经办人		进站日期	

门卫验放：（章）

说明：　1. 铁路箱空箱出站时，将收货人、货票号抹消；重箱出站时，将托运人、到站抹消。
2. 甲、乙联可用不同颜色印制。
3. 各站可根据管理需要，增加联数。

图 10-10　铁路箱出站单

2. 进门

(1)作业办法

铁路箱凭铁路箱出站单或需求号(运单需求联)进站，自备集装箱凭需求号(运单需求联)进站。

(2)操作流程

①登录集装箱系统，进入【发送管理】菜单，点击【进门】按钮，进入进门页面。

②页面显示需进门的集装箱信息，也可以通过进门类型、箱号、出站单号进行查询，查询结果显示在“进门查询结果”栏内。

说明：查询结果包含已生成运单需求号和未生成运单需求号的集装箱。已生成运单需求号的集装箱可以进门，未生成运单需求号的集装箱需在电商系统补填箱号，生成运单需求号后方可进门。

③勾选需点击【进门】，系统提示操作成功，并自动弹出【铁路箱出站单】界面。如图 10-11 所示。

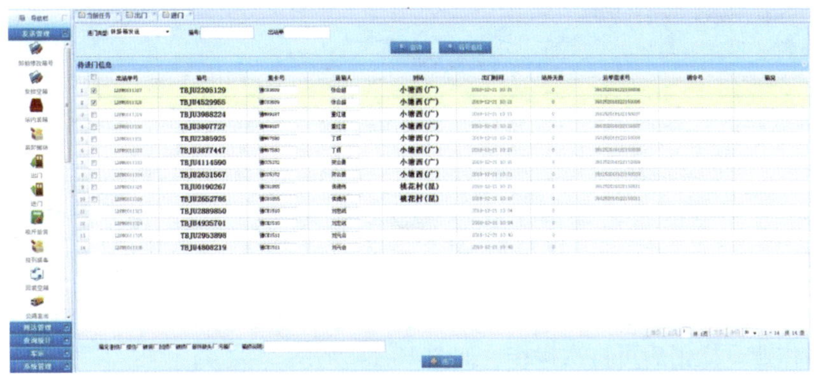

图 10-11　进门

（二）站内装箱

1. 作业办法

装箱地点为“站内”的需求单，客户凭需求号（或运单需求联）进货，发站需核对货物与电子运单需求联信息。

2. 操作流程

（1）登录集装箱系统，进入【发送管理】菜单，点击【站内装箱】按钮，进入站内装箱页面。

（2）页面显示可装箱信息列表，也可以通过运单号、箱号或运单提报日查询。如图 10-12 所示。

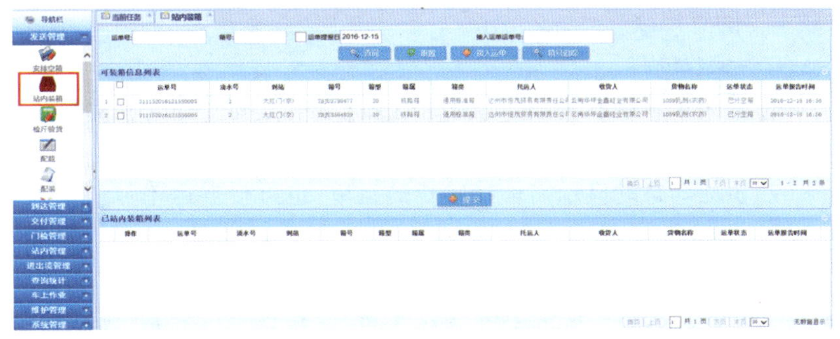

图 10-12　站内装箱

（3）勾选可装箱信息，点击【提交】。如图 10-13 所示。

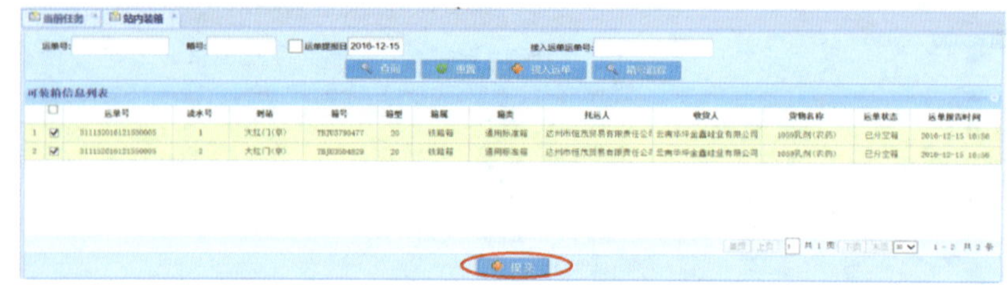

图 10-13　选择装箱

(4)在已站内装箱列表中,点击【撤销】可以撤销对应箱号的站内装箱作业。撤销后可再次操作。如图 10-14 所示。

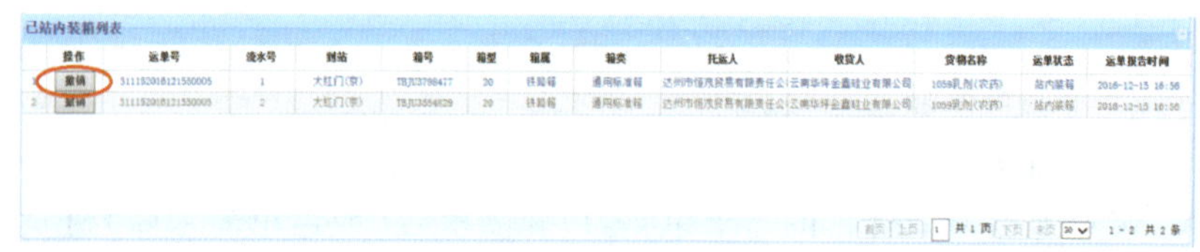

图 10-14　装箱撤销

三、检斤验货

(一)作业办法

发站以需求单为根据,称重逐箱填写重量和施封号信息,检斤验货完毕后,电子运单需求联状态变更为“已验货”。“已验货”的集装箱运单需求联不得随意修改。

(二)操作流程

(1)登录集装箱系统,进入【发送管理】菜单,点击【检斤验货】按钮,进入检斤验货页面。

(2)页面会自动显示需检斤验货的运单,也可根据运单号、箱号、运单提报日期进行查询。

(3)在“可检斤验货信息”栏中,点击需要检斤验货的运单,在“检斤验货作业”栏中,输入箱货总重、承运人重量(默认为电商系统运单上的托运人填报重量)、托运人重量、施封号,点击【检斤验货】,系统弹出确认信息,点击【确定】即可完成检斤验货。如图 10-15 所示。

混装货物可查看、修改、打印物品清单。检斤验货时需核对货物名称、箱号、箱型箱类等信息。

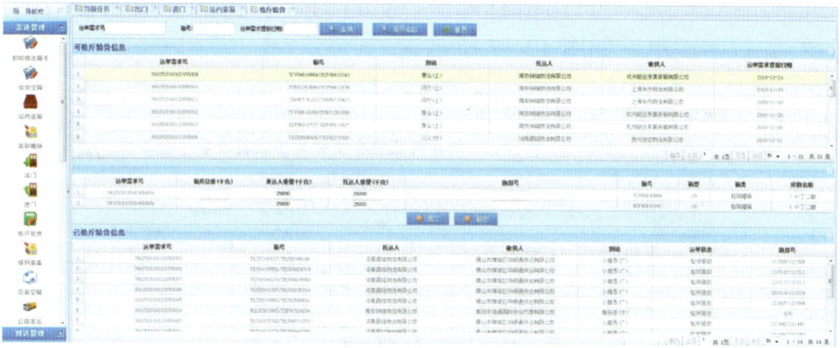

图 10-15　检斤验货

(4)检斤验货完毕后,联系内勤核算员,确认货票系统收到该运单信息。如收不到,联系信息部门处理。

当检斤验货完毕后,重量、封号等有误时,可在"已检斤验货信息"栏中,选择已检斤验货信息进行修改,将正确信息输入后点击【修改】。如图 10-16 所示。

图 10-16　修改验货信息

四、计费制单

(一)作业办法

检斤验货完毕后,运单需求联信息推送到货票系统,根据托运人、到站、装箱日期查询待制票信息,补填承运人相关信息、记事,选择箱型箱类(按《铁路货物运价规则》规定选择),填记承运人记事,有物品清单的打印物品清单,点击【计费】后生成并打印货物运单。

(二)操作流程

登录货票系统,进入集装箱计费界面。双击需要制单的信息,需求单信息自动填入界面中各栏。根据实际作业补充有关记事，点击【计费】，生成费用信息。核实费用信息无误，点击【打印】，生成带运单号的电子运单，并打印运单。如图 10-17 所示。

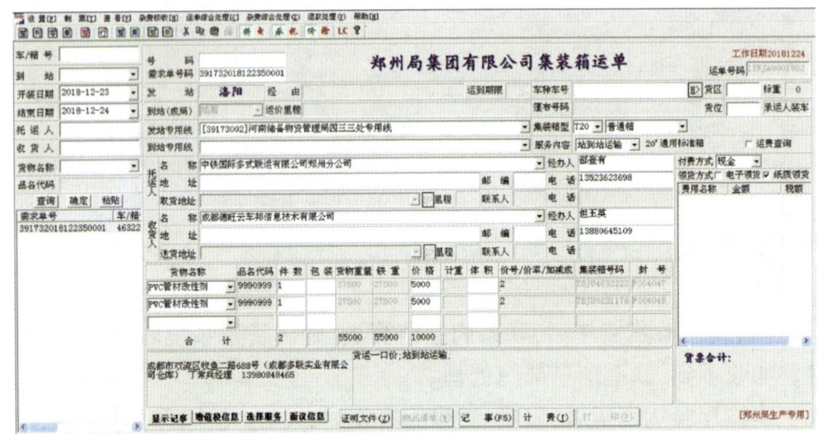

图 10-17 集装箱运单打印

（三）集装箱运单与整车运单的区别

（1）集装箱运单号码由 5 位字母（3 位车站电报码，1 位票种代码 J，1 位窗口号）和 7 位数字（7 位循环顺序号）组成。

（2）集装箱运单在运单右上角自动打印"集装箱"等字样。

（3）左上角 18 位需求号：集装箱需求号为 5 位车站 tmis 码+8 位年月日+5 位顺序号；整车需求号为 14 位预约号+4 位顺序号。

（4）集装箱计费制单时，不带车号。

（四）注意事项

（1）发到站、托收货人、箱号、货物重量、施封号等信息不可修改。

（2）核对运单各栏信息是否齐全。补充的记事信息必须完整。

（3）单箱托运时，计算运输费用并生成运单号；一批托运两只装一辆货车时，合并计算运输费用并生成运单号。

（4）发站打印物品清单一式两份，交托运人签字盖章后，发站留存一份，与发站存查联合订保存，交托运人一份。

（5）打印中遇故障需重新打印时，在系统【运单综合管理】菜单中的【运单查询作废】查询到该运单，点击【作废】，重新计费后打印。

(五)箱型对比

集装箱系统和货票系统的集装箱箱型对比如图10-18所示。

集装箱系统箱型				货票系统箱型		
序	箱属	箱型	箱类	箱型	特殊箱型	空箱
1	铁路箱	20	通用标准箱	T20	普通箱	
2	铁路箱	20	35T敞顶箱	T20	35吨敞顶箱	
3	铁路箱	20	框架罐箱	T20	罐式集装箱	
4	铁路箱	20	弧形罐箱	T20	罐式集装箱	
5	铁路箱	20	散装水泥罐	T20	罐式集装箱	
6	铁路箱	20	石油沥青罐箱	T20	罐式集装箱	
7	铁路箱	20	干散货箱	T20	20英尺干散货箱	
8	铁路箱	20	35T通用箱	T20	35吨通用集装箱	
9	铁路箱	20	折叠式台架箱	T20	木材箱	
10	铁路箱	25	板架式汽车箱	T20	25英尺汽车板架箱	
11	铁路箱	40	通用标准箱	T40	普通箱	
12	铁路箱	45	冷藏箱	T40	45英尺冷藏集装箱	
13	铁路箱	50	板架式汽车箱	T40	50英尺汽车板架箱	
14	自备箱	20	普通箱	Z20	普通箱	
15	自备箱	20	35T敞顶箱	Z20	35吨敞顶箱	

图10-18 箱型对比

五、提日运输需求

可以在补填箱号时提日运输需求,也可在计费制单完毕后提日运输需求,操作流程详见需求受理。

六、按列装车

待承认车下达及行车部门将车辆调入货场或专用线后,开始集装箱装车作业。

(一)作业办法

1. 装车前

(1)外勤货运员在接车时抄录的车辆信息(车型、车号、标重)要与现车系统中的车辆信息进行核对,如果不一致,由货调通知行车部门处理。

(2)货调需在集装箱系统确认待装车辆是否在作业股道,并查看车辆“非运用码”。如有问题,联系行车部门或信息部门处理。

(3)查看待装车辆是否为空车,且不带票据。带有票据的空车,需票车解绑后,才能装车;带有不良货车标记的货车,经确认能够保证安全的,才能装车。带有货车检修单(车统23、车统26)的车辆不能安排装车。

(4)对于卸后再装的车辆，卸车完毕后，需点击【即时同步】，且在现车系统取票为空车时，方可安排装车。

2. 装车作业

(1)使用集装箱系统的“按列装车”完成集装箱装车操作，集装箱系统同时生成货车装载清单。

(2)按列装车时，认真核对，确保运单号、箱号、车号与实际相符。

(3)箱货总重大于车辆标重时，系统不允许装车。

(二)操作流程

(1)登录集装箱系统，进入【发送管理】菜单，点击【按列装车】按钮，进入按列装车页面。选择查询条件，可查询出现车系统股道车辆信息。如图10-19所示。

注意：入线时间为车辆在现车系统调入该股道的时间，如查询不到车辆时，可调整入线时间进行查询。

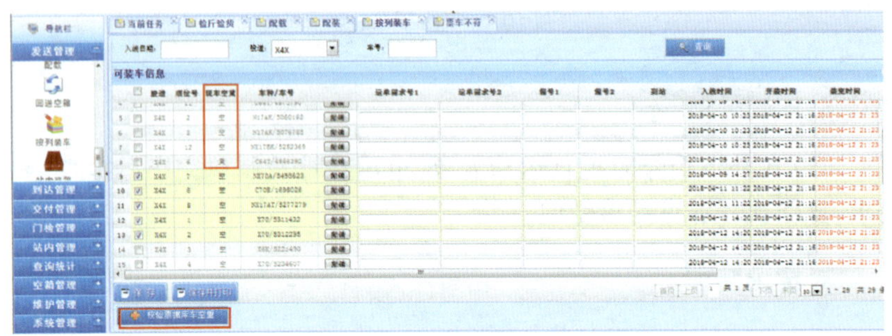

图 10-19 按列装车

(2)在“运单需求号1”中选择相应信息并勾选该记录，信息回填到信息记录中，点击【保存】按钮即可完成装车。如需打印可以直接点击【保存打印】按钮。

七、装卸清单

(一)作业办法

(1)按列装车完毕后，需在“装卸清单”页面查看货车装载清单，并核实录入的装车信息(车号、重量、箱号等信息)是否有误。如发现问题，立即“装卸撤销”。

(2)核实货车装载清单无误后,在“装卸清单”页面查看车辆同步状态。同步现车和同步票据库状态都为已同步的方可通知取车,未同步的运单选择后点击【即时同步】。多次点击仍不同步的及时联系信息人员排查问题。

(3)同步现车和同步票据库状态都为已同步时,票车绑定(弱联系、可以回退)。

(二)操作流程

登录集装箱系统,进入【统计查询】菜单,点击【装卸清单】按钮,进入装卸清单页面。选择查询条件,可查询已装车辆信息。勾选未同步的运单,点击【即时同步】按钮,即可实现与现车或票据库状态同步。如图 10-20所示。

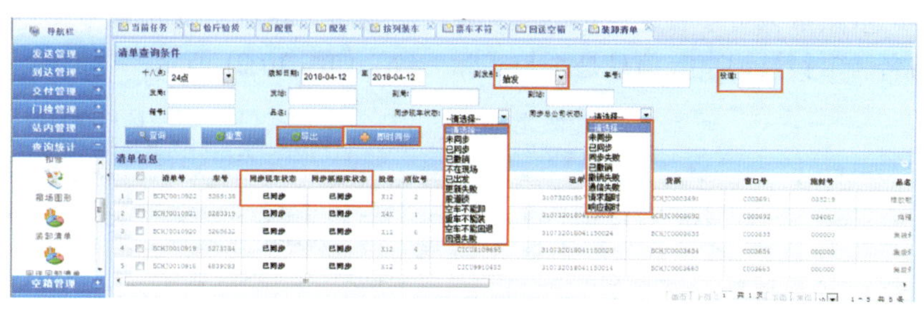

图 10-20　同步状态

(三)同步状态说明

图 10-20 中同步状态含义:

(1)未同步:还未将装卸作业信息同步给现车系统;

(2)已同步:已将装卸作业信息成功同步给现车系统;

(3)已撤销:已将装卸撤销信息同步给现车系统;

(4)不在现场:现车系统根据关键字未找到对应车号,主要出现在补录现车的情况下;

(5)已出发:装卸作业信息同步给现车系统时,该车辆已经从本站出发,主要出现在后补作业的情况下;

(6)更新失败:装卸作业信息未能同步给现车系统,该情况需要与信息部门联系排查问题;

(7)股道锁:装卸作业信息同步给现车系统时,该车已被现车系统加

锁不能修改,可以联系车站行车部门进行车号解锁;

(8)空车不能卸:装卸作业信息同步给现车系统时,该车在现车系统已是空车,主要出现在使用货调功能卸车或已被其他系统卸车的情况下;

(9)重车不能装:装卸作业信息同步给现车系统时,该车在现车系统已是重车,主要出现在使用货调功能装车或已被其他系统装车的情况下;

(10)空车不能撤销:装卸撤销信息同步给现车系统时,该车已是空车,主要出现在该车的空重已被人工修改的情况下;

(11)回退失败:未能将装卸撤销信息同步给现车系统。

(四)审核货车装载清单

重点审核货车装载清单的到站、车号、重量(箱货总重)、箱号、现车品名、施封号、记事等信息是否与实际一致。如图 10-21 所示。

货 车 装 载 清 单　　　LDFJ0008144

装车站　洛阳东　卸车站　黄岛港　车次　　2018 年 12 月 19 日

车种车号	X70/5310259		标记载重	70		施封号码			篷布号码		
运单号	发站	到站	货物名称	件数	包装	重量（kg）	箱型	箱类	箱号	箱施封号	记事
LDFJB0005365	洛阳东	黄岛港	1.4-丁二醇	1		24070	20	框架罐箱	NLLU2901307	0	
LDFJB0005365	洛阳东	黄岛港	1.4-丁二醇	1		23740	20	框架罐箱	GMCU7150296	0	
							记事:				
箱货总重（吨）	55.21	现车品名	自二重2								

计划员:　洛阳东

装车货运员:　洛阳东　　卸车货运员:

装车工组:　　卸车工组:

装车信息确认:　　卸车信息确认:

货运车长:　　货运车长:

图 10-21　货车装载清单

八、装卸撤销

(一)作业办法

装卸撤销是通知取车前对“按列装车”的装车信息进行撤销,即撤销货车装载清单或货车回送清单。通知取车后,无法装卸撤销。

(二)操作流程

(1)登录集装箱系统,进入【发送管理】菜单,点击【装卸撤销】按钮,进入装卸撤销页面。

(2)页面显示报文类型,其中分“装车作业、卸车作业、回送作业、回卸作业”,下拉选择需装卸撤销的作业类型,点击【查询】;也可根据车号、箱号、上报时间信息进行查询。查询结果显示在“装卸信息”栏内。

(3)在“装卸信息”栏中,选择需要撤销的记录,点击该行右侧的【撤销】按钮,系统弹出“操作成功”,即装卸撤销完毕,货车装载清单或货车回送清单撤销。如图 10-22 所示。

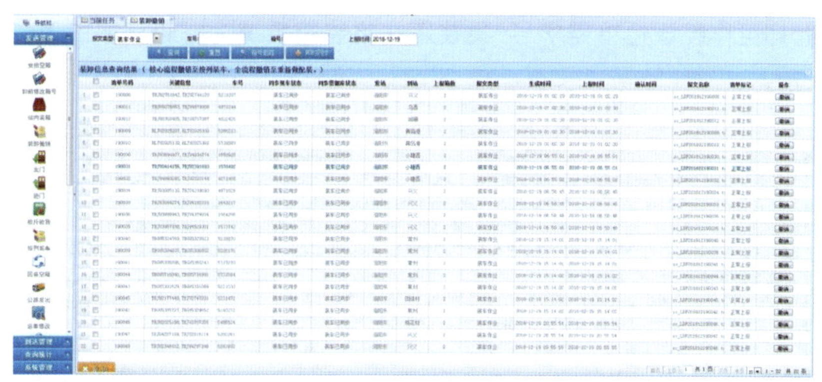

图 10-22　装卸撤销

(4)装卸撤销完毕后,集装箱回退到制票状态。如需要装车,可从“按列装车”重新开始操作;回送空集装箱时,装卸撤销完毕后,如要装车,需从头开始,操作流程详见本章第四节“回送空箱”。

九、装车回退

(一)作业办法

通知取车前、装车后发现问题作废货票或取消托运的,应先进行装车撤销,在货票系统作废运单或取消托运,再在电商系统作废需求单,箱子状态变为空箱状态。

通知取车后货票系统不可作废和取消托运。

(二)操作流程

1. 装卸撤销

操作流程见本节的“八、装卸撤销”。

2. 运单作废或取消托运

操作流程见第十一章第三节“取消托运”。

3. 需求单作废

登录电商系统，进入【集装箱服务】菜单，点击【运单处理】按钮，进入运单处理页面。录入提交日期、运单需求号等信息后，点击【查询】按钮，页面运单处理结果列表显示出该运单需求号，勾选之后，点击【作废】按钮，即可作废该运单需求号，集装箱在集装箱系统为空箱。如图 10-23 所示。

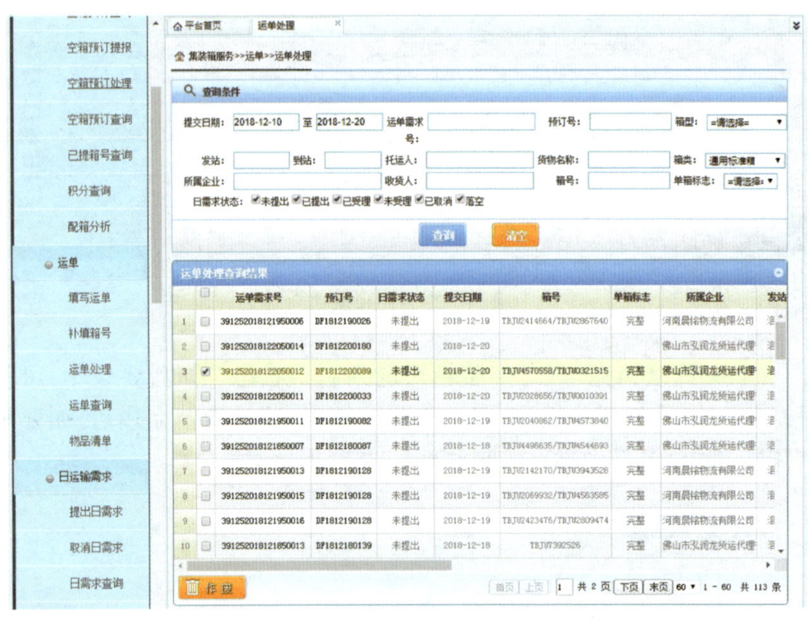

图 10-23 运单作废

十、装车通知取车

(一)作业办法

(1)货车装载清单或货车回送清单审核无误后，且同步现车状态、同步国铁集团票据库状态都为“已同步”时，方可通知取车。

(2)通知取车未成功的应重新通知。

(3)装载清单生成 6 h 卡控,即货车装载清单生成 6 h 内,必须点击【通知取车】。

(4)通知取车后,票车绑定为强关联,不可回退,不可撤销。

(5)装车后车在本站,未通知取车的可进行装车撤销;通知取车后,车辆状态为可取车时无法撤销装车、取消托运等操作;通知取车后发现超偏载等信息,应当扣车,整理后原车发出的不需要系统操作;通知取车后发现车辆原因需要换车的可按途中换装操作。

(二)操作流程

(1)登录集装箱系统,进入【发送管理】菜单,点击【通知取车】按钮,进入通知取车页面。

(2)页面显示已完成的装载清单和回送回卸清单信息。可通过股道、车号、发(到)站、到发别等条件查询,选择具备取车条件的清单(同步现车和票据库的状态都要为已同步,未同步的在装载清单和回送清单页面点击【即时同步】),点击【通知取车】,显示“可取车”,表示已成功通知现车可以取车,未成功的应重新通知。如图 10-24 所示。

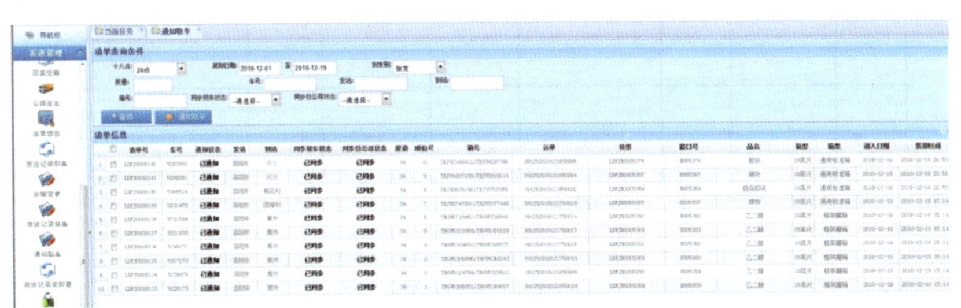

图 10-24　通知取车

十一、集装箱系统箱类反写现车品名规则

集装箱系统箱类反写现车品名规则如图 10-25 所示。

说明:

(1)在箱主是“通、特、自”时,20 英尺填二,40 英尺填四,25 英尺归入 20 英尺,45、50 英尺归入 40 英尺,35 t 敞车箱、干散箱分别纳入通二或自二。

序号	箱属	箱型	箱类	箱主	空重状态	箱数	现车品名
1	铁路箱	20	通用标准箱（TBJ）	通	重/空	2	通二重 2/通二空 2
2	铁路箱	20	35T 敞顶箱（TBJ）	通	重/空	2	通二重 2/通二空 2
3	铁路箱	20	35T 通用箱（TBJ）	通	重/空	2	通二重 2/通二空 2
4	铁路箱	40	通用标准箱（TBJ）	通	重/空	1	通四重 1/通四空 1
5	铁路箱	20	35T 敞顶箱（TBB）	特	重/空	2	特二重 2/特二空 2
6	铁路箱	20	框架罐箱（TBG）	特	重/空	2	特二重 2/特二空 2
7	铁路箱	20	弧形罐箱（TBG）	特	重/空	2	特二重 2/特二空 2
8	铁路箱	20	散装水泥罐（TBG）	特	重/空	2	特二重 2/特二空 2
9	铁路箱	20	石油沥青罐箱（TBG）	特	重/空	2	特二重 2/特二空 2
10	铁路箱	20	干散货箱（TBB）	特	重/空	2	特二重 2/特二空 2
11	铁路箱	45	冷藏箱（TBL）	特	重/空	1	特四重 1/特四空 1
12	铁路箱	25	板架式汽车箱（TBPU）	汽	重/空	2	汽二重 2/汽二空 2
13	铁路箱	50	板架式汽车箱（TBQU）	汽	重/空	1	汽四重 1/汽四空 1
14	自备箱	20	普通箱	自	重/空	2	自二重 2/自二空 2
15	自备箱	20	35T 敞顶箱	自	重/空	2	自二重 2/自二空 2
16	自备箱	40	普通箱	自	重/空	1	自四重 1/自四空 1
17	自备箱	20/40	其他箱类自备箱	自	重/空	1	自二重 2/自二空 2

图 10-25　集装箱系统箱类反写现车品名规则

(2)在箱主是“汽”时,25 英尺归入 20 英尺,45、50 英尺归入 40 英尺。

(3)当一辆货车装 2 只 20 英尺和 1 只 40 英尺箱,可表示为:通二重 2 四重 1;双层箱装 2 只 40 英尺箱,可表示为:通四重 2;一辆货车装 3 只 20 英尺箱,可表示为:通二重 3。

十二、集装箱发送作业流程

集装箱发送作业流程如图 10-26 所示。

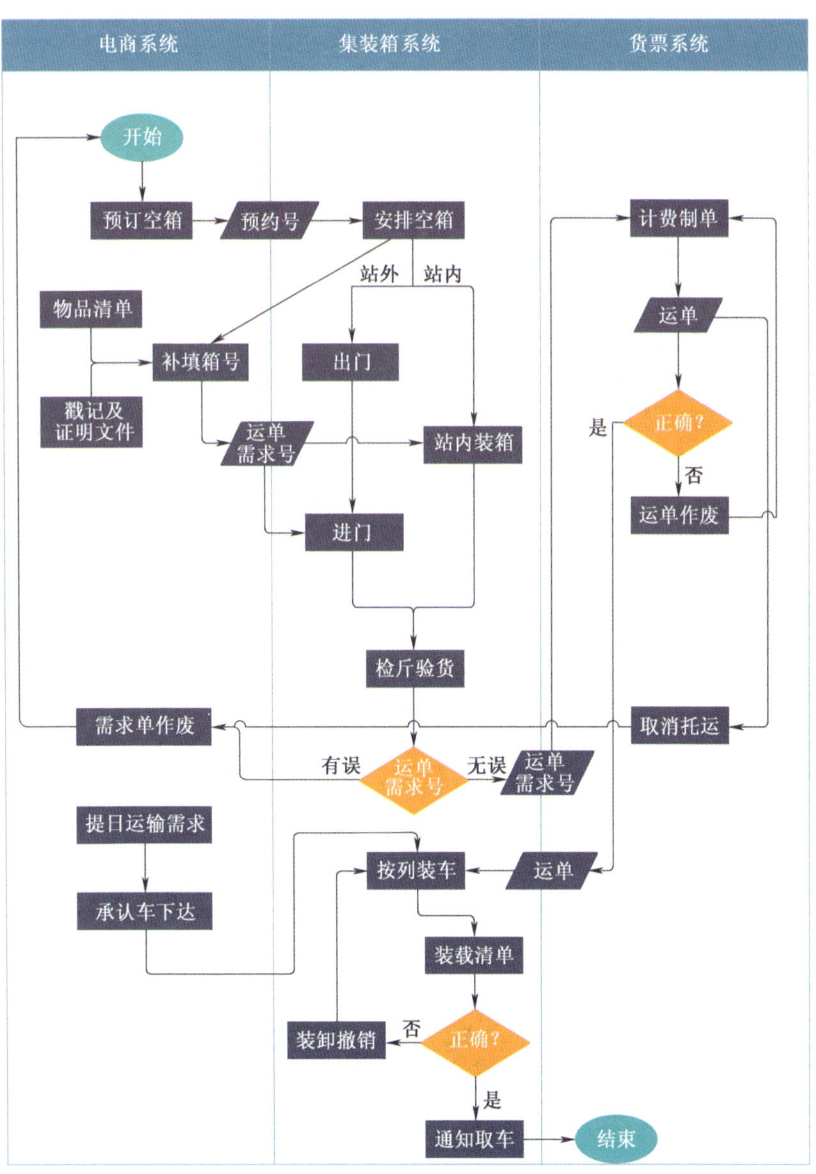

图 10-26 集装箱发送作业流程

第二节　集装箱到达

一、核对卸车票据

（一）作业办法

重车到达作业股道或专用线时，登录票据管理系统，查询待卸车辆，及时打印运单，核对车号、装载清单、运单和箱号等信息与实际是否一致。信息一致时，方可卸车。

当到达箱号与实际不符时，处理流程见本节的“到达箱号不符”。

（二）操作流程

（1）登录票据管理系统，进入【数据分析工具】菜单，点击【全流程分析】按钮，进入全流程分析页面，录入车号，点击【查询】，页面摘要表中显示车辆信息。如图 10-27 所示。

图 10-27　查询车辆票据

（2）点击车辆的票据号（装载清单），页面弹出车辆的票据装载清单和运单，如图 10-28 所示。

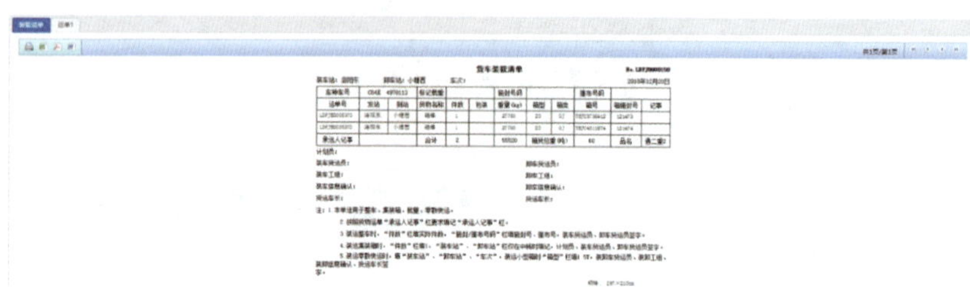

图 10-28　货车装载清单

(3)集装箱重车到达卸车要打印装载清单和运单,集装箱空箱到达卸车只打印回送清单。

二、卸车作业

(一)作业办法

(1)核对车号、装载清单、运单和箱号等信息无误后,使用集装箱系统的到达卸车功能进行卸车作业。卸车完毕电子运单状态变更为“已卸车”。

(2)到达卸车完毕后,使用集装箱系统的装载清单功能进行同步现车、同步国铁集团票据库。同步现车和同步票据库状态都为已同步的方可通知取车,未同步的运单选择后点击【即时同步】。多次点击仍不同步的及时联系信息人员排查问题。

(3)同步现车和同步票据库状态都为已同步时,票车解绑。

(4)卸车作业不可撤销。

(二)操作流程

1. 到达卸车

(1)登录集装箱系统,进入【到达管理】菜单,点击【到达卸车】按钮,进入安排空箱页面。选择入线日期、股道、发站,点击【查询】按钮,页面“现车信息”列表显示待卸车辆信息;也可不选择条件查询。

(2)勾选要卸车的车辆,集装箱系统自动关联现车、运单信息、箱号等信息,点击【提交】,系统弹出“操作成功”。如图 10-29 所示。

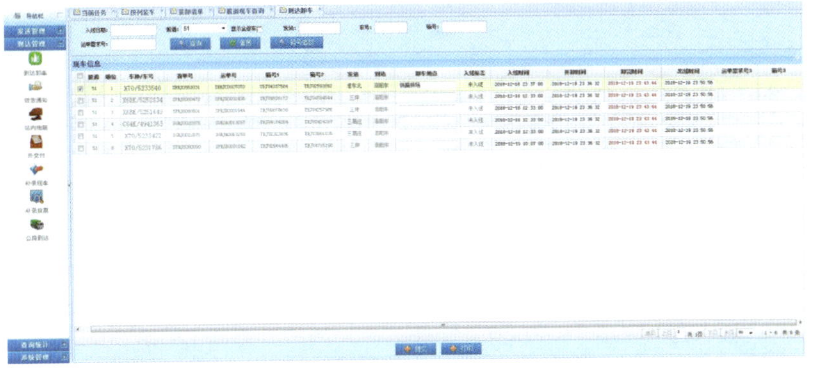

图 10-29　到达卸车

2. 装卸清单

登录集装箱系统，进入【统计查询】菜单，点击【装卸清单】按钮，进入装卸清单页面。选择查询条件，可查询已卸车辆信息。未同步的运单选择后点击【即时同步】。如图 10-30 所示。

多次点击仍不同步的及时联系信息人员排查问题。

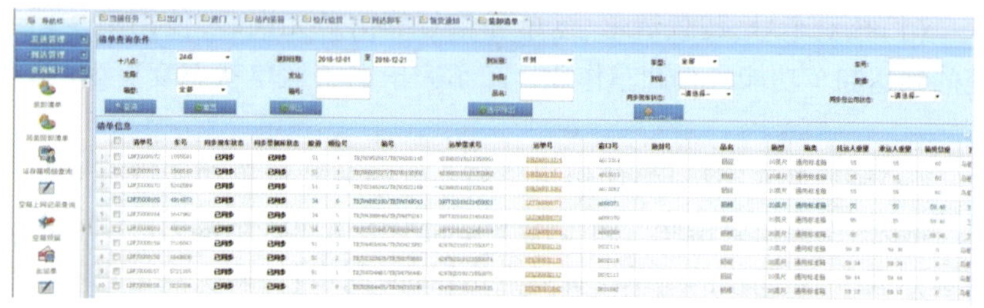

图 10-30 即时同步

三、卸车通知取车

卸车完毕后，进入通知取车菜单，系统显示已完成的装载清单和回送回卸清单信息。可通过股道、车号、发(到)站、到发别等条件查询，选择具备取车条件的清单(同步现车和票据库的状态都要为已同步，未同步在装载清单和回送清单页面点击【即时同步】)，点击【通知取车】，显示“可取车”表示已成功通知现车可以取车，未成功的应重新通知。如图 10-31所示。

图 10-31 通知取车

卸车作业 6 h 卡控，即卸车完毕后 6 h 内，必须点击【通知取车】。

卸后利用车辆无需通知取车，待车辆同步现车和票据库的状态都要为已同步后，可以装车。

四、领货通知

集装箱卸车完毕后，货运人员登录集装箱系统，进入【到达管理】菜单，点击【领货通知】按钮，进入领货通知页面。选择卸车日期、运单需求号、箱号，点击【查询】，页面"未通知取货信息"列表显示已卸集装箱信息；也可不选择条件查询。勾选需通知取货的集装箱，选择通知方式，点击【提交】按钮即可完成领货通知。如图 10-32 所示。

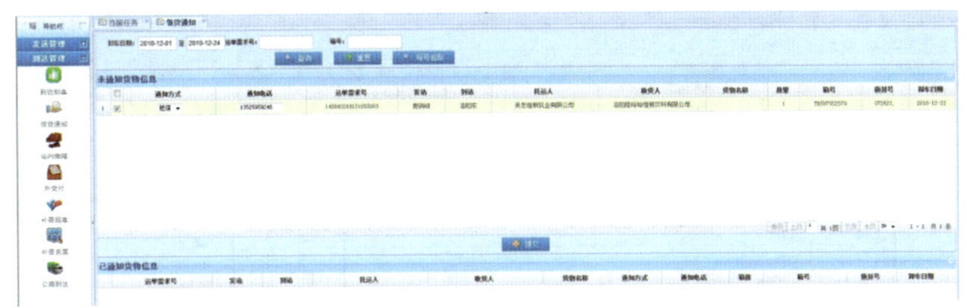

图 10-32　领货通知

五、内交付

（一）作业办法

（1）收货人凭领货凭证领取货物时，应同时出示身份证原件，收货人为法人单位时，除提供经办人身份证原件外，还需提供加盖单位公章的委托书；委托他人领取货物时应同时提供领货凭证、收货人身份证复印件、被委托人身份证原件和委托书。

（2）凭纸质领货凭证领货的，到站在电子货运票据管理系统中调取运单信息，核实领货凭证、领货人身份（可以使用高拍仪、身份证识别器采集领货人身份）等信息，办理内交付手续。

（3）到站核收相关费用后，打印运单副本两联，加盖车站日期戳，收货人签章，将收货人存查联交收货人。

（4）纸质领货凭证与运单副本到站存查联合订保存。

注意：与整车不同的是，货运人员是根据货车装载清单进行卸车作业，到达卸车完毕后，货车装载清单与车辆解绑；根据运单进行内交付作业，交付完毕后，运单状态为“已交付”。

（二）操作流程

登录货运票据管理系统，进入【杂费核收】菜单，点击【运输杂费核收】，进入【运输杂费核收】处理界面。根据发站、起始制票日期、结束制票日期、到站专用线、发货人、收货人等查询条件，查到“到达货票”信息列表。选择需要交付的信息进行到票确认和杂费核收，完成后运单状态修改为“已交付”。如图 10-33 所示。

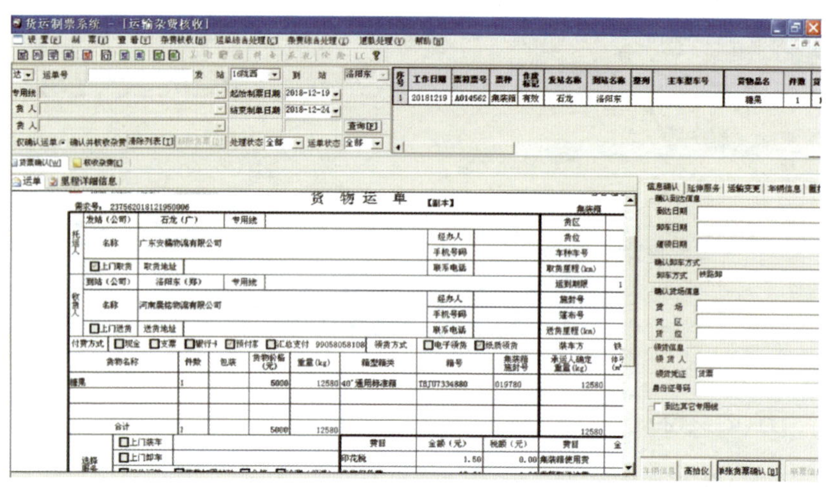

图 10-33　运单交付

六、外交付

（一）作业办法

到站凭运单副本收货人存查联与收货人办理货物交接，在运单副本收货人存查联上加盖“货物交讫”章。

（二）操作流程

（1）登录集装箱系统，进入【到达管理】菜单，点击【外交付】按钮，进入外交付页面。选择卸车日期、发站、箱号、运输方式，点击【查询】,页面“可交付信息”列表显示已卸集装箱信息;也可不选择条件查询。

(2)勾选需要外交付的集装箱,选择掏箱地点后,点击【提交】按钮。选择“站内”后续需要站内掏箱作业,选择“站外” 后续需要出门作业。如图10-34所示。

图10-34 外交付

七、掏箱

(一)站内掏箱

1. 作业办法

到站使用集装箱系统的“站内掏箱”功能完成操作,货物凭运单副本收货人存查联出站。

2. 操作流程

在“外交付”功能中选择掏箱地点为“站内”的运单,可直接在站内掏为空箱,不用做“出门”作业。

登录集装箱系统,进入【到达管理】菜单,点击【站内掏箱】按钮,进入外交付页面。选择交付日期、箱号,点击【查询】按钮,页面“可站内掏箱信息”列表显示需站内掏箱的集装箱。勾选需掏箱的集装箱,点击【提交】按钮即可完成站内掏箱。如图10-35所示。

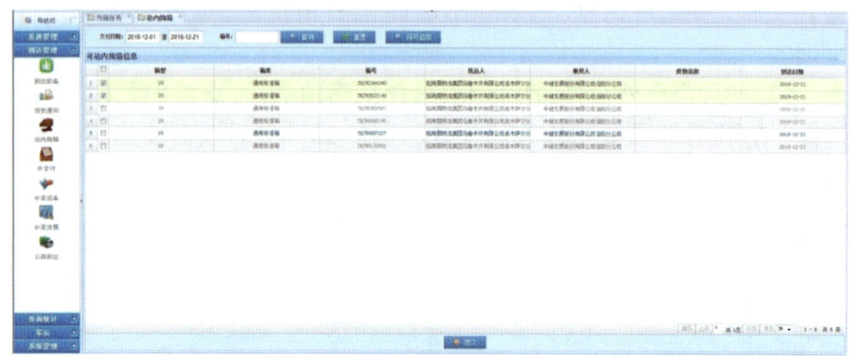

图 10-35 站内掏箱

(二)站外掏箱

1. 作业办法

到站使用集装箱系统的“出门”功能完成操作,并打印铁路箱出站单,收货人凭铁路箱出站单出站。

2. 操作流程

(1)登录集装箱系统,进入【发送管理】菜单,点击【出门】按钮,进入出门页面。

(2)下拉选择出门类型为“铁路箱到达”,或录入箱号进行查询,查询结果显示在“出门查询结果”栏内。如图 10-36 所示。

(3)勾选待出门的集装箱,点击【出门】,系统提示操作成功,并自动弹出【铁路箱出站单】界面。点击【打印】按钮,打印集装箱出站单。

八、到达箱号不符

(一)作业办法

到站发现箱号错误时,与发站联系,经发站确认,到站为本站的,使用卸前修改箱号功能,修改为正确箱号后卸车,并办理交付手续;确认到站不为本站的,应编制货运记录,并在集装箱系统凭货运记录装车回送。

(二)操作流程

使用集装箱的“卸车前修改箱号”功能,修改集装箱箱号。

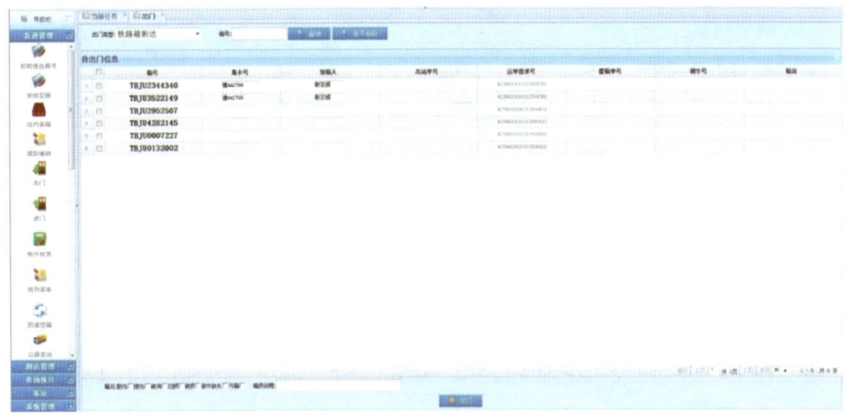

图 10-36　铁路箱出门

(1)登录集装箱系统,点击【卸前修改箱号】按钮,进入卸前修改箱号页面。选择入线时间、股道,点击【查询】按钮,页面"现车信息"列表显示该股道的车辆信息。勾选需要修改箱号的车号,点击【取票据库信息】按钮,自动获取运单信息。如图 10-37 所示。

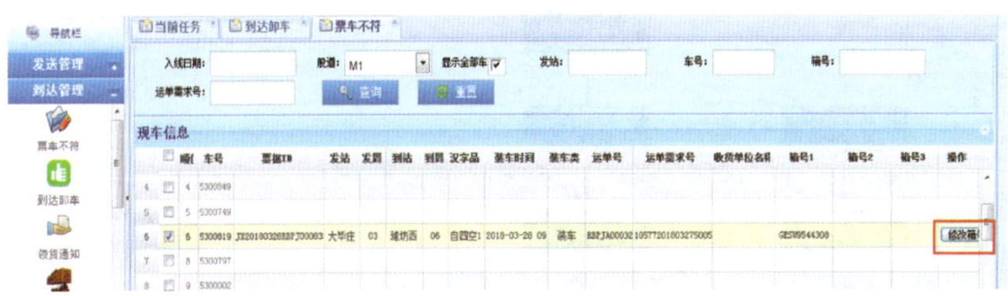

图 10-37　修改箱号

(2)点击右侧【修改箱号】按钮,系统弹出修改箱号界面,在修改箱号栏(第二行)输入正确箱号后点击【提交】,进行卸车。如图10-38 所示。

九、集装箱到达流程

集装箱到达流程如图 10-39 所示。

车号: 1604758
原箱号: 箱号1: TBJU2604089 箱号2: TBJU3755789 箱号3:
修改箱号: 箱号1: TBJU2604089 箱号2: BJU3755788 X 箱号3:
提交

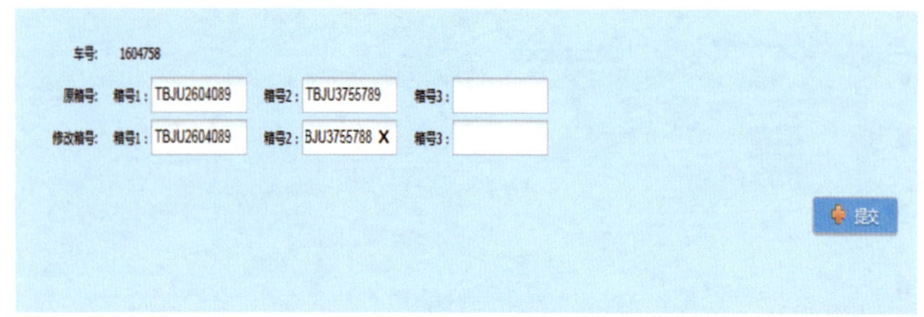

图 10-38　修改箱号

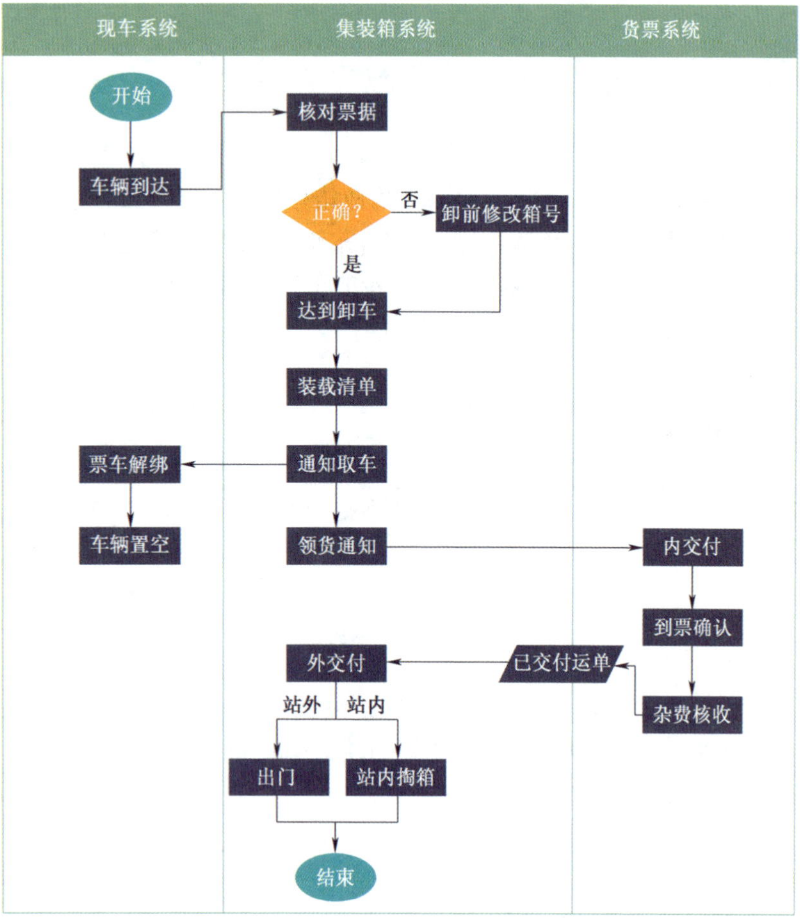

现车系统
集装箱系统
货票系统
开始
车辆到达
核对票据
正确？
否
卸前修改箱号
是
达到卸车
装载清单
通知取车
票车解绑
车辆置空
领货通知
内交付
到票确认
杂费核收
已交付运单
外交付
站外
站内
出门
站内掏箱
结束

图 10-39　集装箱到达流程

第三节　车 上 作 业

一、发站办理

车上作业适用于敞顶箱、干散货箱、罐式集装箱等从上部装载货物的集装箱,办理站需开通此业务。当集装箱(一般为空箱)到达后,发站无需卸车,直接装载货物,作业完毕后,在集装箱系统生成一卸一装两种清单。

在装箱作业过程中,按照“电商受理”→“制票前综合作业”→“计费制单”→“车上装箱”→“装卸清单”→“通知取车”的顺序完成操作,不能跳过某个环节直接执行下一环节。

(1)在电商系统提报,并订车(提日运输需求)。

(2)在集装箱系统进行“制票前综合作业”,并“选取箱号”,使箱号与运单需求号一一对应。

(3)在货票系统计费制单。

(4)在集装箱系统进行“车上装箱”。

(5)在集装箱系统进行“装卸清单”与“通知取车”。

(6)车上装箱作业完毕后,集装箱系统生成生成一卸一装两种清单。

(一)电商受理

登录电商系统,进入【集装箱服务】菜单,点击【填写运单】按钮,进入填写运单页面。依次填写发货信息、收货信息、付费方式、增值税信息、货物信息、日运输需求等(带*项为必填项)。如图 10-40 所示。

录入完毕,审核无误后,点击【保存并提交】按钮,电商系统生成运单需求联。

注意:填记货物信息时,不能录入集装箱箱号,必须录入货物品名、箱型、箱类(35 t 敞顶箱或其他标准箱)、空重(选择重)、类型等信息。可使用批量增加箱数功能添加货物信息。

(二)制票前综合作业

(1)登录集装箱系统,点击【制票前综合作业】按钮,进入制票前综合作业页面。通过到站、托运人、收货人、品名、提报日期等条件进行查询(所有条件必须全部录入,并且录入信息必须与运单需求号一致),如图

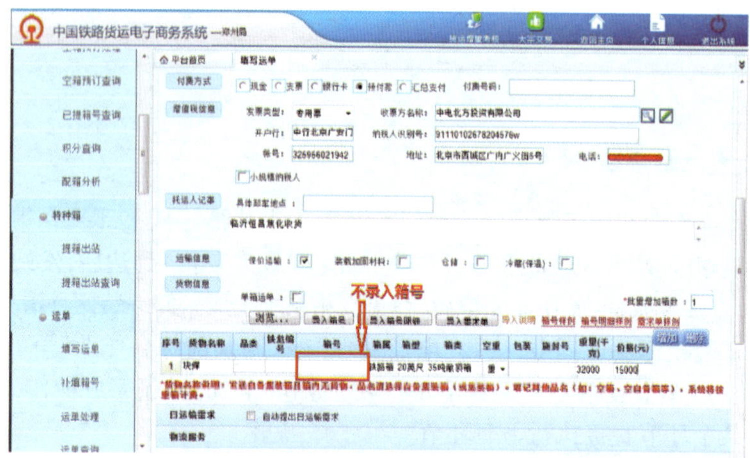

图 10-40　填写运单

10-41 所示。

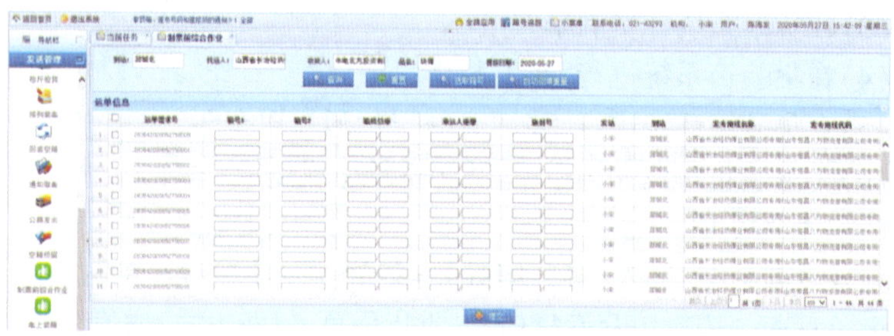

图 10-41　制票前综合作业

(2)在运单信息列表,勾选需作业的运单需求号,点击【选取箱号】按钮,系统弹出“选取箱号”页面,在该页面录入箱属、发站、发送日期等条件进行查询,如图 10-42 所示。

注意:选取箱号页面中的发站为回送集装箱的发站。图 10-41 和图 10-42 可以表示这样一个作业过程:开封站回送空集装箱到达小宋站,小宋站使用该批集装箱装载块煤,由于小宋站使用了“车上装箱”这种业务模式,集装箱到站后,小宋站并没有卸车,所以在选取箱号时,该集装箱所在车辆绑定的票据是集装箱回送清单,而回送清单的发站就是开封。

(3)勾选与箱号对应的车号后,点击【提交】按钮,系统会自动把箱

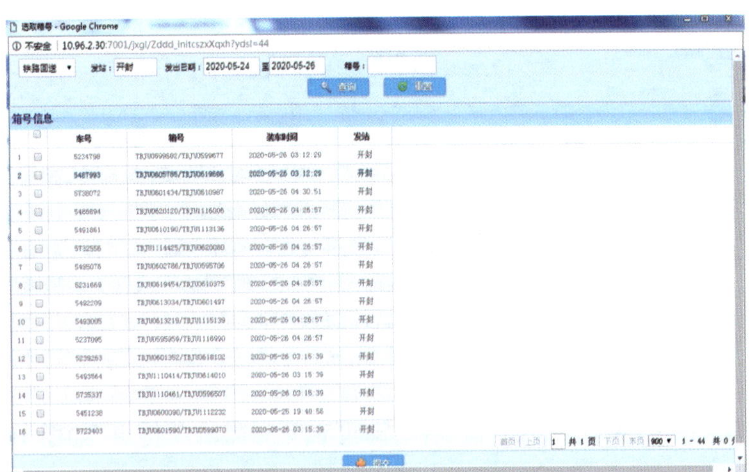

图 10-42　选取箱号

号、车号、运单需求号关联起来。如图 10-43 所示。

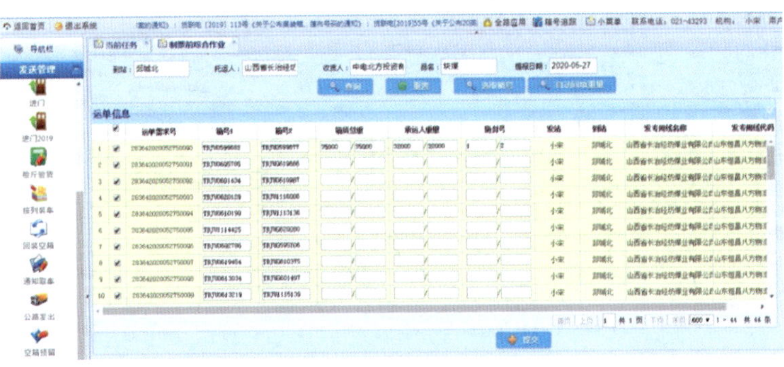

图 10-43　箱号与运单需求号关联

(4)在制票前综合作业页面的运单信息列表中勾选所需的运单需求号,并在运单信息列表的第一行录入箱货总重、承运人重量、施封号后,点击【自动回填重量】按钮,系统会自动填写所选运单需求号的货物信息。如图 10-44 所示。

(5)核对无误后,点击【提交】按钮,集装箱系统将运单需求信息推送至货票系统。

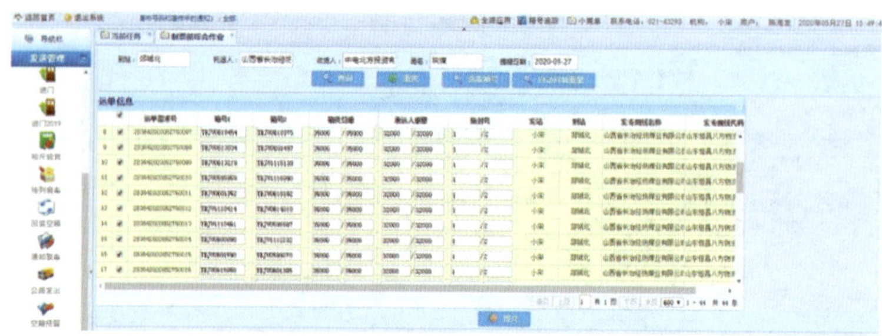

图 10-44　自动回填重量

（二）计费制单

登录货票系统，录入查询条件，即可查看到需求单信息，如图 10-45 所示。

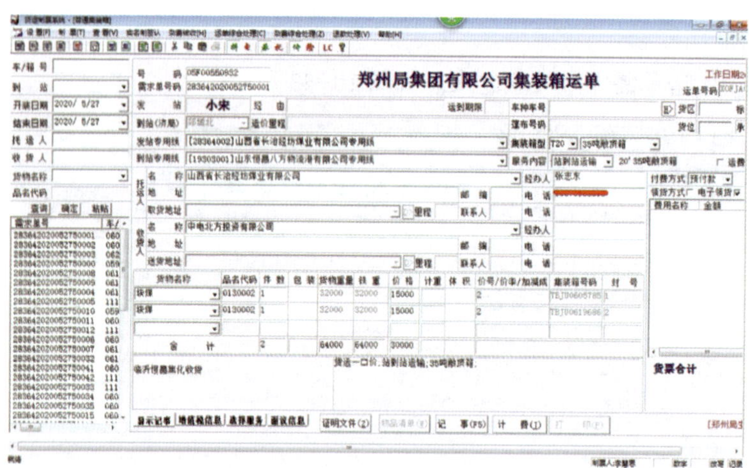

图 10-45　计费制单

计费制单详细操作流程见第十二章第一节“发送制票”。

（四）车上装箱

（1）计费制单完毕后，登录集装箱系统，点击【车上装箱】按钮，进入车上装箱页面。通过入线日期、股道等条件进行查询现车信息。如图 10-46 所示。

（2）在现车信息列表，点击该行的“发送运单”项，选择并录入该车的

图 10-46　车上装箱

运单号。录入完毕后，勾选装车完毕的车号，点击【提交】按钮，即可完成车上装箱。

（五）装载清单

登录集装箱系统，进入【统计查询】菜单，点击【装卸清单】按钮，核对装载清单无误后，点击【即时同步】按钮。如图 10-47 所示。

装卸清单详细操作流程见本章第一节“集装箱发送”。

货 车 装 载 清 单　　　　XOFJ0018082

装车站　小宋　卸车站　郜城北　车次　　2020 年 05 月 27 日

车种车号	NX70/5456936		标记载重	70		施封号码			篷布号码		
运单号	发站	到站	货物名称	件数	包装	重量（kg）	箱型	箱类	箱号	箱施封号	记事
XOFJA0034794	小宋	郜城北	块煤	1		32000	20	35吨敞顶箱	TBJU0620326	1	
XOFJA0034794	小宋	郜城北	块煤	1		32000	20	35吨敞顶箱	TBJU0619942	2	
							记事：				
箱货总重（吨）	70	现车品名	敞二重2								

计划员：　陈海发

装车货运员：　陈海发　　　　卸车货运员：

装车工组：　货一　　　　卸车工组：

装车信息确认：　　　　卸车信息确认：

货运车长：　　　　货运车长：

注：1. 本单适用于整车、集装箱、批零、零散快运。

2. 装运整车时，“件数”栏填实际件数，“施封/篷布号码”栏填施封号、篷布号，装车货运员、卸车货运员签字。

3. 装运集装箱时，“件数”栏填1，“装车站”、“卸车站”栏仅在中转时填记，计划员、装车货运员、卸车货运员签字。

4. 装运零散快运时，填“装车站”、“卸车站”、“车次”，小型箱时“箱型”栏填1.5T，装卸车货运员、装卸工组、装卸信息确认、货运车长签字。

图 10-47　装载清单

（六）通知取车

通知取车详细操作流程见本章第一节“集装箱发送”。

(七)一卸一装

车上装箱作业完毕后,集装箱系统生成一卸一装清单。通常情况下,发站到达的集装箱为空箱,生成的为"回装回卸清单",如图 10-48 所示。车上装箱完毕后,生成的为"装载清单"。如图 10-49 所示。

图 10-48　回装回卸清单

图 10-49　装载清单

二、到站办理

当使用"车上装箱"办理的集装箱到站后,到站根据实际情况,可以按普通集装箱办理卸车,也可以使用"车上掏箱"来办理(需开通此业务)。

车上掏箱适用于罐式集装箱等直接抽卸货物的集装箱,此时集装箱不卸车,直接抽卸货物,作业完毕后,在集装箱系统生成一卸一装两种清单。

(1)登录集装箱系统,点击【车上掏箱】按钮,进入车上掏箱页面。通过入线日期、股道等信息进行查询现车信息。如图 10-50 所示。

图 10-50　车上掏箱

（2）集装箱掏箱完毕后，如需回送空箱，则填选回送到站、回送调令等信息后，勾选车辆信息，点击【提交】按钮，如图 10-51 所示。如继续发送重箱，则填选发送运单号，具体操作流程见本节发站办理。

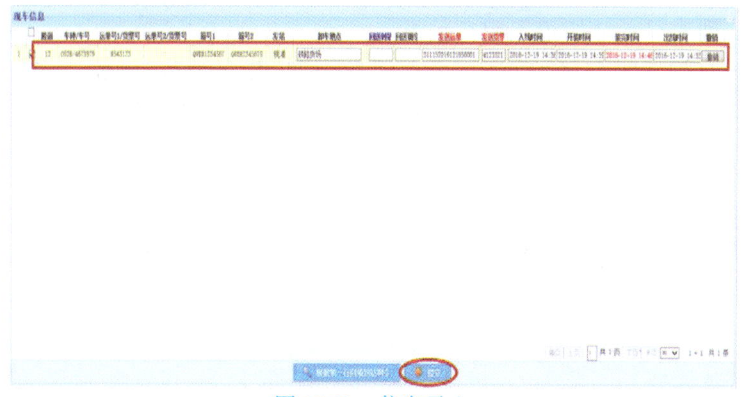

图 10-51　信息录入

三、车上作业小结

通过对集装箱车上作业业务流程的讲解，不难发现，在这种作业方式下，集装箱箱号和车号是绑定在一起的，不能更改车号或箱号。如果车辆或者集装箱出现问题，需要更换修理时，那么到站或者发站就不能按照此业务模式进行下去，必须按照正常的集装箱装卸操作流程作业。

第四节 回 送 空 箱

一、回送空箱

(一)作业办法

(1)铁路空箱的回送作业,需在集装箱系统使用“回送空箱”功能,生成特殊货车及运送用具回送清单。

(2)铁路箱回送时,跨局回送的填记国铁集团调度命令号,局管内回送的填记局调度命令号。

(3)回送破损铁路箱时,需在特殊货车及运送用具回送清单的“承运人记事”项中填记“修理箱”戳记。

(二)操作流程

(1)登录集装箱系统,进入【发送管理】菜单,点击【回送空箱】按钮,进入回送空箱页面。选择入线日期、股道,点击【查询】,页面“可回送车信息”列表显示该股道下空车信息。

(2)勾选需回送的车辆,录入回送日期、装车地点、到站、国铁集团(局)令号、箱号等信息,核对无误后,点击【提交】按钮,生成特殊货车及运送用具回送清单。如图 10-52 所示。

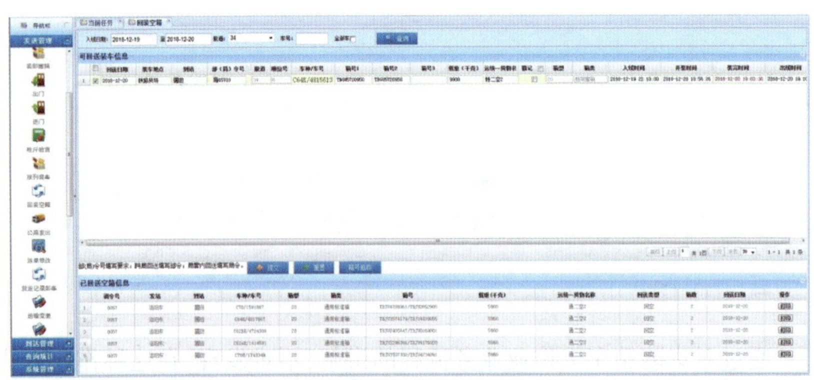

图 10-52 回送空箱

(3)当回送的铁路箱为破损箱时,需在“回送空箱”界面编制特殊货车及运送用具回送清单时勾选“戳记”项。如图 10-53 所示。

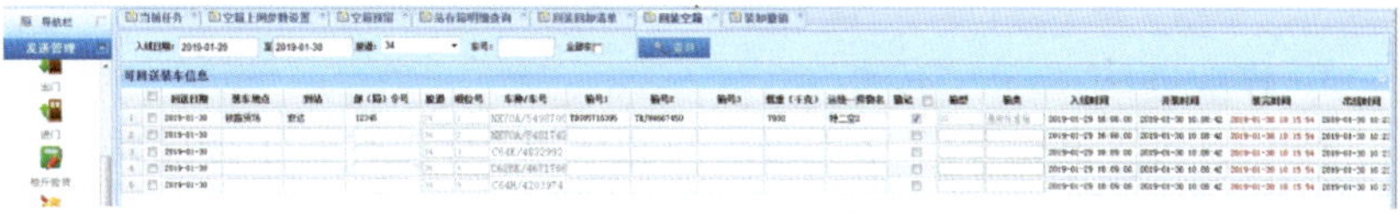

图 10-53 破损箱回送

点击【提交】按钮后，系统弹出“空箱戳记”对话框，点击筛选项的下拉按钮，选择“修理箱”，点击当前页面的【提交】按钮，即可完成戳记填记。如图 10-54 所示。

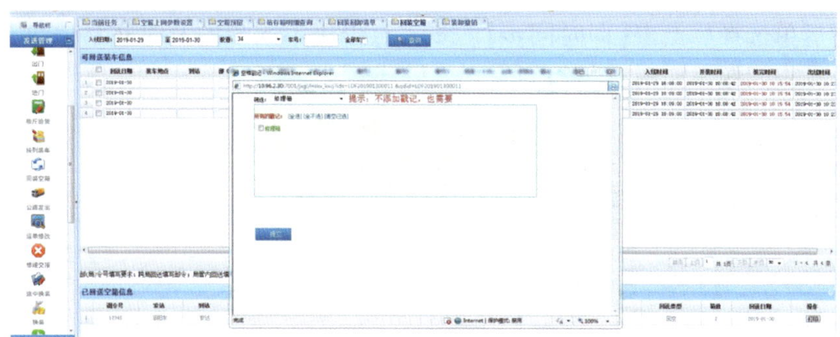

图 10-54 添加戳记

(4)在页面“已回送空箱”列表中，点击【打印】按钮，核对该车的特殊货车及运送用具回送清单。当回送破损箱时，回送清单的“承运人记事”项中显示“修理箱”戳记。如图 10-55 所示。

特殊货车及运送用具回送清单 LDFX0003965

发站(公司)	洛阳东	到站(公司)	安达	发送日期	2019-01-30	回送命令号码	12345
车种车号	NX70A/5498706	施封号码		到达日期		回送种类	集装箱
回送的货车或运送用具				承运人记事	修理箱		
种类	号码	数量	重量(kg)	附注			
20' 通用标准箱	TBJU0039163	1	2980	重量合计：5.96吨，现车品名：通二空2			
20' 通用标准箱	TBJU4275819	1	2980				

发站经办人： 洛阳东 到站经办人：

图 10-55 回送清单

二、回送回卸清单

1. 作业办法

核实回送清单无误后，在“回送回卸清单”页面查看车辆同步状态。同步现车和同步票据库状态都为已同步的方可通知取车，未同步的运单选择后点击【即时同步】。多次点击仍不同步的及时联系信息人员排查问题。

2. 操作流程

（1）登录集装箱系统，进入【统计查询】菜单，点击【回送回卸清单】按钮，进入装载清单页面。选择查询条件，可查询已装车辆信息。未同步的运单选择后点击【即时同步】。多次点击仍不同步的及时联系信息人员排查问题。如图 10-56 所示。

图 10-56 回送回卸清单

（2）其他操作流程同本章第一节“集装箱发送”的装载清单。

三、通知取车

（一）作业办法

（1）货车装载清单或货车回送清单审核无误，且同步现车状态、同步国铁集团票据库状态都为“已同步”时，方可通知取车。

（2）通知取车未成功的应重新通知。

（3）装载清单生成 6 h 卡控，即货车装载清单生成 6 h 内，必须点击【通知取车】。

（4）通知取车后，票车绑定为强关联，不可回退，不可撤销。

（5）装车后车在本站，未通知取车的可进行装车撤销；通知取车后，车辆状态为可取车时无法撤销装车；通知取车后发现超偏载等信息，应当扣车，整理后原车发出的不需要系统操作；通知取车后发现车辆原因需要换车的可按途中换装操作。

（二）操作流程

（1）登录集装箱系统，进入【发送管理】菜单，点击【通知取车】按钮，进入通知取车页面。

（2）页面显示已完成的装载清单和回送回卸清单信息。可通过股道、车号、发（到）站、到发别等条件查询，选择具备取车条件的清单（同步现车和票据库的状态都要为已同步，未同步在装载清单和回送清单页面点击【即时同步】），点击【通知取车】，显示“可取车”表示已成功通知现车可以取车，未成功的应重新通知。如图 10-57 所示。

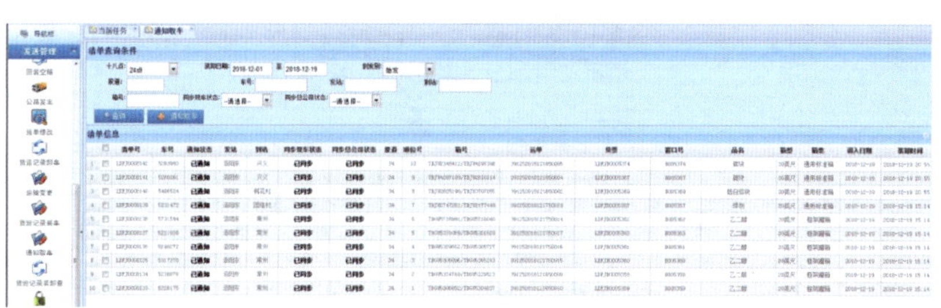

图 10-57　通知取车

四、回送空箱到达

（一）核对卸车票据

1. 作业办法

回送车辆到达作业股道或专用线时，登录票据管理系统，查询待卸车辆，及时打印回送清单，核对发站、到站、车号、箱号等信息与实际是否一致。信息一致时，方可卸车。

当到达箱号与实际不符时，处理流程见本章第二节“集装箱到达”的“到达箱号不符”。

2. 操作流程

（1）登录票据管理系统，进入【数据分析工具】菜单，点击【全流程分析】按钮，进入全流程分析页面，录入车号，点击【查询】，页面摘要表中显示车辆信息。如图 10-58 所示。

图 10-58 查询车辆票据

(2)点击车辆回送清单的票据号,页面弹出该车的回送清单。核对无误后,点击【打印】。如图 10-59 所示。

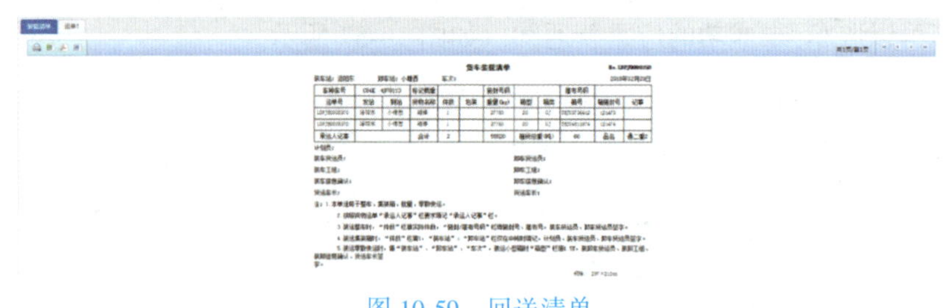

图 10-59 回送清单

(二)卸车作业

1. 作业办法

(1)核对车号、回送清单、箱号等信息无误后,使用集装箱系统的到达卸车功能进行卸车作业。

(2)卸车完毕后,使用集装箱系统的回送回卸清单功能进行同步现车、同步国铁集团票据库。同步现车和同步票据库状态都为已同步的方可通知取车,未同步的运单选择后点击【即时同步】。多次点击仍不同步的及时联系信息人员排查问题。

(3)同步现车和同步票据库状态都为已同步时,票车解绑。

(4)卸车作业不可撤销。

2. 操作流程

(1)到达卸车

①登录集装箱系统,进入【到达管理】菜单,点击【到达卸车】按钮,进入安排空箱页面。选择入线日期、股道、发站,点击【查询】按钮,页面“现

车信息”列表显示待卸车辆信息；也可不选择条件查询。

②勾选要卸车的车辆，集装箱系统自动关联现车、运单货票信息、箱号等信息，点击【提交】，系统弹出“操作成功”。如图 10-60 所示。

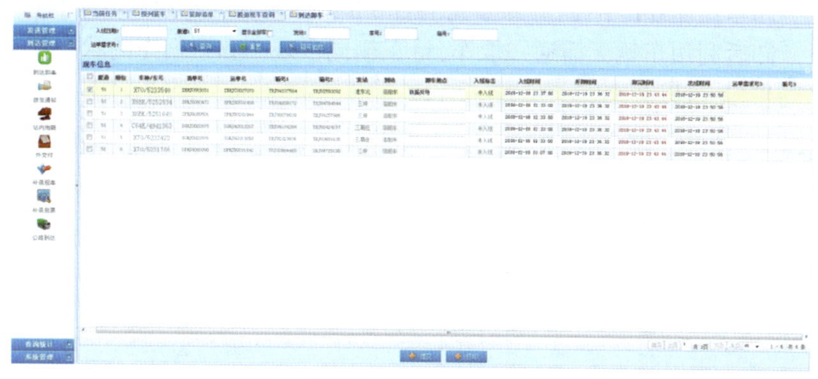

图 10-60 到达卸车

(2)回送回卸清单

登录集装箱系统，进入【统计查询】菜单，点击【回送回卸清单】按钮，进入回送回卸清单页面。选择查询条件，可查询已卸车辆信息。未同步的运单选择后点击【即时同步】。多次点击仍不同步的及时联系信息人员排查问题。如图 10-61 所示。

图 10-61 回送回卸清单

(三)通知取车

卸车完毕后，进入通知取车菜单，系统显示已完成的装载清单和回送回卸清单信息。可通过股道、车号、发(到)站、到发别等条件查询，选择具备取车条件的清单(同步现车和票据库的状态都要为已同步，未同步在装载清单和回送清单页面点击【即时同步】),点击【通知取车】,显示“可取车”表示已成功通知现车可以取车,未成功的应重新通知。如图10-62所示。

卸车作业6 h卡控,即卸车完毕后6 h内,必须点击【通知取车】。

卸后利用车辆无需通知取车,待车辆同步现车和票据库的状态都为已同步后,可以装车。

图 10-62　通知取车

(四)到达箱号不符

操作流程详见本章第二节“集装箱到达”的“到达箱号不符”。

第五节　自备箱作业

本节作业办法和操作流程适用于自备箱及其他箱型箱类(包括特种箱、中欧班列专用箱、重去重回)。

1. 受理

(1)作业办法

自备箱及其他箱型箱类直接在电商系统填写运单,系统自动审核集装箱办理限制、箱型箱类、箱数、专用线办理限制等,填记发收货人、增值税、付费方式、保价等信息,设置领货方式,选择服务方式。可同时订车(提日运输需求,国际联运订车使用国联运单,须单独提报)。成功后,系统生成运单需求联。

注意:各项信息填记必须准确,发送自备集装箱且箱内无货物,品名请选择自备集装箱(或集装箱)。填记其他品名(如:空箱、空自备箱等),系统将按重箱计费。

提交后发现错误应作废运单,重新提报。

(2)操作流程

登录电商系统,进入【集装箱服务】菜单,点击【填写运单】按钮,进入填写运单页面。依次填记发到站、发收货人、增值税、付费方式、保价等信息,设置领货方式,选择服务方式(带*项为必填项)。可同时订车(提日运输需求)。提报成功后,系统生成运单需求联。如图 10-63 所示。

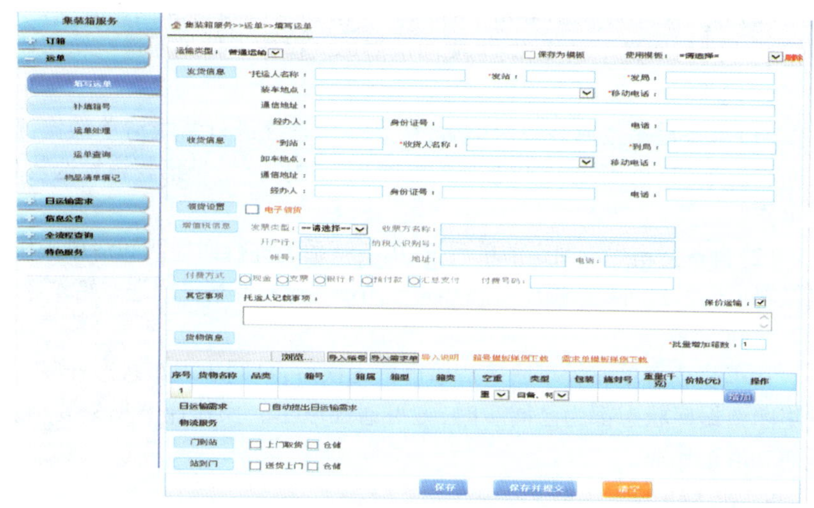

图 10-63　填写运单

2. 进门

(1)自备箱装箱进入集装箱货场或专用线时,需在集装箱系统进行"进门"操作。操作详情见集装箱发送进门作业。

(2)自备箱在站内时,无需进门操作。

3. 检斤验货

(1)自备重箱进门后,需在集装箱系统进行"检斤验货"操作。操作详情见集装箱发送检斤验货作业。

(2)自备空箱不需要在集装箱系统进行检斤验货操作。

4. 计费制单

检斤验货完毕后,运单需求联信息推送到货票系统,根据托运人、到站、装箱日期查询待制票信息,补填承运人相关信息、记事,选择箱型箱类(按《铁路货物运价规则》规定选择),填记承运人记事,有物品清单的打印物品清单,点击【计费】后生成货物运单(不带车号),打印货物运单。

5. 按列装车

(1)自备重箱计费制单完毕后,运单信息推送至集装箱系统,可在集装箱系统进行按列装车操作,生成装载清单。操作详情见集装箱发送按列装车作业。

(2)自备空箱计费制单完毕后,运单信息推送至集装箱系统,可在集装箱系统进行回送空箱操作,生成回送清单。操作详情见回送空箱作业。

6. 同步

(1)自备重箱生成装载清单后,在集装箱系统进行装载清单操作,确保同步现车和同步票据库状态都为已同步。操作详情见集装箱发送装载清单作业。

(2)自备空箱生成回送清单后,在集装箱系统进行回送回卸清单操作,确保同步现车和同步票据库状态都为已同步。操作详情见回送空箱作业。

7. 通知取车

货车装载清单或货车回送清单审核无误后,且同步现车状态、同步国铁集团票据库状态都为已同步时,方可通知取车。操作详情见集装箱发送通知取车作业。

8. 到达卸车

(1)自备箱重箱到达卸车按普通铁路箱办理。

(2)自备空箱到达卸车按普通铁路箱空箱回送办理。

注意:自备空箱到达卸车后需要在货票系统进行交付操作。

第六节 集装箱出境和下水

一、作业要求

根据国铁集团业务部门要求,在原有20英尺、40英尺铁路通用标准箱预订的基础上,新增20英尺、45英尺35 t通用箱和国铁集团所属的20英尺35 t敞顶箱预订业务;新增铁路通用标准箱、35 t通用箱和35 t敞顶箱的出境、下水相关业务。

出境、下水业务实现与中铁集装箱运输有限责任公司(简称集装箱公司)的提箱受理业务的信息联通。客户根据集装箱公司受理后的出境、下水提箱单在电商平台提报集装箱运输需求，车站在安排空箱、进门或回装空箱环节核减提箱单可提箱数。

二、预订空箱调整

1. 35 t 通用箱预订

在【空箱预订提报】功能中，新增铁路 35 t 通用箱箱类、箱型选择项，其他与铁路通用标准箱操作一致。如图 10-64 所示。

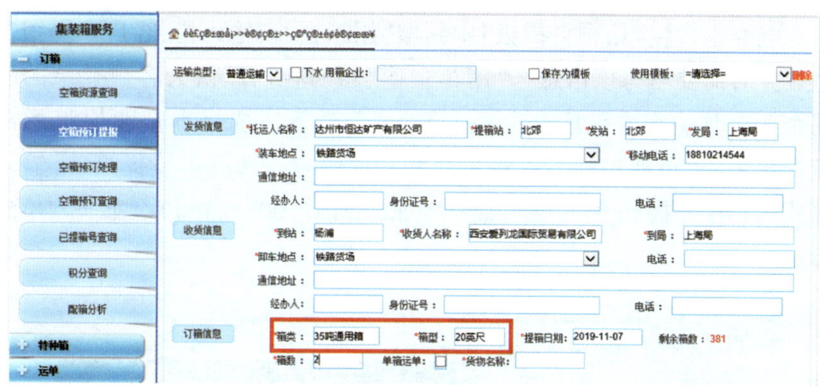

图 10-64　35 t 通用箱预订

2. 35 t 敞顶箱预订

在【空箱预订提报】功能中，新增铁路通用 20 英尺 35 t 铁路敞顶箱箱类、箱型选择项，其他与铁路通用标准箱操作一致。如图 10-65 所示。

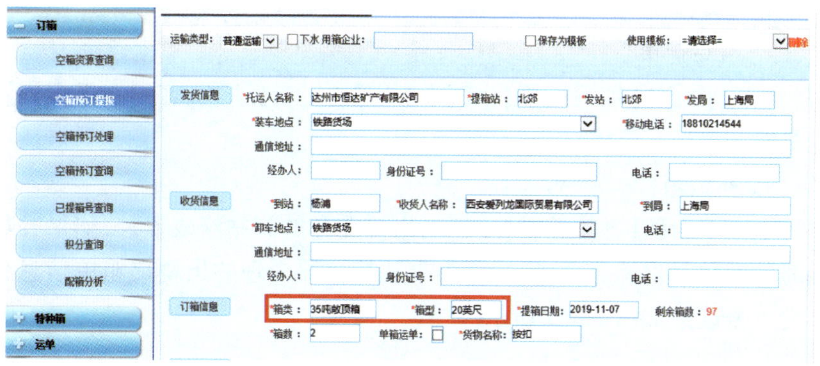

图 10-65　35 t 敞顶箱预订

三、集装箱出境

根据《国铁集团货运部关于明确铁路箱出境下水有关事项的通知》中相关要求,出境业务适用的集装箱为“集装箱公司所属的铁路通用箱和国铁通用 20 英尺 35 t 铁路敞顶箱”。

提报自备箱运输需求时,不用选择出境、下水提箱单。

1. 空箱预订提报

电商平台【空箱预订提报】中新增“用箱企业”输入栏,客户在提报出境业务时需要填写该信息。“用箱企业”填写栏内默认为客户登录的所属企业名称。客户鼠标点击“用箱企业”栏下拉选择本企业提报的出境提箱单;也可通过输入提箱单号和验证码方式选择出境提箱单,输入方式为:出境提箱单+号验证码(如:Az191100144460)。如图 10-66 所示。

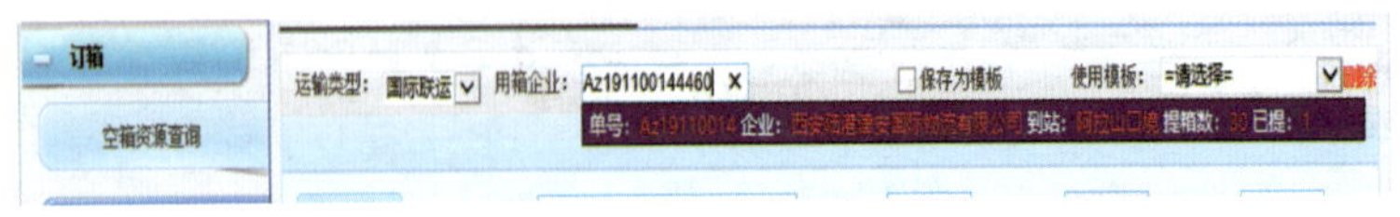

图 10-66 用箱企业

提箱站、发站、国境站、箱型、箱类项为客户所选择的出境提箱单信息且不允许修改。

2. 填写运单

电商平台的【填写运单】中新增“用箱企业”输入栏,客户在提报出境业务时需要填写该信息。

3. 补填箱号

电商平台的【补填箱号】中新增出境业务的到站修改卡控,如果补填箱号的运单是出境业务,到站项为集装箱公司受理的出境提箱单信息且不允许修改。如图 10-67 所示。

4. 回装空箱

集装箱车站应用【回装空箱】中新增“回送类型”“用箱企业”栏。针

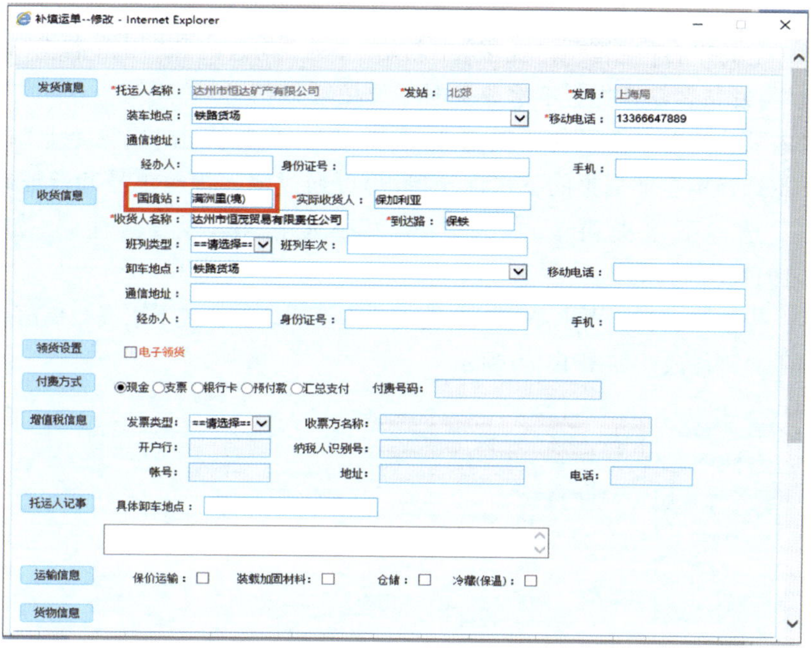

补填运单--修改 - Internet Explorer

发货信息 *托运人名称：达州市恒达矿产有限公司 *发站：北郊 *发局：上海局
装车地点：铁路货场 *移动电话：13366647889
通信地址：
经办人： 身份证号： 手机：

收货信息 *国境站：满洲里(境) *实际收货人：保加利亚
*收货人名称：达州市恒茂贸易有限责任公司 *到达路：保铁
班列类型：==请选择== 班列车次：
卸车地点：铁路货场 移动电话：
通信地址：
经办人： 身份证号： 手机：

领货设置 □电子领货

付费方式 ◉现金 ○支票 ○银行卡 ○预付款 ○汇总支付 付费号码：

增值税信息 发票类型：==请选择== 收票方名称：
开户行： 纳税人识别号：
帐号： 地址： 电话：

托运人记事 具体卸车地点：

运输信息 保价运输：□ 装载加固材料：□ 仓储：□ 冷藏(保温)：□

货物信息

图 10-67 补填箱号

对空箱出境业务，装车站选择“回送类型”栏内的空箱出境业务并填写用箱企业信息，可以勾选多条车辆信息进行批量填写。如图 10-68 所示。

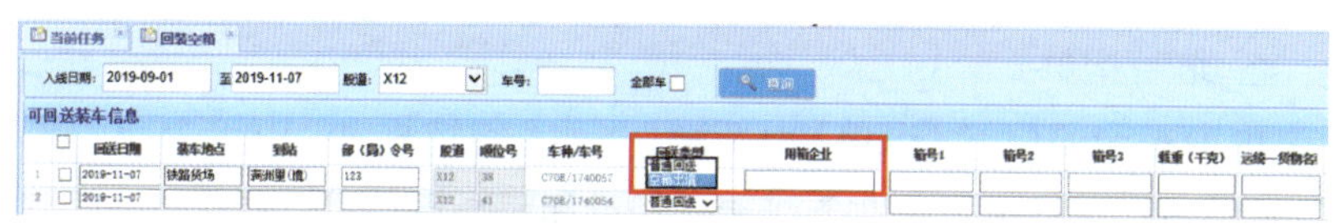

图 10-68 回装空箱

四、集装箱下水

根据《国铁集团货运部关于明确铁路箱出境下水有关事项的通知》中相关要求，下水业务适用的集装箱为“集装箱公司所属的铁路通用箱和国铁通用 20 英尺 35 t 铁路敞顶箱”。

1. 空箱预订提报

电商平台【空箱预订提报】中新增“下水”勾选框和“用箱企业”输入栏,发站客户在提报下水业务时需要填写该信息。“用箱企业”填写栏内默认为客户登录的所属企业名称。客户鼠标点击“用箱企业”栏下拉选择本企业提报的下水提箱单;也可通过输入提箱单号和验证码方式选择下水提箱单,输入方式为:下水提箱单+号验证码(如:Az191100144460)。

提箱站、发站、下水站、箱型、箱类项为客户所选择的下水提箱单信息且不允许修改。如图10-69所示。

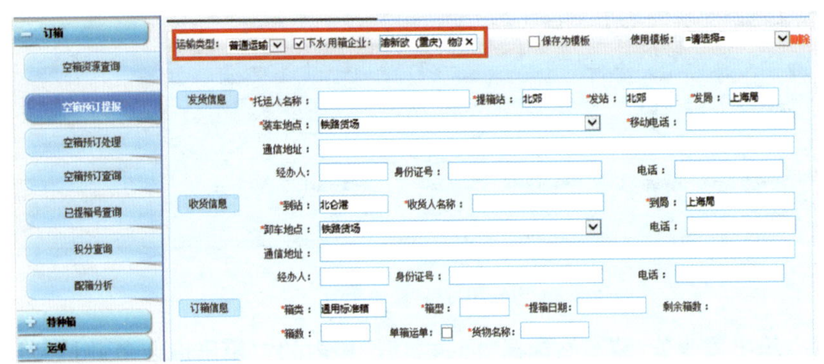

图10-69 下水空箱预订提报

2. 填写运单

电商平台的【填写运单】中新增“下水”勾选框和“用箱企业”输入栏,发站客户在提报下水业务时需要勾选和填写该信息。

3. 补填箱号

电商平台的【补填箱号】中新增出境业务的到站修改卡控,如果补填箱号的运单是下水业务,到站项为集装箱公司受理的下水提箱单信息且不允许修改。

4. 外交付

集装箱车站应用【外交付】中增加了“是否下水”显示栏,去掉了“下水”勾选框和“还箱站”填写栏。相关下水信息可以通过系统自动判别。

如图 10-70 所示。

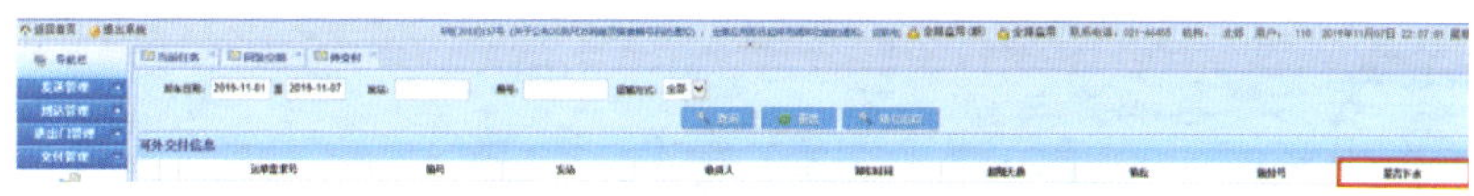

图 10-70　外交付

5. 出门

集装箱车站应用【出门】中的“出门类型”增加了“下水”项，新增了“用箱企业”。针对重箱下水业务，到站不需要选择“下水”，系统会根据发站信息自动判断；针对过境下水业务，下水站需要选择“出门类型”为“下水”，并填写“用箱企业”信息；针对空箱下水业务，下水站同样需要选择“出门类型”为“下水”，并填写“用箱企业”信息。

过境下水、空箱下水业务如果没有选择“下水”并填写“用箱企业”，系统会默认为交付重箱或公路调拨空箱并计算站内停留时间。如图 10-71所示。

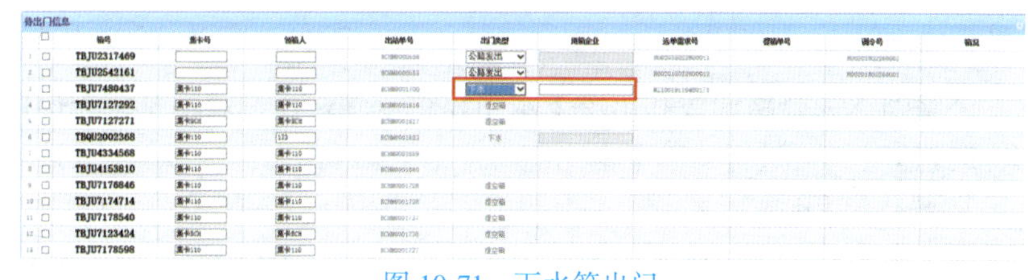

图 10-71　下水箱出门

第七节　公 路 运 箱

一、公路发出

1. 作业办法

公路发出集装箱为公路调拨的集装箱或铁路箱下水。发站在集装箱系统先操作“公路发出”后，再进行“出门”操作。

2. 操作流程

(1)登录集装箱系统，进入【发送管理】菜单，点击【公路发出】按钮，进入公路发出页面。录入发送类型、箱号、汽车号，填写调度命令号、领箱人、到站、箱损信息等，点击【提交】按钮。如图 10-72 所示。

图 10-72 公路发出

（2）出门操作流程详见本章第一节“集装箱发送”的出门。

二、公路到达

1. 作业办法

公路到达为公路调拨和出境下水箱还箱。到站在集装箱系统先操作“公路到达”后，再进行“进门”操作。

2. 操作流程

（1）登录集装箱系统，进入【到达管理】菜单，点击【公路到达】按钮，进入公路到达页面。录入到达类型、箱号、汽车号，填写调度命令号、领箱人、到站、箱损信息等，点击【提交】按钮。如图 10-73 所示。

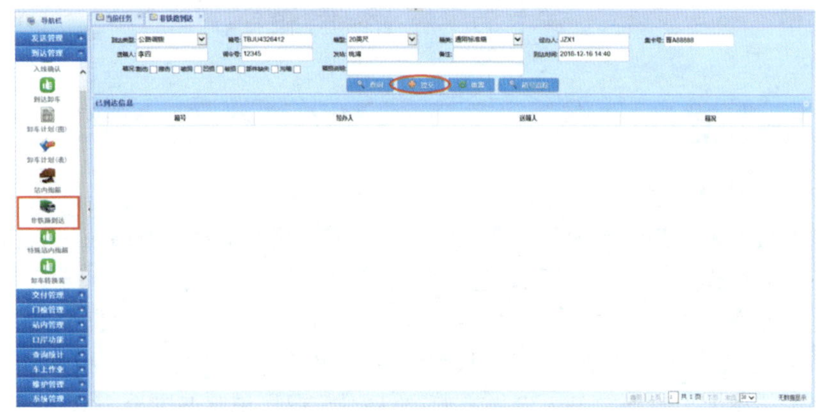

图 10-73 公路到达

(2)进门操作流程详见本章第一节“集装箱发送”的进门。

第八节　铁路集装箱维修

铁路箱维修分为本站修理和回送修理,本站修理为箱修点所在站修理,回送修理为集装箱回送集装箱中心站维修。

一、本站修理

(一)作业办法

(1)集装箱为本站修理时,应事先通知箱修所人员到站办理交接手续,准确录入铁路箱修理通知书的各项内容并打印。

(2)本站修理集装箱按照“扣修”→“核对集装箱状态”→“扣修交接”→“修竣交接”的顺序依次逐步操作。

(二)操作流程

1. 扣修

(1)登录集装箱系统,点击【扣修】按钮,进入扣修页面。

(2)在【扣修作业】栏中录入扣修原因、扣修人、扣修日期等(带＊为必填项)。

(3)在【扣修箱选择】栏中依次录入箱类、箱型、箱主、箱号,系统会自动查找该集装箱,并显示在【可选择】项中,点击选择该集装箱,再点击右侧“ > ”图标,该集装箱进入【已选择】项中。点击【扣修】按钮,即可完成集装箱扣修。如图 10-74 所示。

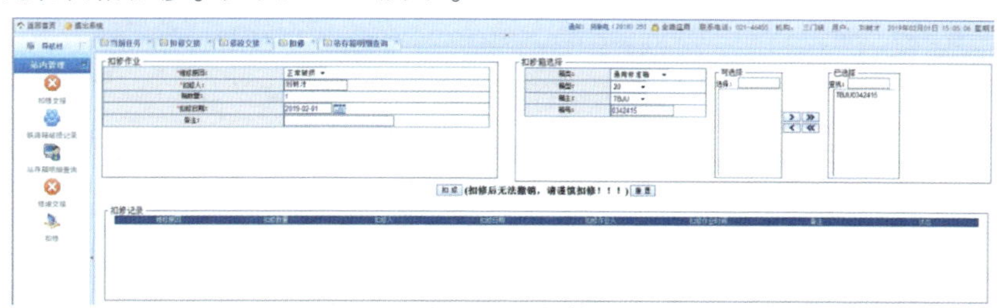

图 10-74　扣修

注意:扣修的集装箱必须在站内,也可以一次扣修多个集装箱。

(4)扣修集装箱前,一定要确认该箱在集装箱系统为空箱。

2. 核对集装箱状态

(1)登录集装箱系统,点击【站存箱明细查询】按钮,进入站存箱明细查询页面。

(2)选择查询条件,录入已扣修的集装箱箱号,点击【查询】按钮,核对该箱的应用状态是否为“维修箱”。如图10-75。

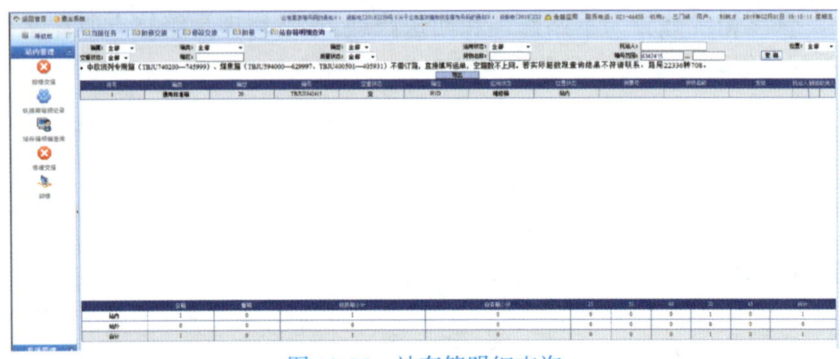

图10-75 站存箱明细查询

3. 扣修交接

(1)登录集装箱系统,点击【扣修交接】按钮,进入扣修交接页面。

(2)在扣修交接页面录入查询条件,系统显示已扣修的集装箱,勾选需扣修交接的集装箱(可多选),录入验箱师、车站送修人、接收人、修理通知书号、交接时间、箱况等内容,点击【提交】按钮,即可完成集装箱扣修交接。如图10-76所示。

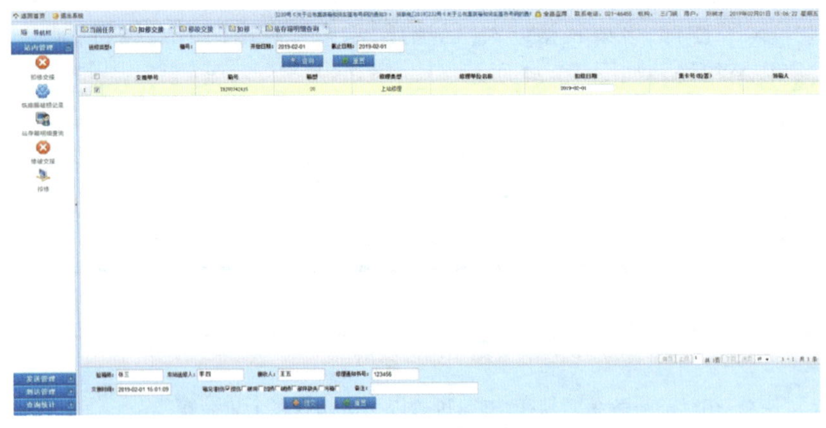

图10-76 扣修交接

(3)扣修交接完成后,系统自动生成“铁路箱修理通知书”,补充完整后，即可打印。如图 10-77 所示。

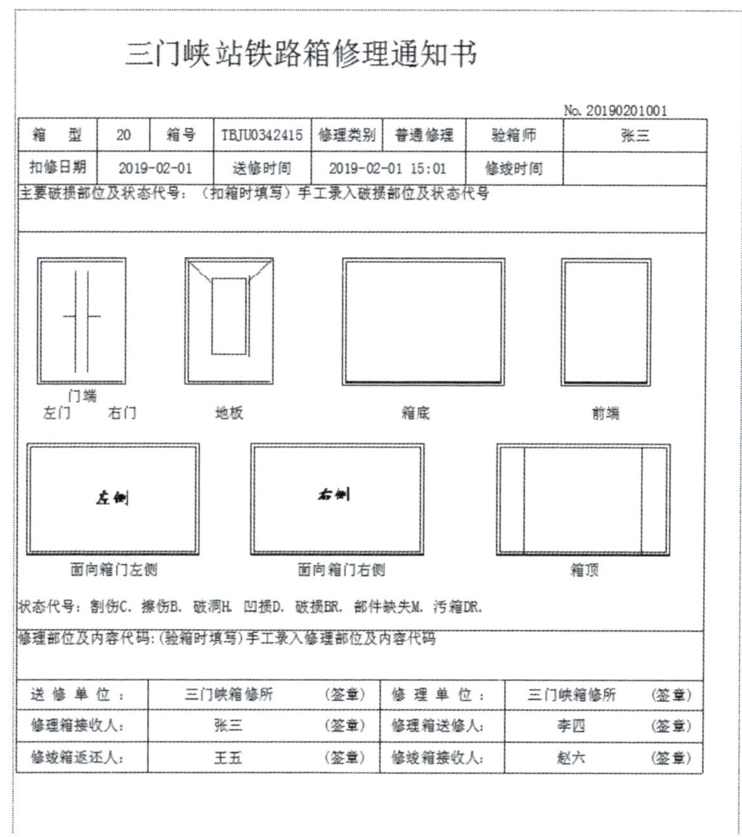

三门峡站铁路箱修理通知书

No. 20190201001

箱　型	20	箱号	TBJU0342415	修理类别	普通修理	验箱师	张三
扣修日期	2019-02-01		送修时间	2019-02-01 15:01		修竣时间	

主要破损部位及状态代号：（扣箱时填写）手工录入破损部位及状态代号

状态代号：割伤C．擦伤B．破洞H．凹损D．破损BR．部件缺失M．污箱DR．

修理部位及内容代码：（验箱时填写）手工录入修理部位及内容代码

送修单位：	三门峡箱修所　（签章）	修理单位：	三门峡箱修所　（签章）
修理箱接收人：	张三　（签章）	修理箱送修人：	李四　（签章）
修竣箱返还人：	王五　（签章）	修竣箱接收人：	赵六　（签章）

图 10-77　铁路箱修理通知书

4. 修竣交接

（1）登录集装箱系统，点击【修竣交接】按钮，进入修竣交接页面。

（2）在修竣交接页面录入查询条件，系统显示已修竣的集装箱，勾选需扣修交接的集装箱（可多选），录入车站接收人、交接时间、箱况等内容，点击【提交】按钮，即可完成集装箱修竣交接。如图 10-78 所示。

5. 核对集装箱状态

（1）登录集装箱系统，点击【站存箱明细查询】按钮，进入站存箱明细

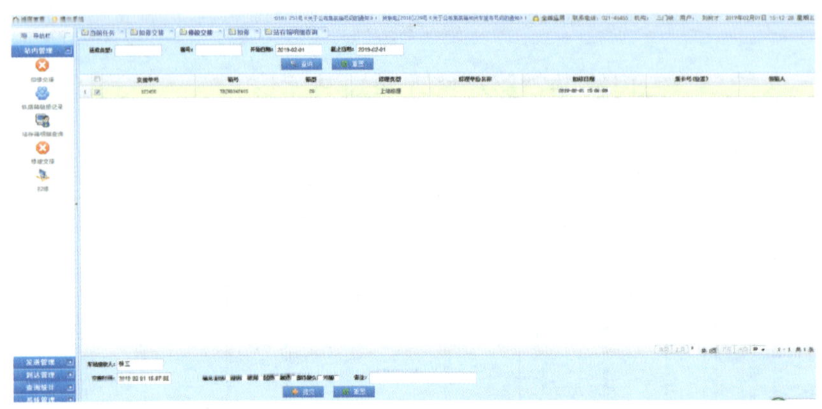

图 10-78　修竣交接

查询页面。

(2)选择查询条件,录入已扣修的集装箱箱号,点击【查询】按钮,核对该箱的应用状态是否为“可用空箱”。

二、回送修理

(一)作业办法

(1)回送修理集装箱按照“扣修”→“核对集装箱状态”→“回送空箱”的顺序依次逐步操作。

(2)回送修理集装箱时,回送清单的“承运人记事”项中填记“修理箱”戳记。

(二)操作流程

1. 扣修

(1)登录集装箱系统,点击【扣修】按钮,进入扣修页面。

(2)在【扣修作业】栏中录入“扣修原因”“扣修人”“扣修日期”等(带 * 为必填项)。

(3)在【扣修箱选择】栏中依次录入箱类、箱型、箱主、箱号,系统会自动查找该集装箱,并显示在【可选择】项中,点击选择该集装箱,再点击右侧“>”图标,该集装箱进入【已选择】项中。点击【扣修】按钮,即可完成集装箱扣修。如图 10-79 所示。

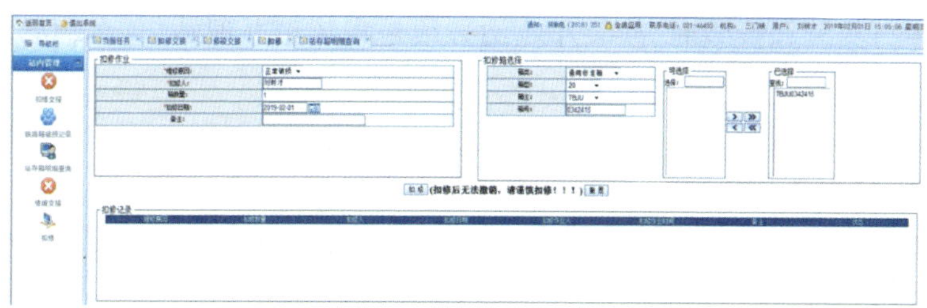

图 10-79 扣修箱信息录入

注意:扣修的集装箱必须在站内,也可以一次扣修多个集装箱。

2. 核对集装箱状态

(1)登录集装箱系统,点击【站存箱明细查询】按钮,进入站存箱明细查询页面。

(2)选择查询条件,录入已扣修的集装箱箱号,点击【查询】按钮,核对该箱的应用状态是否为"维修箱"。如图 10-80 所示。

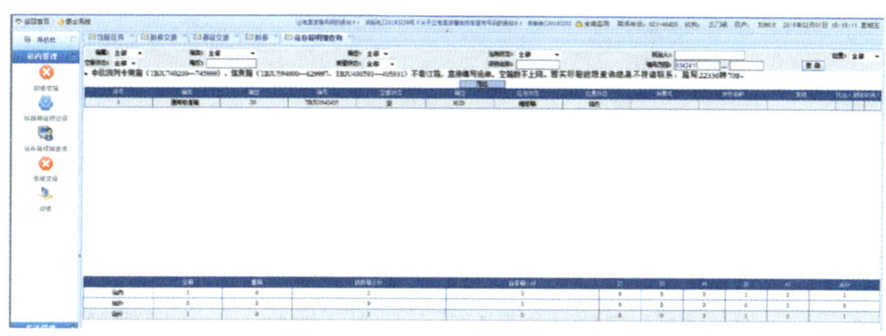

图 10-80 核对集装箱状态

3. 回送空箱

操作流程详见本章第四节"回送空箱"流程。

注意:回送破损铁路箱时,需在特殊货车及运送用具回送清单的"承运人记事"项中填记"修理箱"戳记。

第九节 集装箱途中作业

一、途中换装

1. 作业办法

(1)产生换装作业的条件详见第九章第五节"换装作业"。

(2)集装箱换装时,换装作业站必须是集装箱办理站,且车辆必须在本站。

(3)途中换装是更换车号,集装箱号不变。

2. 操作流程

(1)登录集装箱系统全路应用,进入【异常处理】菜单,点击【途中换装】按钮,进入途中换装页面。

(2)录入车号,点击【查询】按钮,页面“可途中换装信息”列表显示需换装的车辆信息。如图 10-81 所示。

图 10-81 途中换装

(3)勾选需换装的车辆,点击【途中换装】按钮,系统弹出途中换装页面,输入新车号和换装原因,点击【提交】。如图 10-82 所示。

注意:系统自动校验需换装车辆是否在本站。

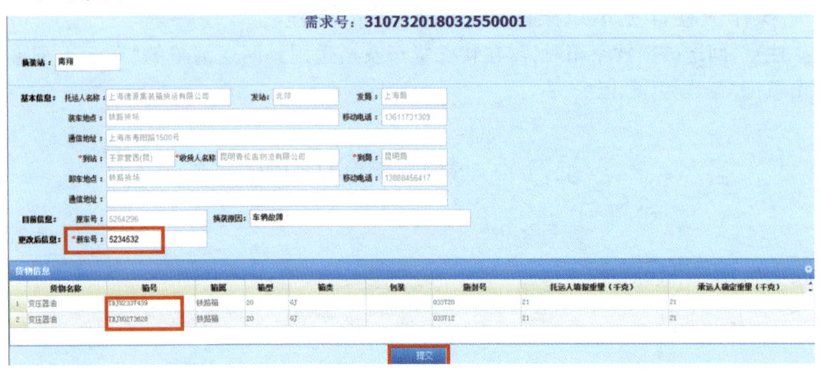

图 10-82 换装信息录入

(4)换装完成后,在页面点击【途中换装同步状态】按钮,进入换装同步状态页面,输入查询条件,点击【查询】按钮,查看车辆同步状态,未同步的车辆勾选后,点击【即时同步】按钮。如图 10-83 所示。

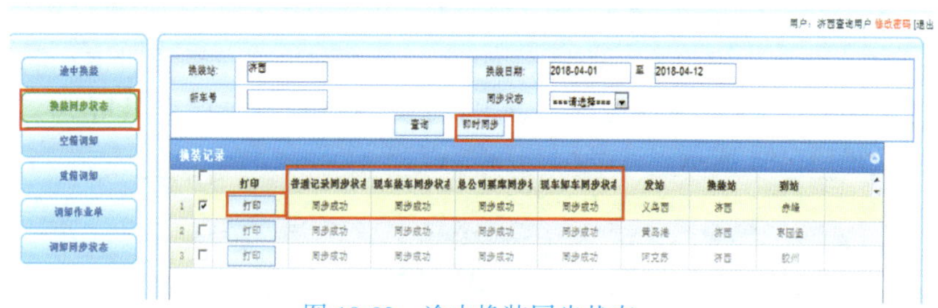

图 10-83　途中换装同步状态

(5)换装完毕后,通知行车部门在现车系统对车辆进行“取票”操作。

二、调卸与运输变更

1. 作业办法

(1)回送空箱调卸在票据管理系统操作,不需要在货票系统做运输变更。

(2)自备箱回送途中调卸在票据管理系统操作完毕后,还需在货票系统进行运输变更操作。

(3)重箱途中调卸在票据管理系统操作完毕后,还需在货票系统进行运输变更操作。

注意:在票据管理系统调卸集装箱时,票据管理系统修改的是集装箱货车装载清单(回送清单)的到站,不会修改运单(回送运单)到站。

2. 操作流程

(1)调卸作业操作流程详见第十一章第二节“调卸作业”。

(2)运输变更作业操作流程详见第十一章第一节“运输变更”。

(3)在货票系统做集装箱运输变更时,集装箱运单要录入车号,系统会校验现车位置。

第十节　集装箱系统编制不良货车通知单

一、作业要求

同第九章第七节“货运站系统的不良货车通知单”的作业要求。

二、操作流程

1. 不良货车上报

登录集装箱系统，进入【发送管理】菜单，点击【不良货车上报】按钮，进入不良货车上报页面。选择查询条件，可查询出现车系统股道车辆信息，选中车号，说明破损情况。点击【提交】按钮，每次提交只可提交一条。如图 10-84 所示。

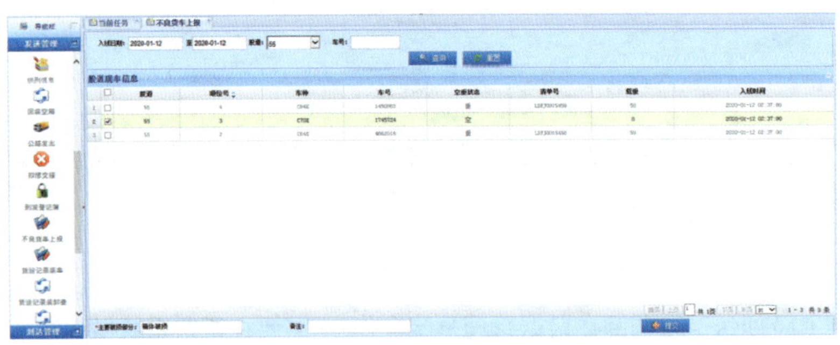

图 10-84　不良货车上报

2. 不良货车查询

提交完成后，系统自动同步至票据平台、现车系统。可在“不良货车上报查询”查询同步状态，且可选中重新同步。如图 10-85 所示。

图 10-85　不良货车上报查询

3. 不良货车装车提示

不良货车提交且同步成功后。在“按列装车”“配装”“回装空箱”提交装车时会提示“该车带有不良货车通知单，请确认是否满足运输安全继续装车?”。选择【确定】继续装车，选择【取消】取消装车。如图 10-86 所示。

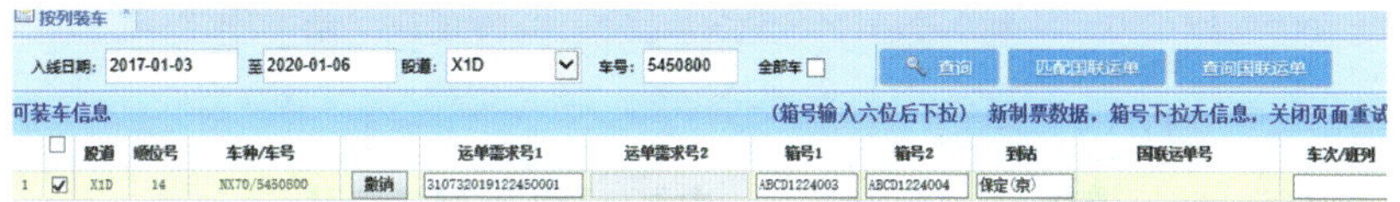

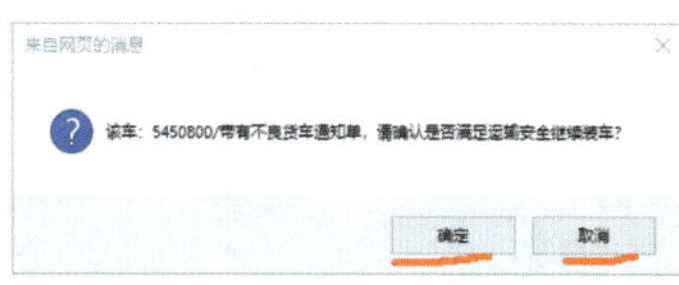

图 10-86　不良货车装车提示

第十一章 其他作业

第一节 运输变更

一、使用系统

(1)货票系统;
(2)货运站系统;
(3)集装箱系统;
(4)现车系统。

二、适用范围

途中或到站仅受理托运人提出的货物运输变更需求。

三、作业办法

变更处理站应审核运单托运人存查联、领货凭证及纸质运输变更要求书。

(1)变更到站时,处理站应报铁路局集团公司同意后方可受理,在货票系统中调取电子运单,录入货物运输变更信息,货票系统自动生成货物运输变更要求书,收取变更手续费,运单状态变为"变更完成",并在纸质运单托运人存查联、领货凭证上修改相关信息,加盖车站日期戳或带有站名的人名章后交托运人。

新到站在货运站系统或集装箱系统完成卸车操作,并通过货票系统打印运单到站存查联、收货人存查联、货物运输变更要求书,办理相关费用退补手续和交付手续。

(2)变更收货人时,处理站在货票系统中调取电子运单,录入货物运输变更信息,货票系统自动生成货物运输变更要求书,收取变更手续费。

到站在货运站系统或集装箱系统完成卸车操作,并通过货票系统打印运单到站存查联、收货人存查联、货物运输变更要求书和交付手续。

四、操作流程

1. 查看运单

进入货票系统,点击【杂费核收】→【运费杂费核收】按钮,进入运费杂费核收界面,在途中变更时,票据类型选择“中间”;在到站变更时,票据类型选择“到达”。输入运单号查询运单信息,进行信息确认。如图11-1所示。

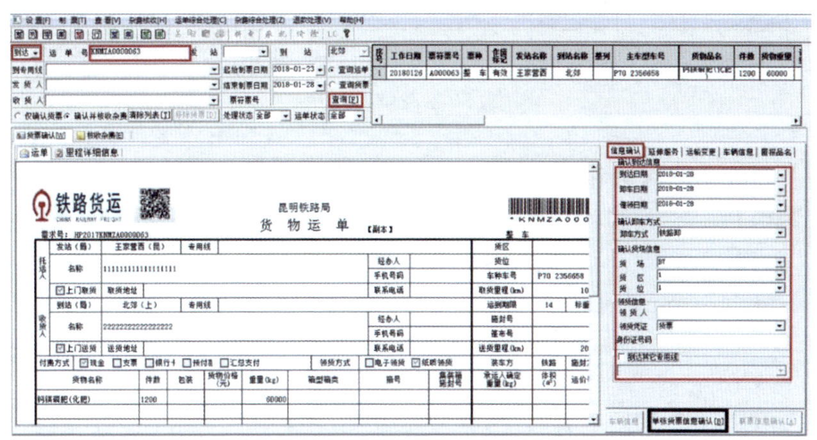

图 11-1 查看运单

2. 运输变更

选择【运输变更】,录入变更信息后点击【单张货票信息确认】。如图11-2所示。

3. 现车系统取票

货票系统运输变更操作完毕后,需在现车系统取票(取票不成功,可在现车系统做一遍模拟发车后,再取票),待现车系统车辆信息变更成功后,方可发车。

4. 核收费用

进入运费杂费收据页面,通过【核收杂费】→【计费】→【打印】可查

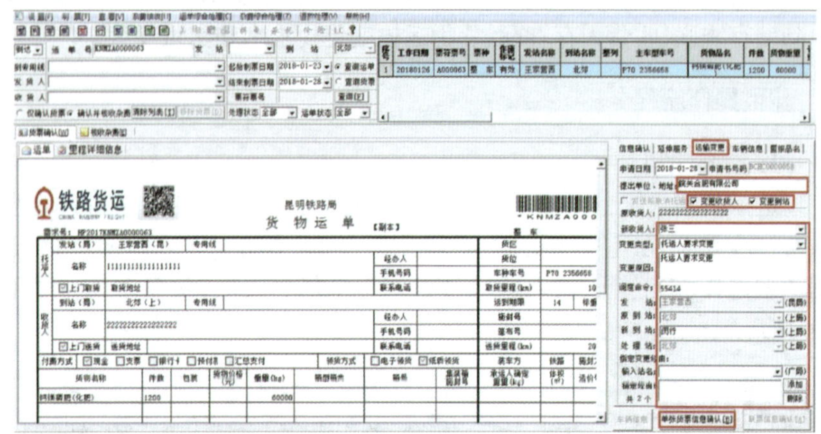

图 11-2 运输变更

看和打印杂费收据，核收变更手续费。如图 11-3 所示。

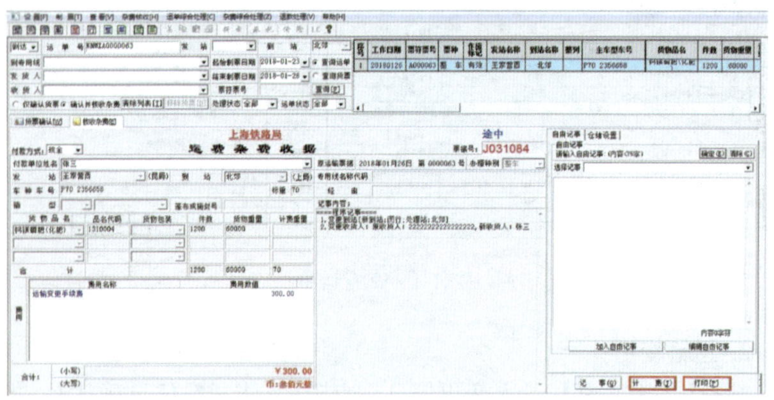

图 11-3 核收杂费

变更后，货票系统中该运单状态变为“变更完成”。如图 11-4 所示。

5. 打印变更要求书

进入货票系统的【运单综合处理】菜单，选择【变更要求书查询打印】，录入变更号码，点击【查询】可以查看和打印变更要求书。如图 11-5 所示。

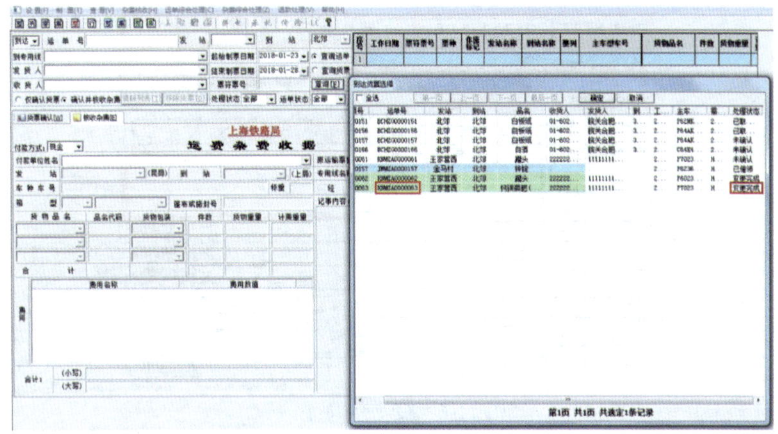

图 11-4 运单状态变更

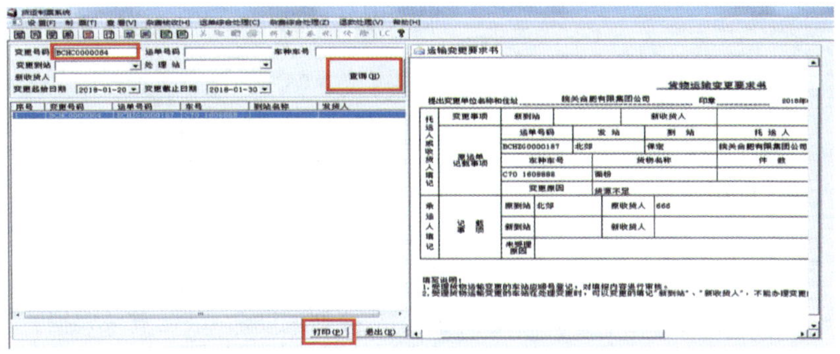

图 11-5 打印变更要求书

6. 注意事项

(1)运输变更时货票系统增加了校验车辆是否在当前处理站,货票后台会从货票库中获取相关处理站对应的货运站数据源,再访问货运站数据库获取现车库数据源,再访问现车数据库查询股道视图表,如查询到数据,证明车在处理站允许变更,否则不允许变更。

(2)核算员根据已经批准的纸质变更申请书录入变更信息,其中包括增加四个信息(申请日期、申请书号码、提出单位地址、变更原由),做完变更业务后会自动产生电子版的变更申请书。如图 11-6 所示。

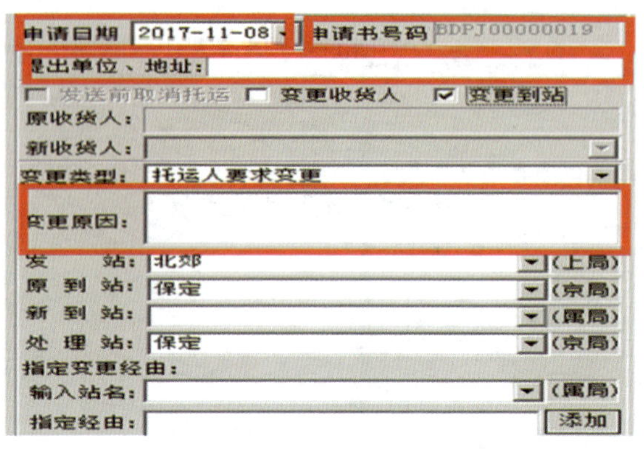

图 11-6 变更信息录入

(3)由于目前变更不允许回退,做变更时一定要慎重。

第二节 调 卸 作 业

1. 使用系统

票据管理系统。

2. 适用范围

带票据(货车检修单除外)的货车。

3. 作业办法

凭调度命令调卸的车辆,调卸作业站接到调度命令后,登录票据管理系统,进入到达调卸页面,录入到达车次或车号点击【查询】,选择需要调卸的车辆,录入调度命令号和新到站等后点击【调卸】。

票据管理系统的调卸作业只能修改票据到站信息,并生成调卸记录单,但不对现车等系统进行推送,调卸后,车站需要在现车系统重新取票即可完成调卸作业。

4. 操作流程

进入票据综合应用系统,点击【车站作业】→【到达调卸】功能,进入到达调卸界面,根据到达日期(查询时间为选择的开始时间的18:00到选择的结束时间的18:00)、到达车次(针对一列车)、车号条件进行查询。如图11-7所示。

图 11-7 到达调卸主界面

根据条件查询出数据后,选中数据前面复选框,点击【发起调卸】按钮,确认进行调卸,跳转到调卸信息填写界面。如图 11-8 所示。

图 11-8 调卸信息查询

进入调卸信息填写页面,输入新到站拼音码后,根据提示选择新到站、选择局令或者国铁集团令、填写调度命令号、调卸原因,点击【调卸】按钮,确认后,系统将会根据填写的新到站和调度命令号生成调卸记录,并将票据到站修改为对应的用户输入的到站,至此,调卸完成,现车可重新取票。如图 11-9 所示。

新到站： 输入拼音首字母后选择

调度命令号： 局令 ▾ 号

待调卸车： 1 (发)嘉峰--->宋阁(到) 4962936

调卸原因：

调卸 返回

图 11-9 调卸信息录入

5. 注意事项

(1)空车调卸不限次数。

(2)重车(带有运单或者装载清单)只能调卸一次。

(3)当调度命令号已经存在,则不再向记事栏添加调度命令号。

(4)使用调卸功能时,选中的需要调卸的车应该保证当前在本站(需要现场确认车在本站),如果是途中调卸,车辆不在本站时,也可以调卸。

(5)当误调卸重车(带有运单或者装载清单)时,解决办法详见第十四章第一节“票据信息不符”。

第三节 取 消 托 运

一、使用系统

(1)货票系统;
(2)货运站系统;
(3)集装箱系统;
(4)现车系统。

二、适用范围

根据《铁路货运票据电子化作业办法》(铁总货〔2018〕41 号)第三十五条规定,对托运人提出的取消托运需求,货场装车的,发站确认货车在本站,通知行车人员后,方可受理;专用线装车的,路企交接前可受理,路企交接后不受理。

三、作业办法

货运人员受理时应审核并收回运单托运人存查联、领货凭证;对已受理的取消托运需求,发站货运人员通知行车人员将货车调回货场,并在货票系统完成取消托运操作。核收相关费用后,运单需求单按“已装车”状态回退到货运站系统、集装箱系统,在货运站系统、集装箱系统进行取消装车操作。

四、操作流程

1. 查看运单

进入货票系统,点击【杂费核收】→【运费杂费核收】按钮,选择票据类型为“发送”，输入运单号码、制票日期，点击【查询】，查看需取消托运的运单，勾选“发送前取消托运”。如图 11-10 所示。

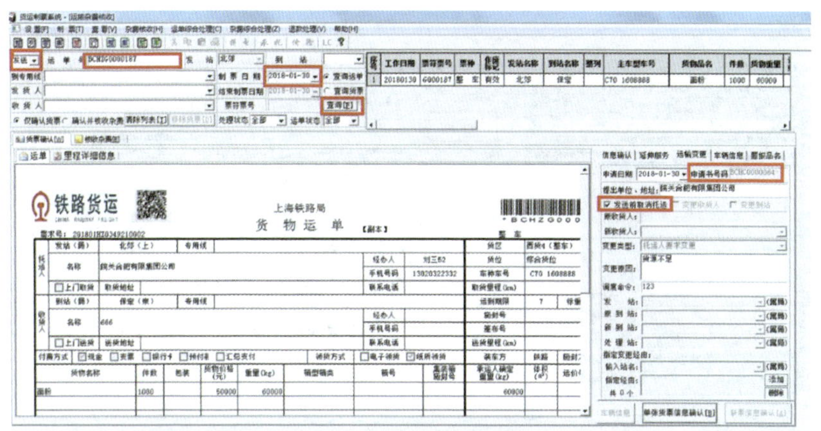

图 11-10 查看运单

2. 核收费用

进入运费杂费收据页面，点击【核收杂费】→【计费】→【打印】打印杂费票据，核收变更手续费。如图 11-11 所示。

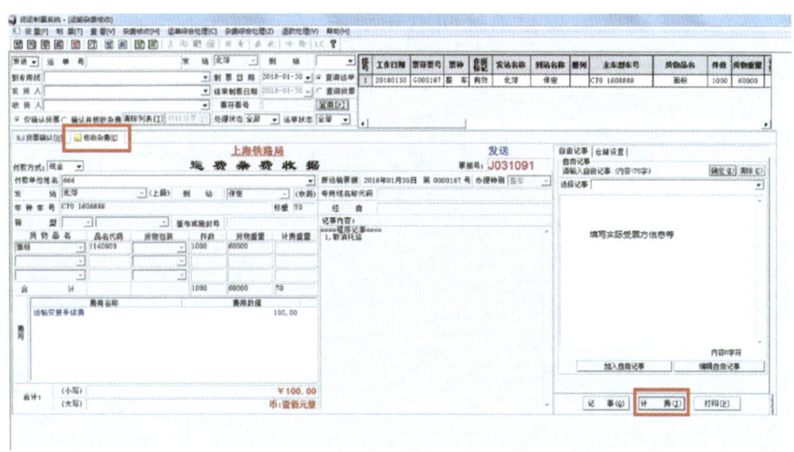

图 11-11 核收杂费

3. 打印变更要求书

进入货票系统，点击【运单综合处理】→【变更要求书查询打印】按钮，录入变更号码，点击【查询】可以查看和打印变更要求书。如图 11-12 所示。

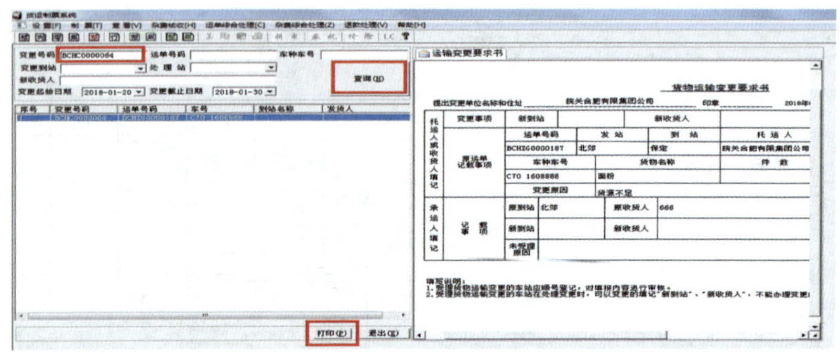

图 11-12　打印变更要求书

4. 货运站系统、集装箱系统回退

整车回退的操作流程详见第六章第一节“货运站大站版装车”的装车回退。

集装箱回退操作流程详见第十章第一节“集装箱发送”的装车回退。

5. 现车系统取票

货运站系统或集装箱系统回退完毕后，发站行车人员在现车系统取票，即可把该车置为空车。

第十二章　制票与交付

第一节　发 送 制 票

一、作业办法

(1)核算员使用货票系统,完成运费计算、运单打印、运单核验等工作。

(2)核算员需根据实际补充有关记事,并核实费用,生成带运单号的电子运单,并打印出运单。

二、操作流程

(一)整车制票

1. 查询需求单信息

在查询条件区,仅能查询到符合制票条件的普通整车需求单信息,通过输入到站、开始装车日期、结束装车日期、托运人、货物名称等信息,点击【查询】按钮,查找当前车站符合查询条件的运单信息。如图12-1所示。

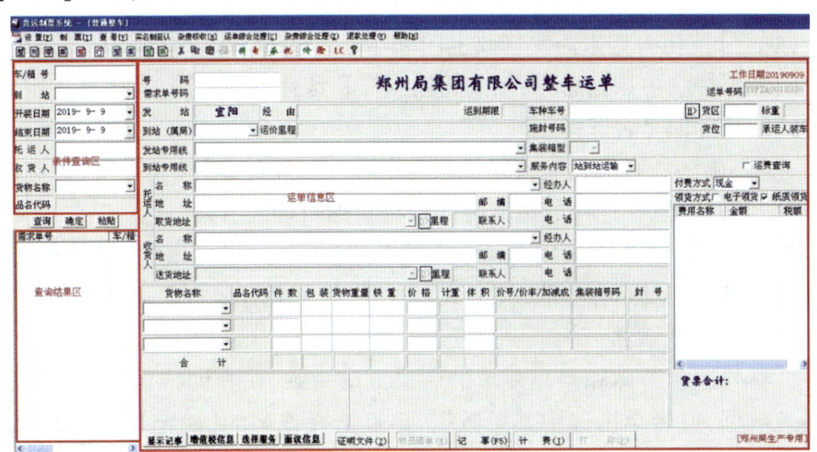

图12-1　计费制单主界面

2. 选择需求单制票

(1)通过查询条件查询到运单之后,可以通过查询结果区的滚动条进行滚动,浏览更多的运单信息,并查找到想要制票的那条数据。通过双击这条数据,或者单击选中这条数据,再点击操作区的【确定】按钮获取到这条运单的详细信息,详细信息会自动填充到运单信息区。如图 12-2 所示。

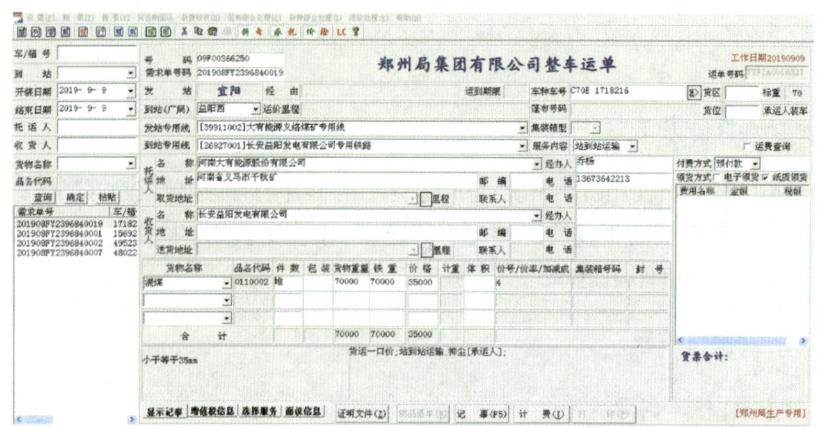

图 12-2 需求单查询

(2)检查运单信息区中自动填入的信息是否正确,注意需要切换到“增值税信息”和“选择服务”中查看增值税信息和选择服务信息是否填充正确。如要修改增值税信息或者选择服务信息时,修改完成后,需要点击【保存】按钮。如果需要修改上门装车、上门装车特约事项、上门卸车、上门卸车特约事项信息时,相关的输入框和选择框不可用,需要查看服务方式的选择框是否选择正确。

(3)确认所有信息输入完整正确之后,点击【计费】按钮计费,再点击【打印】按钮,选择连接的激光打印机将票据打印到 A4 纸上。

(4)运单背书在【运单综合处理】中的【打印运单背书】中单独打印,可批量打印。发站存查联、托运人存查联、领货凭证应打印运单背书。

(二)整列制票

整列运单总体和整车运单的制票方法一致,在查询结果区通过双击某条数据,或者单击选中某条数据,再点击操作区的【确定】按钮获取到这条运单的详细信息后,会弹出车辆信息,如图 12-3 所示。确认车辆信息无误后，可以点击【退出】按钮返回主界面，继续查看其他信息是否完整、准确，确认完毕后，制票即可。

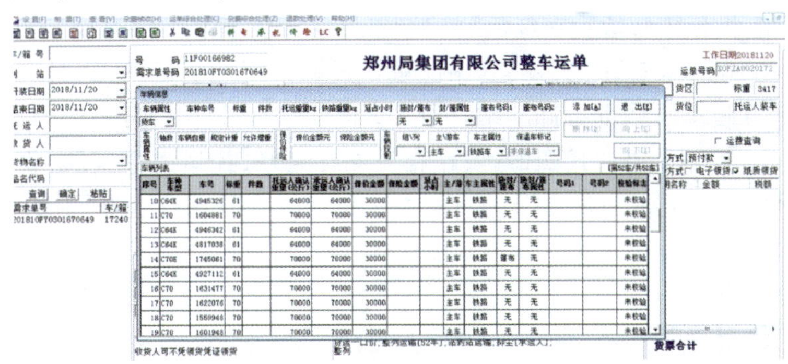

图 12-3　整列制票

（三）集装箱制票

集装箱运单的处理总体和整车运单的制票方法一致，需要注意的是要在集装箱箱型选择区域手工选择集装箱箱型的相关信息。

（四）批量快运制票

批量快运运单的处理总体和整车运单的制票方法一致。

（五）过境制票

1. 整车过境

过境整车运单的处理总体和整车运单的制票方法一致，需要注意的是，当制票站是过境站或港口站时，在查询条件区时，应该在到站的查询条件中录入过境站或者港口站的名称进行运单数据的过滤。

2. 集装箱过境

集装箱国联过境运单的处理总体和集装箱运单的制票方法一致，需要注意的是，当制票站是过境站或港口站时，在查询条件区时，应该在到站的查询条件中录入过境站或者港口站的名称进行运单数据的过滤。

三、作业要求

（1）核对运单各栏信息是否齐全。

（2）补充的记事必须完整。

（3）打印中遇故障需重新打印时，在系统【运单综合管理】菜单中的【运单查询作废】查询到该运单，点击【作废】，重新计费后打印。

(4)有整列标记的运单需求,在“列”的制票界面计费打印;有成组标记的运单需求,在“整”的制票界面计费打印;集装箱在“集”制票界面计费打印;批量零散货物在红色“整”制票界面计费打印。

(5)区间装卸车的,发、到站应填记进入区间的货运站,同时选择记事“后方装车站”“前方卸车站”,录入区间装卸车的计费车站。

(6)打印运单一式四份,发站在发站存查联、托运人存查联、收款人报告联、领货凭证上加盖车站日期戳。托运人在发站存查联两面(背面安全承诺书)签字盖章。托运人存查联、领货凭证交托运人。

(7)托运人凭托运人存查联换开增值税发票,车站在托运人存查联上加盖“已换开发票”章后退还托运人。

(8)打印物品清单一式两份,交托运人签字盖章后,发站留存一份,交托运人一份。

(9)杂费、军运后付货票维持不变,仍使用针式打印机套打(注意一台制票机连接两台不同打印机时的设置问题)。

(10)剧毒品运输使用黄色纸张打印运单。

(11)国际联运运单使用原票据格式并保留纸质样式,国际联运国内段运费使用新公布的货物运单格式计费并打印。其中发站存查联和领货凭证合订留存,国际联运运单按既有方式随车传递到站。

四、注意事项

1. 车辆问题

(1)车辆属性:标重、轴数、车辆自重、规定计重、允许增重信息都是在货票系统字典中提取的。如果与实际不符,按车辆实际属性修改车辆信息。如图12-4所示。

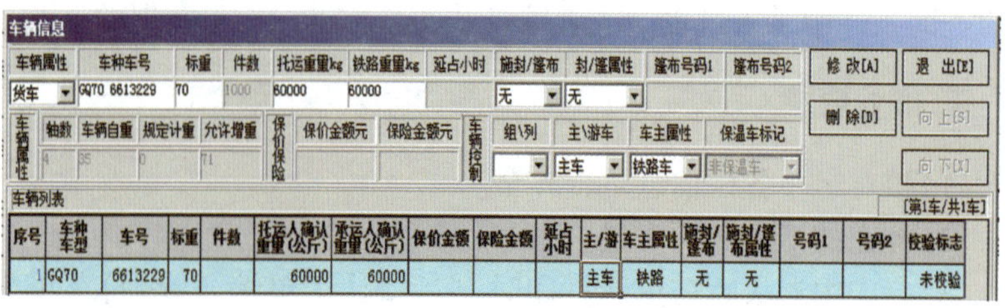

图12-4　修改车辆属性

(2)整列运输时,自动将车辆信息中的件数、托运人重量、铁路重量、标重合计后显示到主界面品名对应的信息中。

(3)如果提取货运站信息中铁路重量有值,则将取到的铁路重量作为托运人重量和铁路重量;如果铁路重量无值,则仅取托运人重量。

2. 记事信息

(1)记事有两种分类方式:一种是分为电子戳记记事和非电子戳记记事;另一种是根据业务类型,分为运输记事和货运记事。

(2)部分带参数记事还未将参数值传递过来,需要制票人员添加。

(3)运输记事和计费记事不能相互替代,如运输记事—536 爆炸品时,核算员在校验电子戳记的同时,还要选—193 危险品记事。

3. 制票时字段超长报错

目前主要出现问题的字段为:包装、托运人自由记事等。这些字段输入的内容超长时,货票系统会报错“业务执行失败!! ×××××”。

4. 集装箱信息转换问题

集装箱系统中的箱型和货票不一致时,需要核算员手工录入。

5. 运单作废问题

由于系统原因,短时间如果一个运单需求号连续制单再作废,该运单会在票据管理系统与车辆绑定(强关联),有可能会造成该车绑定一张废票或者后续作业(取消托运)无法进行。如果一个运单作废后,建议间隔一段时间再制单。

第二节　到 达 交 付

一、作业办法

核算员使用货票系统,完成交付确认、杂费打印等工作。

二、操作流程

1. 杂费核收

进入货票系统,在【运输杂费核收】处理界面,根据发站、起始制票日期、结束制票日期、到站专用线、发货人、收货人等查询条件，查到“到达货票”信息列表。选择需要交付的信息进行到票确认和杂费核收，完成后运单状态修改为“已交付”。

2. 打印收货人存查联

在【运单综合管理】菜单中的【运单查询与打印】查询到该运单，打印收货人存查联。

3. 作业要求

(1)凭纸质领货凭证领货的，在系统中调取运单信息，查看领货方式是否为纸质领货，领货凭证上是否有验证码和发站日期戳，确认为纸质领货后，核实领货凭证、领货人身份信息等，办理内交付手续。

(2)到票确认时，遇有票无车情况应通知外勤，联系货调处理。

(3)到票确认时，如货运站系统没有推送到达货区货位，应与外勤货运员联系，手工录入到票确认中的货区货位信息。

(4)到站核收相关费用后，打印运单收货人存查联，加盖车站日期戳，收货人在到站存查联和收货人存查联上签字，将收货人存查联交收货人。

(5)纸质领货凭证与运单到站存查联合订保存。

(6)到站交付整列一票运输的货物时，如实际到达车数与运单记载车数不符，到站按照运单先进行整列交付，并按整列收取相应费用。再重新打印领货凭证(记明未到达车辆车号和已收费用信息)交收货人。待剩余车辆到达后，通知收货人凭记载未到达车辆车号的领货凭证办理交付，相关杂费多退少补。

第三节 货票系统与其他系统的关系

货运票据电子化实施之后，货票系统与部分现有系统的关系发生了变化，如图 12-5 所示。

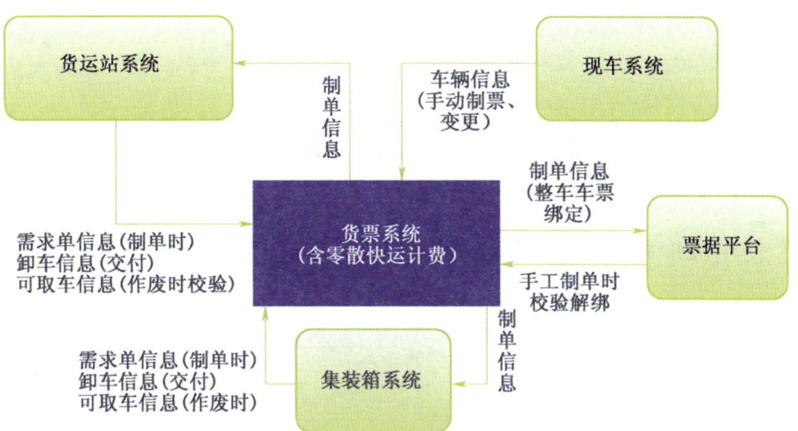

1. 制单:

(1)共享需求单：校验需求单状态、读需求单信息(货运站、集装箱)、制单信息返回(货运站、集装箱)、整车车票绑定;

(2)手工制票：校验车辆状态(现车)、校验车是否解绑、整车车票绑定。

2. 作废: 校验可取车(货运站)，将需求单信息回退(货运站、集装箱)、整车车票解绑。
3. 交付: 查询卸车信息(货运站、集装箱)、接车信息(现车)。
4. 变更: 检验车辆状态(现车)。
5. 取消托运: 通知上一级系统、信息回退、整车车票解绑。

图 12-5　货票系统与其他系统的关系

第十三章　保 价 运 输

使用保价系统,完成货运记录的编制、调查、打印和查询等工作。

第一节　编制货运记录

一、作业办法

车站发现货物损失后,安全员根据货运员编制的货物损失报告,使用保价系统编制货运记录,建立案卷。

二、操作流程

1. 进入货物损失登记簿界面

登录保价系统,进入【货损处理】菜单,点击【货物损失登记簿】按钮,进入货物损失登记簿界面。如图 13-1 所示。

图 13-1　货物损失登记簿

2. 建卷

(1)在货物损失登记簿界面,点击【建卷】按钮,进入建卷界面。如图

13-2 所示。

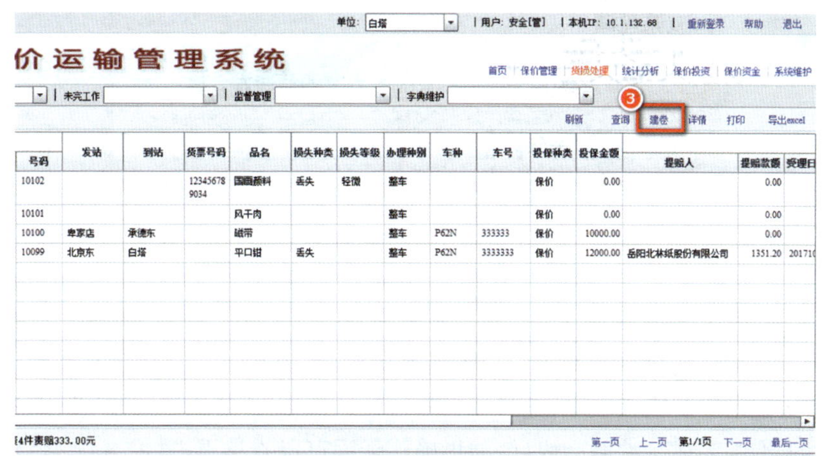

图 13-2 建卷

(2)在出现的界面中,依次选择“货运记录”“运单(货票)”,在运单号码处输入 12 位电子运单号码,确认输入正确后点击【确定】按钮。如图 13-3 所示。

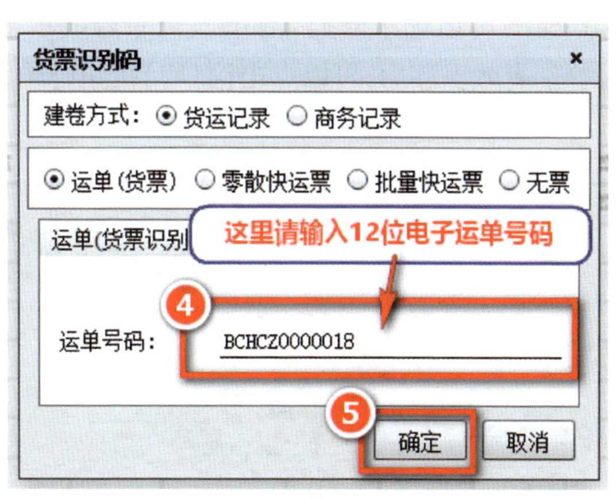

图 13-3 信息录入

(3)出现提示未建立案卷界面,点击【编制案卷记录】进入。如图 13-4所示。

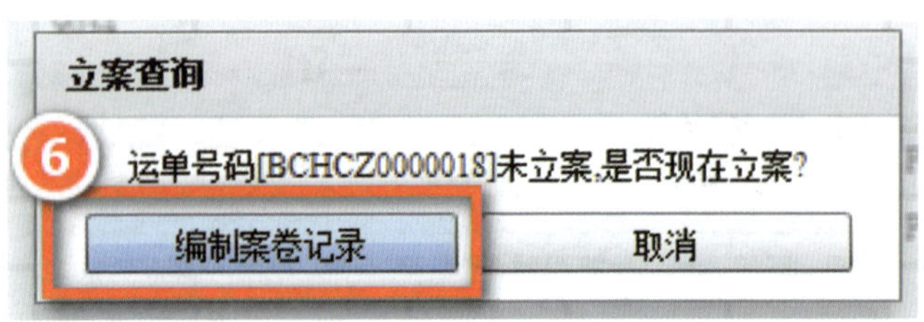

图 13-4　编制案卷记录

3. 货运记录编制

在货运记录编制界面,如图 13-5 所示,运单相关信息将会自动填入货运记录对应输入项中,此时补充输入其他信息,将货运记录按实际业务要求编制完成。编制完成后,如果确认无误可以直接点击【有效保存】保存货运记录。记录一旦有效保存将不能再修改,同时只有有效保存的货运记录才能存入电子票据库。如果不确定记录内容是否还需要修改,可以点击【草稿保存】暂时保存,需要时再点击【修改】按钮,对记录内容进行修改,确认无误后再点击【有效保存】保存货运记录。有效保存货运记录时还会提示分配的货运记录号码,与纸质记录号码核对正确后点击【确定】进行保存。有效保存后,可以点击【打印】按钮打印编制好的货运记录。

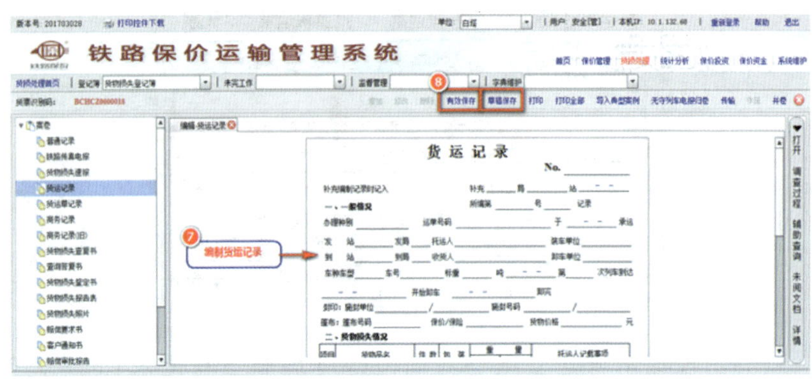

图 13-5　货运记录编制

第二节 遇有发站或中途站编制记录情况的处理

遇有发站或中途站编制的记录,卸车时应按照记录记载的情况,认真核对现货。无论情况是否相符,到站均需重新编制一份货运记录。此时可使用新增的【补录货运记录】功能来补录发站或中途站编制的货运记录内容。

一、查询或新建案卷

在【货物损失登记簿】界面,如图13-6所示,通过【查询】按钮查询本站是否已存在此运单的案卷,如果存在,在表格中定位此案卷所在行,双击此行进入案卷详情界面;如果不存在,可以通过建卷方式提取案卷到本站的【货物损失登记簿】中,正确提取后界面将直接进入案卷详情界面。如图13-7所示。

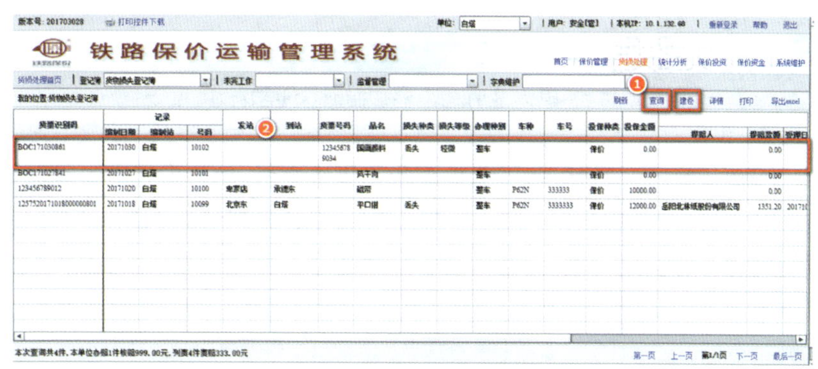

图13-6 货物损失登记簿

二、编制货运记录

在案卷详情界面中,如图13-7所示,首先点击左侧货运记录目录下最后一份货运记录,在中间区域会显示出此货运记录的内容,此时货运记录左上角会出现【补录货运记录】链接,点击【补录货运记录】链接,将复制出一份新的内容与前一站编制的记录信息一模一样的货运记录,但记录号码为本到站记录号码,之后的操作同货运记录编制。也可以不用补录,直接【增加】一份新货运记录,但这种增加方式不会完全复制最后一份货运记录信息,仍需手动录入相关信息。

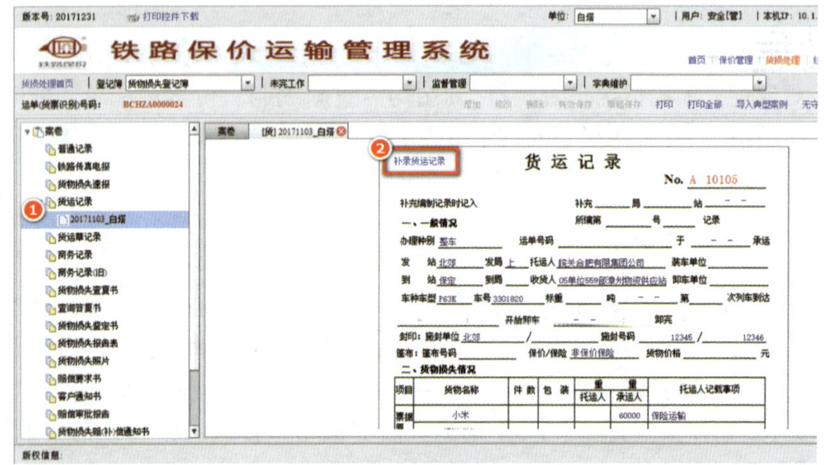

图 13-7 案卷详情

第三节 回送货物编制货运记录

回送货物有三种情况:一是发现货物无法交付,经与发货人沟通选择回送时;二是发现货物误运送,需要回送时;三是发现货物无标记,能判明货物发、到站的,经与发、到站沟通选择回送时。有运单号码的,关联原始运单编制货运记录,没有运单号码的直接编制货运记录,并通知外勤货运员。

在出现的货运记录编制界面中,在货运记录最下边选择是否回送记录标记,然后在后边输入需要回送的到站和车号即可,回送到站必须输入拼音码首字母从站名字典中调取,其他操作同编制货运记录。如图 13-8 所示。

注意事项:

(1)输入运单号码编制记录时,如果运输途中编有普通记录,将会提取已编有的普通记录显示在界面上,可以点击查看内容以便更准确地编制货运记录。

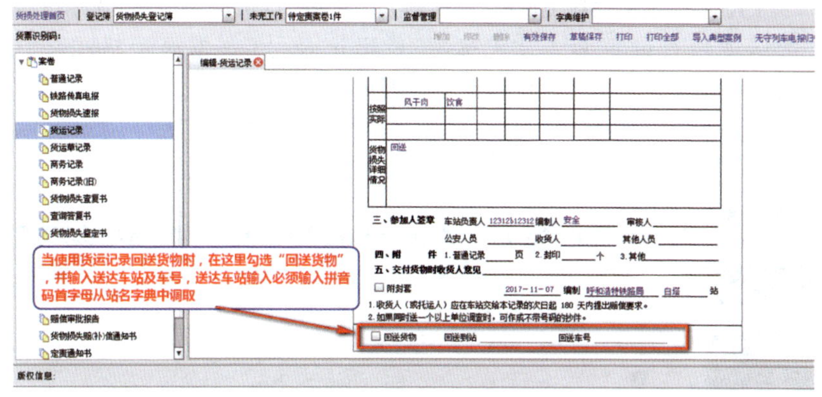

图 13-8 编制回送货运记录

(2)遇有发站或中途站编制的记录,到站卸车时应按照记录记载的情况,认真核对现货。原作业方式下,情况相符时,不再编制记录,记录交收货人;情况不符时,应重新编制记录交收货人,原记录留存。货运票据电子化后,因发站或中途站编制的货运记录货主页不再随货物递送,所以卸车时到站均需要使用自站记录用纸重新编制一份货运记录,重新编制记录的货主页交收货人。

第四节 整车回送

一、作业办法

(1)凭货运记录装车的,装车站在保价系统编制货运记录后,使用货运站系统的进行装车作业。到站后,使用货运站系统进行卸车作业。

(2)在编制货运记录时,当车辆为重车时,需先编制货运记录,待货运记录信息上传到货运站系统后,先在货运站系统卸车,电子运单与车辆解绑后,再用货运记录装车。

二、操作流程

1. 票据管理系统查看货运记录

进入票据管理系统，进入【货运票据】菜单，点击【货运记录】按钮，进入货运记录查询页面。录入车站、货运记录号（票据显示格式，例如 LDFB1000014），选择编制货运记录的时间，点击【查询】。如果有查询结果，说明该货运记录已经上传至国铁集团票据库。

点击【记录号】，可以查看货运记录的详细信息。如图 13-9 所示。

图 13-9　查询货运记录

2. 货运站系统查看货运记录

登录货运站系统，进入【货运组织】菜单中的【生产组织】，点击【装车计划】进入装车计划界面。点选【货运记录】，选择编制日期，点击【查询】按钮，显示待装货运记录信息。如图 13-10 所示。

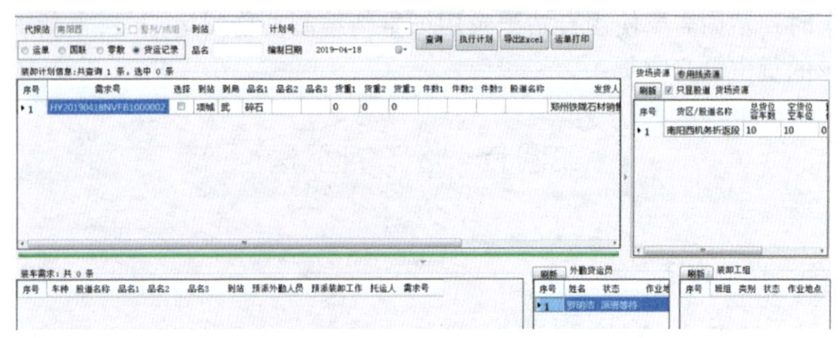

图 13-10　货运站系统查询货运记录

3. 货运记录装车

货运记录装车和普通货物装车方式一样，操作详见“整车装车”。

4. 货运记录卸车

货运记录卸车和普通货物卸车方式一样，操作详见“整车卸车”。

三、作业流程

整车回送作业流程如图 13-11 所示。

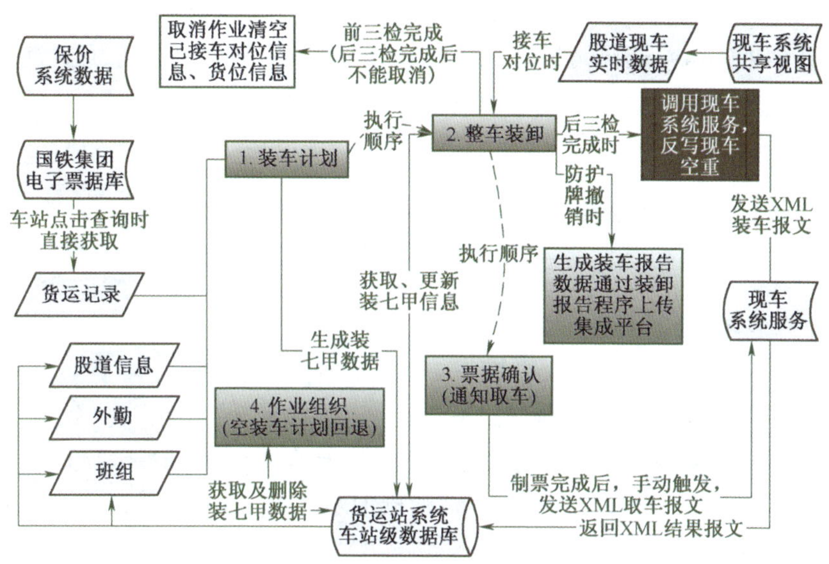

图 13-11 整车回送作业流程

第五节 集装箱回送

一、作业办法

(1)凭货运记录装车的,装车站在保价系统编制货运记录后,使用集装箱系统的“货运记录装车”功能进行装车作业。到站后,使用集装箱系统“货运记录卸车”功能进行卸车作业。

(2)在编制货运记录时,当车辆为重车时,需先编制货运记录,待货运记录信息上传到集装箱系统后,在集装箱系统卸车后,再用货运记录装车。

(3)货运记录装车不生成装载清单。

二、操作流程

1. 票据管理系统查看货运记录

进入票据管理系统,进入【货运票据】菜单,点击【货运记录】按钮,进入货运记录查询页面。录入车站、货运记录号(票据显示格式,例如LDFB1000014),选择编制货运记录的时间,点击【查询】。如果有查询结果,说明该货运记录已经上传至国铁集团票据库。

点击【记录号】,可以查看货运记录的详细信息。如图13-12所示。

图13-12　查询货运记录

2. 集装箱系统查看货运记录

登录集装箱系统,进入【发送管理】菜单,点击【货运记录装卸查】按钮,进入货运记录装卸查页面。选择查询条件,点击【查询】按钮。如果有查询结果,说明该货运记录已经上传至集装箱系统数据库。如图13-13所示。

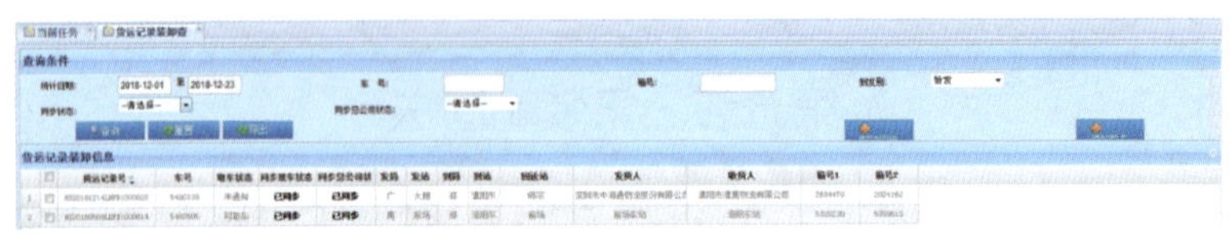

图13-13　集装箱系统查询货运记录

3. 货运记录装车

登录集装箱系统,进入【发送管理】菜单,点击【货运记录装车】按钮,进入货运记录装车页面。输入编制货运记录的起止日期,点击【查询】,查询结果显示在页面的列表中。

选择需要回送装车的货运记录号码,选择股道、车号,录入现车品名、箱号、托运人(承运)重量和箱货总重,点击【提交】。如图13-14所示。

4. 通知取车

登录集装箱系统,进入【发送管理】菜单,点击【货运记录装卸查】按钮,进入货运记录装卸查页面,页面显示货运记录装车完毕后,车辆的同步状态。未同步的点击【即时同步】,待车辆同步现车状态和同步国铁集

图 13-14　集装箱系统装车

团状态都为已同步时，点击【通知取车】按钮。如图 13-15 所示。

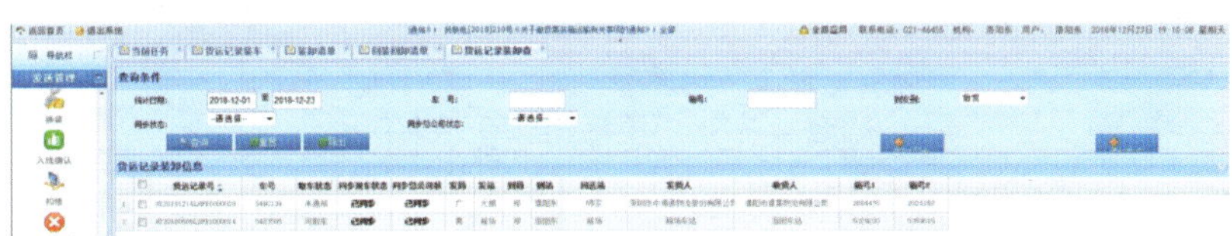

图 13-15　通知取车

5. 货运记录卸车

点击【货运记录卸车】，输入装车日期点击【查询】，核对车号箱号无误后，点击【提交】后在货运记录单菜单查看同步状态，箱态置为空箱。如图 13-16 所示。

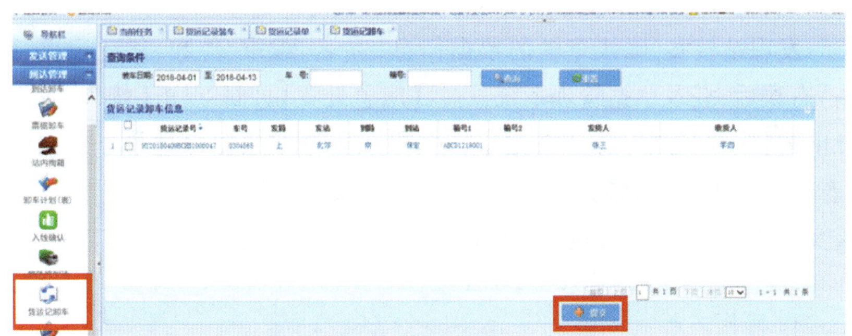

图 13-16　货运记录卸车

第十四章　票车不符处理办法

票车不符主要包括以下几种情况:票据信息不符、特殊货车空车有票、重车无票、错装、漏装、漏卸。

这些问题的出现肯定是现场作业卡控不严,货运、行车等岗位没有及时沟通信息,作业联系脱节。有时一辆车出现票车不符的问题,也会涉及另外一辆车,下面从生产中有可能出现的问题,来说明票车不符的处理办法。

第一节　票据信息不符

1. 使用系统

票据管理系统。

2. 适用范围

品名、载重、件数、货运记事、到站错误的票据,常用于误调卸到站的重车。

3. 作业办法

发现站核实,确认车辆的票据信息(品名、载重、件数、货运记事、到站)有误后,登录票据管理系统,进入【应急处置】页面,点击【修改票据信息申请】按钮,然后点击【新增申请】,录入需修改票据信息的车号,点击【查询】,然后录入新的票据信息,点击【提交】。铁路局集团公司货运部核实同意后,现车系统重新取票即可完成票据信息修改。

注意:修改票据信息列入考核项目。

4. 操作流程

进入票据管理系统,点击【应急处置】→【修改票据信息申请】功能,如图 14-1 所示。

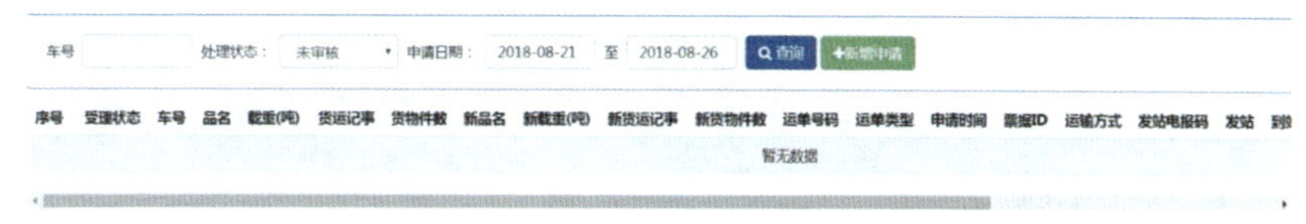

图 14-1　修改票据信息申请

进入列表页，列表页首先显示 5 天内的内容，当前用户车站未审核通过的票据信息修改申请，可以通过录入车号，修改申请日期，选择处理状态，来查询以前的票据信息修改申请。

点击列表页【新增申请】按钮，进入【授权修改票据信息申请】页面，录入车号，点击【查询】，如图 14-2 所示。

图 14-2　查询车辆信息

在修改票据信息申请时，一定要确定该车在本站（现场核实），上图中圈出的红色字表明，根据车号查询该车时，在系统数据中此车号在本站。

录入新的品名、载重、件数、货运记事、到站信息后，点击【提交】即可完成。如图 14-3 所示。

修改内容
品名：钢材　新品名：钢材
载重(吨)：57.56　新载重(吨)：57.56
货物件数：28　新货物件数：28
货运记事：总包　新货运记事：总包　选择
输入拼音首字母后选择
到站：巩义　新到站：巩义
提交　取消

图 14-3　信息录入

第二节 特殊货车空车有票

1. 使用系统

票据管理系统。

2. 适用范围

实际到站与电子回送清单到站不符的路产特殊货车、客车体。

3. 作业办法

当出现实际到站与电子回送清单到站不符的情况时,实际到站联系票据发站、到站,核实情况,确认为车流组织的问题时,可以通过以下三种方式来解决:调卸签认、发站取消、区间卸车。

4. 操作流程

(1)调卸签认

车辆所在站行车人员通过票据管理系统中的“到达调卸”功能,把该车调卸到本站,然后通过票据管理系统中的“车辆回送签认”功能,签认该票据后,在现车系统取票即可完成票车解绑。

操作流程详见第八章第一节“票据管理系统填制及签认”和第十一章第二节“调卸作业”。

(2)发站取消

车辆所在站行车人员通过查看回送清单的票据信息,联系票据发站,票据发站在票据管理系统中“车辆回送办理”页面查询该车,点击【取消】按钮。发现站现车系统重新取票即可完成票车解绑。

操作流程详见第八章第一节“票据管理系统填制及签认”。

(3)区间卸车

车辆所在站行车人员在现车系统标记“区间卸车”,联系票据到站在货运站系统做区间卸车,票据到站区间卸车完成后,车辆所在站在现车系统标记“区间卸车完成”,然后重新取票,即可实现票车解绑。

操作流程详见第九章第三节“区间卸车”。

5. 注意事项

在票据管理系统中,车辆在不在本站的判断标准为该车是否有“到达运统一”,如果该车没有“到达运统一”,是不能做调卸、回送办理和签认的(客车回送签认除外)。

第三节 重 车 无 票

1. 使用系统

(1)票据管理系统;

(2)保价系统。

2. 适用范围

票据到站货运人员在货运信息系统做了卸车,而实际没有卸车的车辆,造成重车空排。

3. 作业办法

发现站扣车,联系票据记载到站、发站进行核对。确认该车为重车空排后,发现站在保价系统编制货运记录回送。

4. 操作流程

操作流程详见第十三章“保价运输”。

第四节 错 装

一、使用系统

(1)票据管理系统;

(2)车站票据管理系统。

二、适用范围

装车站将货物装载在不是电子票据中记载的车辆上,造成带电子票据的车辆为空车,而实际重车没有电子票据。

三、作业办法

错装可以分为三种情况,即:车辆没有出发、重车和空车在一个编组、重车和空车不在同一个车站。

1. 车辆没有出发

车辆没有发出时，可以通过货运站系统或者集装箱系统中的换装作业功能来实现电子票据中的车号与实际车号相符。

2. 重车和空车在一个编组

错装的重车和空车在一个编组，运行时被途中站发现，发现站扣车，联系票据记载发站进行核对，确认为错装后，发现站行车人员在车站票据管理系统中编制现车系统的普通记录，发站在票据管理系统中的“票车不符处理”页面进行处理，处理完成后，发现站行车人员在现车系统取票后即可实现电子票据车号与实际车号相符。

3. 重车和空车不在同一个车站

错装的重车和空车不在同一个车站时，会出现两种情况：

(1)当空车(带电子票据)先被发现后，发现站扣车，联系票据记载发站进行核对，确认为错装后，由发站找寻重车(不带电子票据)所在站。

(2)当重车(不带电子票据)先被发现后，发现站扣车，可尝试通过运统一查找装车站，也可等待空车(带电子票据)被发现后再处理。

当空车和重车都被发现后，空车和重车所在站行车人员在车站票据管理系统中分别编制现车系统的普通记录，发站在票据管理系统中的“票车不符处理”页面进行处理，处理完成后，空车和重车所在站行车人员分别在现车系统取票后即可实现电子票据车号与实际车号相符。

四、操作流程

1. 车辆没有出发

车辆没有发出时，可以通过货运站系统或者集装箱系统中的换装作业功能来实现电子票据中的车号与实际车号相符。

整车操作流程详见第九章第五节“换装作业”。

集装箱操作流程详见第十章第九节“集装箱途中作业”。

2. 重车和空车在一个编组

(1)发现站扣车

发现站扣车，编制现车系统普通记录。

注意：发现站应该编制空车和重车两份普通记录，分别为空车的普通记录和重车的普通记录。根据现行规定，发现站行车人员还要发铁路传真电报。

①普通记录：带电子票据的空车，如图 14-4 所示。

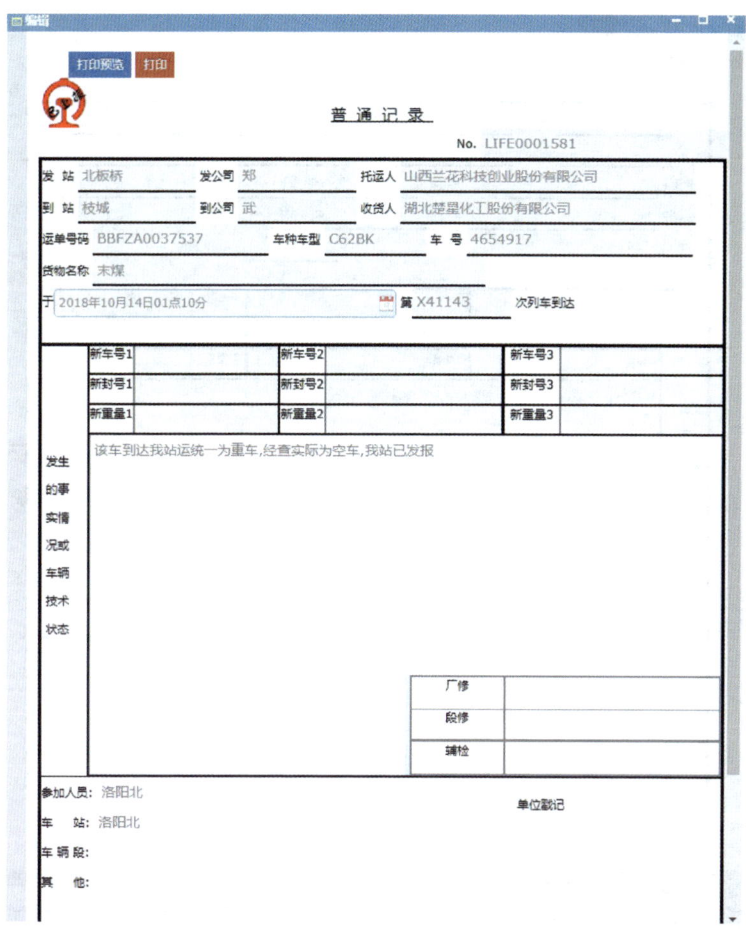

编辑

打印预览　打印

普通记录

No. LIFE0001581

发　站 北板桥　发公司 郑　托运人 山西兰花科技创业股份有限公司

到　站 枝城　到公司 武　收货人 湖北楚星化工股份有限公司

运单号码 BBFZA0037537　车种车型 C62BK　车　号 4654917

货物名称 末煤

于 2018年10月14日01点10分　第 X41143　次列车到达

发生的事实情况或车辆技术状态	新车号1		新车号2		新车号3	
	新封号1		新封号2		新封号3	
	新重量1		新重量2		新重量3	

该车到达我站运统一为重车，经查实际为空车，我站已发报

厂修	
段修	
辅检	

参加人员：洛阳北

车　　站：洛阳北

车 辆 段：

其　　他：

单位戳记

图 14-4　带电子票据的空车

②普通记录：不带电子票据的重车，如图 14-5 所示。

(2)发站普通记录核实

进入票据管理系统，点击【货运票据】→【普通记录】功能，如图 14-6 所示。输入车号，选择正确的编制时间范围，点击【查询】，如图 14-7 所示。

点击【记录号】，可以查看该普通记录是否准确。

注意：要核对重车和空车两份普通记录。

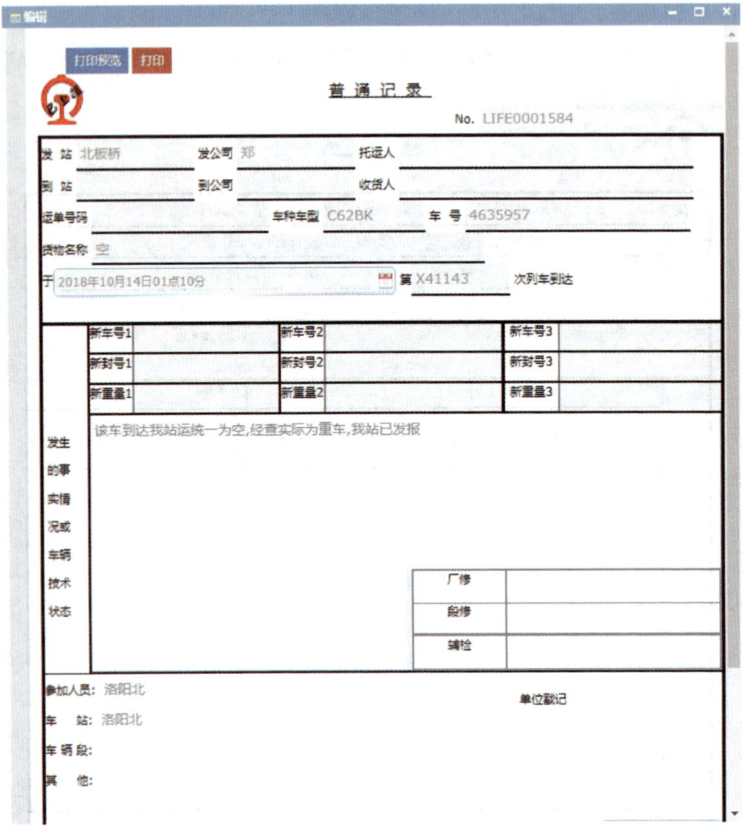

编辑

打印预览 打印

普通记录

No. LIFE0001584

发 站 北板桥　　发公司 郑　　托运人

到 站　　到公司　　收货人

运单号码　　车种车型 C62BK　　车 号 4635957

货物名称 空

于 2018年10月14日01点10分 第 X41143 次列车到达

发生的事实情况或车辆技术状态	新车号1		新车号2		新车号3	
	新封号1		新封号2		新封号3	
	新重量1		新重量2		新重量3	
	该车到达我站运统一为空，经查实际为重车，我站已发报					

厂修	
段修	
辅检	

参加人员：洛阳北　　单位戳记

车　站：洛阳北

车 辆 段：

其　他：

图 14-5　不带电子票据的重车

图 14-6　普通记录界面

图 14-7　普通记录信息

(3)处理流程

①发现空车有票

发现站进入票据管理系统,点击【车站作业】→【票车不符处理】功能,如图 14-8 所示。

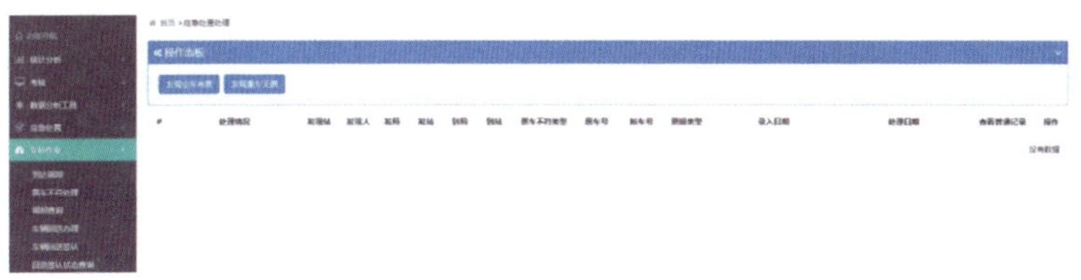

图 14-8　票车不符处理界面

点击【发现空车有票】,录入车号,点击【查询】,即可查看该车的信息,点击【查看详情】,可以查看该车的运单和普通记录。

核对车辆信息无误后,点击【添加普通记录】,如图 14-9 所示。

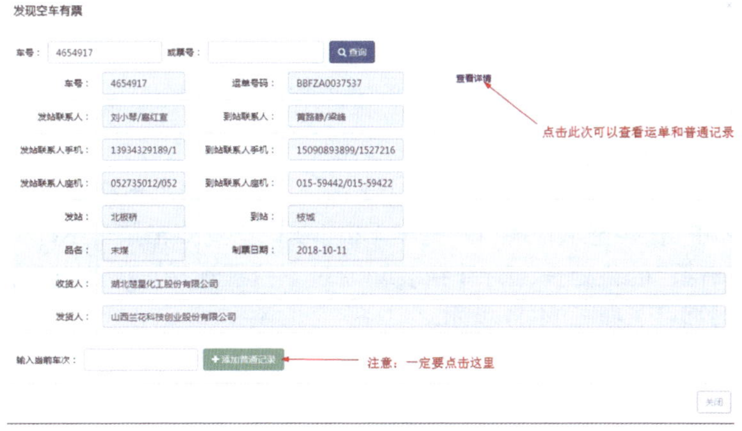

图 14-9　空车有票

②发现重车无票

发现站进入票据管理系统,点击【车站作业】→【票车不符处理】功能,点击【发现重车无票】,输入车号,点击【查询】,录入发站,点击【添加普通记录】。如图 14-10 所示。

#	路局	车站	联系人	手机	路电	应用处理时间
1	06	日照	王磊/刘成新(主任)			20181005190202
2	06	日照	王磊/刘成新(主任)			20181004094233
3	06	菏泽南	货运值班员/刘继生			20181001
4	05	长治北	王利/张学军			20180930124709
5	06	日照	王磊/刘成新(主任)			20180928071201
6	06	黄岛	货运值班员/孟昭林			20180926112936
7	06	黄岛	货运值班员/孟昭林			20180924012640
8	03	和顺县	王元元/王元元			20180920202440
9	03	水洋	张磊鸣/冯晓明，胡宗秉			20180919063824
10	06	莱钢	货运值班员/车号员			2018-10-05 02:28:49
11	06	嘉祥	货运值班员/许新宽			2018-10-02 06:30:42
12	05	日照	王利/张学军			2018-09-29 21:07:47
13	06	蔺家楼	梁凯/货运值班员			2018-09-27 06:35:44
14	06	蔺家楼	梁凯/货运值班员			2018-09-25 09:00:02
15	06	潍坊东	货运值班员/车号员			2018-09-23 14:55:58
16	03	水洋	宋建军/宋计印			2018-09-19 16:30:44
17	03	邯郸	薛丽/邯郸站			2018-09-17 09:34:01

图 14-10　重车无票

③处理流程

发站进入票据管理系统,点击【车站作业】→【票车不符处理】,会看到刚才申请的"空车有票"和"重车无票"两个记录,点击票车不符类型为"空车有票"的待处理,选择【错装】,通过下拉框选择正确的车号,点击【保存】即可。如图 14-11 所示。

④处理结果查询

进入票据管理系统,点击【车站作业】→【票车不符处理】,即可看到票车不符处理结果。如图 14-12 所示。

图 14-11　票车不符处理

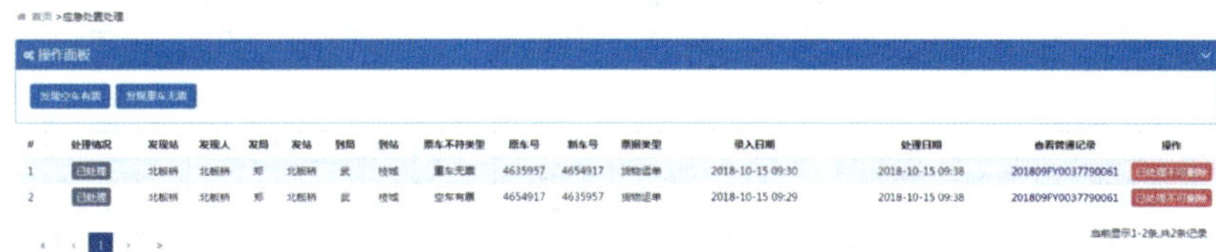

图 14-12　处理结果查询

(4)发现站取票

发站处理完成后，通知发现站行车人员在现车系统取票，即可票车相符。

(5)注意事项

通过以上的操作方法，可以实现空车的电子票据解绑并绑定到重车上，同时电子运单上的车号也从空车车号变为重车车号。

3. 重车和空车不在同一个车站

重车和空车不在同一站时的处理办法和以上类似，不同的是重车和空车的普通记录分别由两个车站编制，最后还有由发站来处理空车有票和重车无票。

第五节　漏　　装

一、使用系统

(1)票据管理系统；

(2)车站票据管理系统。

二、适用范围

车辆已经开出,而实际的货物仍在发站,造成货物漏装的车辆。

三、作业办法

发现站扣车,联系票据记载发站进行核对,确认为漏装后,发现站行车人员在车站票据管理系统中编制现车系统的普通记录,发站安排车辆补装,装车完毕后,发站在票据管理系统中的"票车不符处理"页面进行处理,处理完成后,发现站行车人员在现车系统取票即可置空该车,发站行车人员在现车系统取票后,即可把补装车辆变为重车,发站可重新组织挂运。

四、操作流程

1. 编制普通记录

发现站在现车系统编制普通记录。

2. 票车不符处理

发站重新装车后,在票据管理系统中的"票车不符处理"页面进行处理。

(1)发站核实普通记录

发站核实普通记录,操作流程详见本章第四节"错装"的发站核实普通记录。

(2)发现空车有票

进入票据管理系统,点击【车站作业】→【票车不符处理】,点击【发现空车有票】,录入车号,点击【查询】,核对车辆信息无误后,点击【添加普通记录】。

操作流程详见本章第四节"错装"的发现空车有票。

(3)票车不符处理

进入票据管理系统,点击【车站作业】→【票车不符处理】,会显示刚才提交的空车有票记录,点击【待处理】。如图 14-13 所示。

录入车号,点击【查询】,审核信息无误后,点击【保存】即可。

注意:系统会判断补装车辆是否在发站,如果在发站,则会把电子运单绑定到补装的车辆上,同时,会修改电子运单上面的车号。

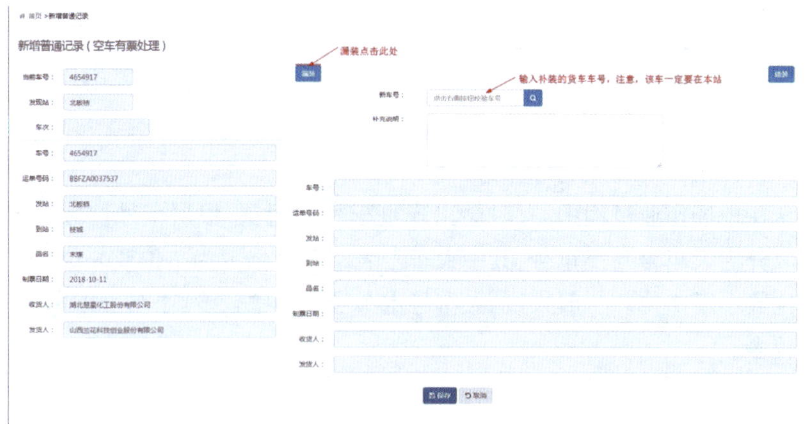

图 14-13　漏装处理

(4) 取票

票车不符处理完毕后，发现站、发站行车人员现车系统取票即可。

第六节　漏　　卸

1. 使用系统

(1) 票据管理系统；

(2) 车站票据管理系统。

2. 适用范围

票据到站没有在货运信息系统做卸车，而实际已经卸空的车辆，该车带有票据信息的情况下离开票据到站。

3. 作业办法

发现站扣车，联系票据记载发站、到站进行核对，确认为漏卸后，发现站行车人员在车站票据管理系统中编制现车系统的普通记录，票据到站安排一辆空车，在票据管理系统中的“票车不符处理”页面进行处理，处理完成后，发现站行车人员在现车系统取票即可置空该车，票据到站行车人员在现车系统取票后，即可把安排的空车变为重车，票据到站货运人员在货运信息系统做卸车、交付。

4. 操作流程

漏卸的操作流程和漏装一样。

第七节 重 车 号

在现场作业过程中,有时会出现重车号的问题,根据车号位数不同,可以分为大车号与小车号,其中大车号表示车号位数为 7 位或 8 位,小车号位数小于 7 位。一般来说,大车号重车号的问题较少,小车号重车号问题较多。

1. 如何判定重车号

(1)通过票据管理系统的全流程分析中的现车到报正文和现车发报正文,根据一个车号不可能同时出现在两车站,结合实际情况,综合判断。

(2)如果该车在票据管理系统的全流程分析中查出带有电子票据,电子票据与本站无关,并且实际车辆就在本站,在该车需要办理货运业务时,该车可按重车号处理。这种情况常用于小车号。

2. 大车号重车号处理办法

大车号重车号时,该车禁止装卸作业,通知车辆部门处理。

3. 小车号重车号处理办法

小车号重车号时,通知行车部门处理,行车人员登录现车系统。

在现车系统的"股道现车修改"模块,车号前面增加一位路局码即可。路局码为英文字母,郑州局集团公司的路局码为 F。例如,当郑州局车辆 0025 出现重车号时,在现车系统修改车号为"F0025"。

常见的小车号车辆有:自备机车、工程车等。

第八节 现车系统普通记录的编制

1. 使用系统

车站票据管理系统。

2. 适用范围

车站行车人员发现车辆空重不符,需要编制普通记录的车辆。

3. 作业办法

车站行车人员发现车辆空重不符时,使用车站票据管理系统编制普通记录后,与票据发站、到站或运统一的发站联系,确认车辆状况。

4. 操作流程

(1)普通记录编制

进入本单位车站票据管理系统,点击【普通记录】功能,如图 14-14 所示。

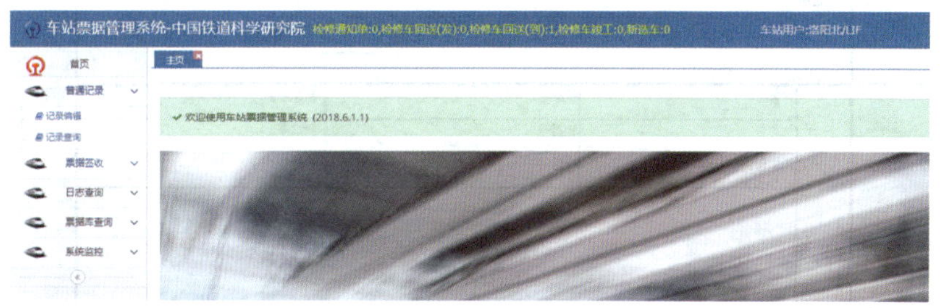

图 14-14　车站票据管理系统

点击【记录编辑】,进入如图 14-15 所示界面。

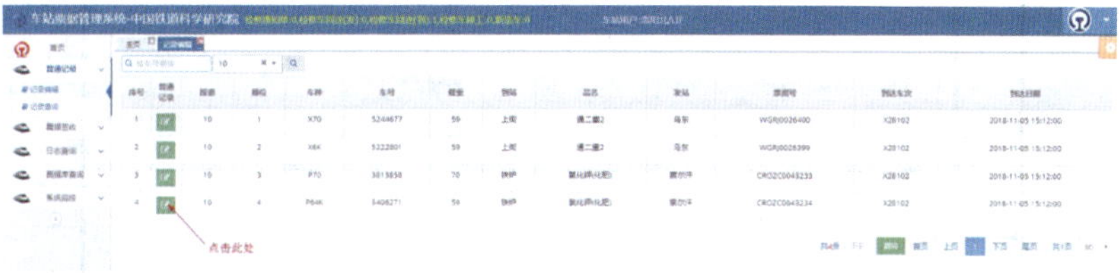

图 14-15　记录编辑

根据车号或股道查找到需要编制普通记录的货车,点击该行的绿色按钮(图 14-15),进入普通记录编制页面。如图 14-16 所示。

录入发生的事实情况后,点击【保存】、【打印】,并上报。

(2)查询普通记录

普通记录编制完成后,可以查询,但不可修改和删除。

进入本单位车站票据管理系统点击【记录查询】功能,录入车号,选择正确的时间,即可查询本站所编制的普通记录。如图 14-17 所示。

双击该车号所在行的任意位置,即可查看该车的普通记录。

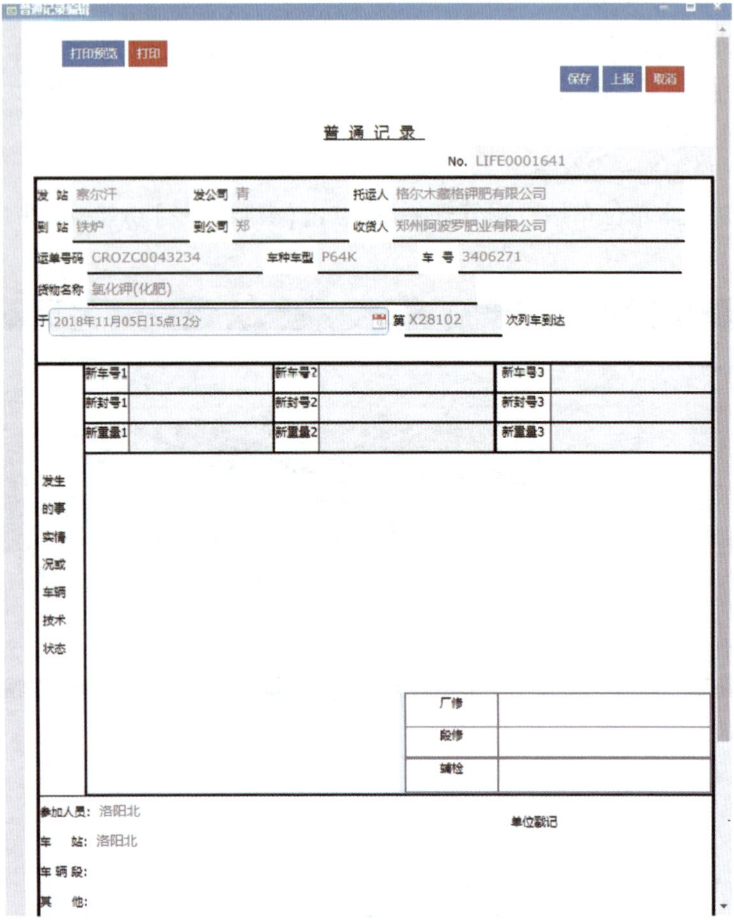

普通记录编辑

打印预览 打印

保存 上报 取消

普通记录

No. LIFE0001641

发站 察尔汗　发公司 青　托运人 格尔木藏格钾肥有限公司

到站 铁炉　到公司 郑　收货人 郑州阿波罗肥业有限公司

运单号码 CROZC0043234　车种车型 P64K　车号 3406271

货物名称 氯化钾(化肥)

于 2018年11月05日15点12分 第 X28102 次列车到达

发生的事实情况或车辆技术状态	新车号1		新车号2		新车号3	
	新封号1		新封号2		新封号3	
	新重量1		新重量2		新重量3	

厂修	
段修	
辅检	

参加人员：洛阳北　　　单位戳记

车　站：洛阳北

车辆段：

其　他：

图 14-16　编制普通记录

图 14-17　查询普通记录

第十五章 票据管理系统介绍

在处理铁路货运票据电子化的问题时，常常会用到票据管理系统的“全流程”功能，下面就对全流程做一下详细的介绍和说明。

进入票据管理系统，点击【数据分析工具】→【全流程分析】，录入车号，点击【查询】即可。在全流程中可以查看全路任意一辆货车。

第一节 摘 要 表

摘要表表示票车绑定，表明该车当前在国铁集团票据库绑定的票据信息。如果摘要表为空，表示该车为空车，票车绑定时间就变为票车解绑时间。如图 15-1、图 15-2 所示。

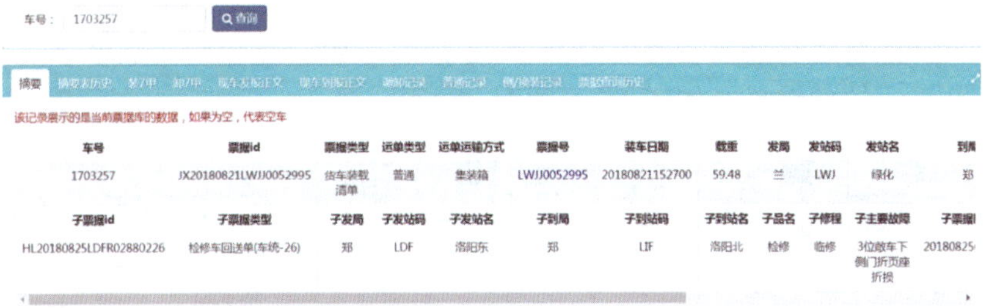

车号：1703257 查询

摘要

该记录展示的是当前票据库的数据，如果为空，代表空车

车号	票据id	票据类型	运单类型	运单运输方式	票据号	装车日期	载重	发局	发站码	发站名	到局
1703257	JX20180821LWJJ0052995	货车装载清单	普通	集装箱	LWJJ0052995	20180821152700	59.48	兰	LWJ	绿化	郑

子票据id	子票据类型	子发局	子发站码	子发站名	子到局	子到站码	子到站名	子品名	子修程	子主要故障	子票据
HL20180825LDFR02880226	检修车回送单(车统-26)	郑	LDF	洛阳东	郑	LIF	洛阳北	检修	临修	3位敞车下侧门折页座折损	20180825

图 15-1 摘要表 1

车号：1703257 查询

摘要

该记录展示的是当前票据库的数据，如果为空，代表空车

运单运输方式	票据号	装车日期	载重	发局	发站码	发站名	到局	到站码	到站名	品名	记事栏	制票时间	票车绑定时间
集装箱	LWJJ0052995	20180821152700	59.48	兰	LWJ	绿化	郑	GXF	巩义	通二重2		20180821 153110	2018-08-25 09:49:03

子发站名	子到局	子到站码	子到站名	子品名	子修程	子主要故障	子票据时间
洛阳东	郑	LIF	洛阳北	检修	临修	3位敞车下侧门折页座折损	20180825094859

图 15-2 摘要表 2

在摘要表和摘要表历史中查询的票据都是运输主单据(货物运单、货车装载清单、回送清单、货运记录、检修车回送单),在特定的运输条件下,一个车可以带有两种运输主单据,这种情况下,肯定会有一种主单据变为子单据(图 15-1、图 15-2)。上述摘要表的信息可以表示这样一个作业过程:2018 年 8 月 25 日 9 点 48 分,绿化开往巩义,车号:1703257,品名:通二重 2 的车辆,在洛阳东站被列检发现“3 位敞车下侧门折页座折损”,于是扣车、发车统 26(洛阳东—洛阳北),修程为“临修”,现车系统的车辆信息为车统 26 信息,如图 15-3 所示,所以这个车开往洛阳北,待洛阳北的车辆部门修好该车后,签发车统 33 并车统 36,现车系统取票,则返回装载清单信息。洛阳北运转负责组织该车开往巩义。

顺	车号	车种	自重	换长	油	载重	到站名	到站	局	方向	记事栏	品名	收货人	篷	到达车次	到达日期	发站名
1	5284528	NX17B	22.9	1.5							【站修】不良货车	空			X46002	08-26 07:44	洛阳东
2*1	1703257	C70E	24.0	1.3		59	洛阳北	LIF	郑	12	临修;通二重2;快运	检修	河南储备物资		X46002	08-26 07:44	洛阳东
3	1658288	C70	23.8	1.3		70	上街	SJF	郑	2	总包;快运	纯碱	中铝物流集团1		X46002	08-26 07:44	饮马峡

图 15-3　现车系统信息

票车绑定时间表示装车时间或票据绑定时间,这个时间应该晚于制票时间。在票据号项,如果该车为整车显示为运单号,为集装箱显示为装载清单号。

在摘要表和摘要表历史中,如果出现品名为危险品货物,品名字段下面会显示铁危编号。如图 15-4、图 15-5 所示。

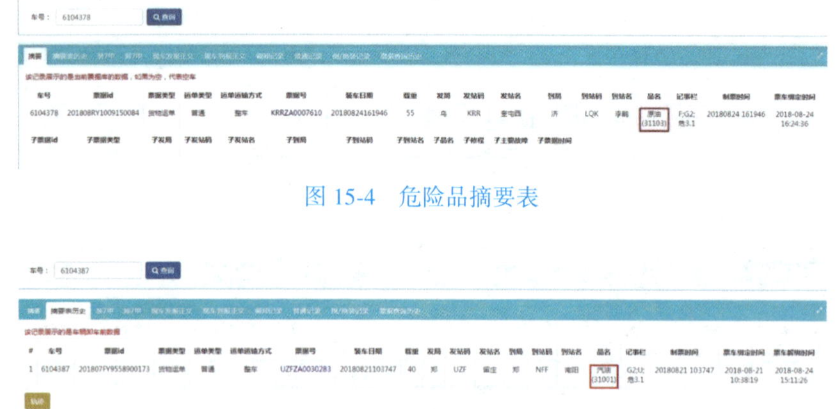

图 15-4　危险品摘要表

图 15-5　危险品摘要表历史

注意：货运站系统做卸车或者倒装时，会出现“批量票据匹配失败”、换装报错，这时要查看该车全流程的票据 ID 和现车系统的票据 ID 是否一致。

第二节　摘要表历史

摘要表历史显示的是票车绑定记录上一次的记录，如果摘要表历史不为空，则该历史显示的是卸车前记录，票车解绑时间为卸车时间，票车绑定时间为上次的装车时间；如果摘要表历史为空，则该记录显示的是该车装车完毕后的记录；通常情况下摘要表和摘要表历史总有一个为空，如果两个都不为空，则说明该车号做了变更或有其他修改操作。

如图 15-6 所示，该车摘要表和摘要表历史都有票据信息。该车在处于检修状态下，摘要表历史的票据号为货车装载清单，当该车修竣后，货车装载清单为该车摘要表票据号。

图 15-6　摘要表历史

第三节　装 7 甲与卸 7 甲

一、装 7 甲

装 7 甲显示的货运站/集装箱的装车作业时间，这个时间和货运站系统/集装箱系统的装车作业时间是一致的。

装 7 甲显示的需求单号和摘要表的票据 ID 一致。装完时间是卡控整个流程的关键时间点。如图 15-7、图 15-8 所示。

二、卸 7 甲

卸 7 甲显示的货运站/集装箱的卸车作业时间，这个时间和货运站系

图 15-7 摘要表的票据 ID

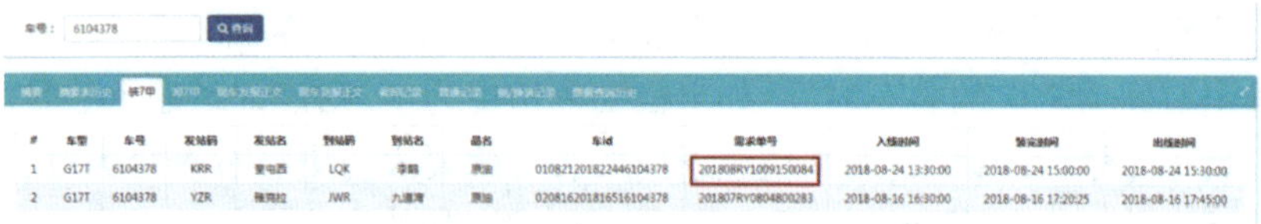

图 15-8 装 7 甲的需求单号

统/集装箱系统的卸车作业时间是一致的。

卸 7 甲显示的需求单号和摘要表历史的票据 ID 一致。在卸车完毕后需要向票据库发送票车解绑请求,这个卸完时间和票据库的票车解绑时间一致。如图 15-9、图 15-10 所示。

图 15-9 卸 7 甲的需求单号

图 15-10 摘要表历史的票据 ID

第四节 现车发报正文与现车到报正文

一、现车发报正文

现车发报正文是现车运统一的出发日志,可以查看货车开行的径路,这里面需要关注以下几个方面：当前站、票据 ID、发车时间，其中票据 ID 和摘要表（摘要表历史）的需求单 ID 一致。如果要查看当前发报正文的编组，可以点击链接【查看编组】。如图 15-11 所示。

车号： 3826941　查询

现车发报正文

#	车号	当前站代码	当前站名	票据Id	票据号	车次	到发日期	车种	载重	发站码	发站名	到站码	到站名	品名	收货人	查看明细	记事栏	车号记事栏
1	3826941	LIF	洛阳北	201808PZ8487680001	VGPZA0007318	X46001	2018-08-26 13:57:00	P70	70	VGP	金沟屯	LDF	洛阳东	型砂	洛阳古城机械有限公司	查看编组		
2	3826941	YSF	偃师	201808PZ8487680001	VGPZA0007318	X47001	2018-08-25 21:19:00	P70	70	VGP	金沟屯	LDF	洛阳东	型砂	洛阳古城机械有限公司	查看编组		√
3	3826941	GXF	巩义	201808PZ8487680001	VGPZA0007318	47001	2018-08-25 18:42:00	P70	70	VGP	金沟屯	LDF	洛阳东	型砂	洛阳古城机械有限公司	查看编组	√	√
4	3826941	ZBF	郑州北	201808PZ8487680001	VGPZA0007318	33053	2018-08-25 09:19:00	P70	70	VGP	金沟屯	LDF	洛阳东	型砂	洛阳古城机械有限公司	查看编组		
5	3826941	ONP	石家庄南	201808PZ8487680001	VGPZA0007318	X11503	2018-08-24 06:00:00	P70	70	VGP	金沟屯	LDF	洛阳东	型砂	洛阳古城机械有限公司	查看编组		
6	3826941	FXP	丰台西	201808PZ8487680001	VGPZA0007318	X11503	2018-08-23 22:05:00	P70	70	VGP	金沟屯	LDF	洛阳东	型砂	洛阳古城机械有限公司	查看编组		
7	3826941	HBP	怀柔北	201808PZ8487680001	VGPZA0007318	36508	2018-08-23 13:03:00	P70	70	VGP	金沟屯	LDF	洛阳东	型砂	洛阳古城机械有限公司	查看编组		
8	3826941	UHP	隆化	201808PZ8487680001	VGPZA0007318	36508	2018-08-22 07:30:00	P70	70	VGP	金沟屯	LDF	洛阳东	型砂	洛阳古城机械有限公司	查看编组		
9	3826941	VGP	金沟屯	201808PZ8487680001	VGPZA0007318	42591	2018-08-19 07:32:00	P70	70	VGP	金沟屯	LDF	洛阳东	型砂	洛阳古城机械有限公司	查看编组		
10	3826941	UPP	滦平			42571	2018-08-16 10:53:00	P70	0	TOP	通州			空		查看编组		
11	3826941	HBP	怀柔北			X42571	2018-08-15 03:29:00	P70	0	TOP	通州			空		查看编组		

图 15-11　现车发报正文

根据上图，可以得到车号 3826941、金钩屯发往洛阳东的车辆行驶轨迹，以及中途票车绑定情况。

二、现车到报正文

现车到报正文是现车到达运统一的日志，根据到报正文，可以查看车辆所在位置。这是系统判定车辆是否在本站的唯一标准。

需要关注以下几个点：当前站、票据 ID、接车时间，其中票据 ID 和摘要表的需求单 ID 一致。如果要查看当前发报正文的编组，可以点击链接【查看编组】。如图 15-12 所示。

车号： 3826941　查询

现车到报正文

#	车号	当前站代码	当前站名	票据Id	票据号	车次	到发日期	车种	载重	发站码	发站名	到站码	到站名	品名	收货人	查看明细	记事栏	车号记事栏
1	3826941	LDF	洛阳东	201808PZ8487680001	VGPZA0007318	X46001	2018-08-26 14:25:00	P70	70	VGP	金沟屯	LDF	洛阳东	型砂	洛阳古城机械有限公司	查看编组	√	√
2	3826941	LIF	洛阳北	201808PZ8487680001	VGPZA0007318	X47001	2018-08-25 22:10:00	P70	70	VGP	金沟屯	LDF	洛阳东	型砂	洛阳古城机械有限公司	查看编组		
3	3826941	YSF	偃师	201808PZ8487680001	VGPZA0007318	47001	2018-08-25 19:09:00	P70	70	VGP	金沟屯	LDF	洛阳东	型砂	洛阳古城机械有限公司	查看编组		√
4	3826941	GXF	巩义	201808PZ8487680001	VGPZA0007318	33053	2018-08-25 10:51:00	P70	70	VGP	金沟屯	LDF	洛阳东	型砂	洛阳古城机械有限公司	查看编组	√	√
5	3826941	ZBF	郑州北	201808PZ8487680001	VGPZA0007318	X11503	2018-08-24 17:17:00	P70	70	VGP	金沟屯	LDF	洛阳东	型砂	洛阳古城机械有限公司	查看编组		
6	3826941	ONP	石家庄南	201808PZ8487680001	VGPZA0007318	X11503	2018-08-24 05:36:00	P70	70	VGP	金沟屯	LDF	洛阳东	型砂	洛阳古城机械有限公司	查看编组		
7	3826941	FXP	丰台西	201808PZ8487680001	VGPZA0007318	36508	2018-08-23 15:36:00	P70	70	VGP	金沟屯	LDF	洛阳东	型砂	洛阳古城机械有限公司	查看编组		
8	3826941	HBP	怀柔北	201808PZ8487680001	VGPZA0007318	36508	2018-08-22 15:39:00	P70	70	VGP	金沟屯	LDF	洛阳东	型砂	洛阳古城机械有限公司	查看编组		
9	3826941	UHP	隆化	201808PZ8487680001	VGPZA0007318	42591	2018-08-19 08:56:00	P70	70	VGP	金沟屯	LDF	洛阳东	型砂	洛阳古城机械有限公司	查看编组		
10	3826941	VGP	金沟屯			42571	2018-08-16 11:31:00	P70	0	TOP	通州			空		查看编组		
11	3826941	UPP	滦平			X42571	2018-08-15 12:46:00	P70	0	TOP	通州			空		查看编组		

图 15-12　现车到报正文

现车发报正文和现车到报正文可以相互验证,得到车辆在站停留时间。

第五节 其他功能

一、调卸记录

可以查看该车的所有调卸记录。如图 15-13 所示。

图 15-13 调卸记录

二、普通记录

普通记录分多种,分别由不同的系统生成,票据格式也不一样。货运站系统换装生成的普通记录,如图 15-14 所示。

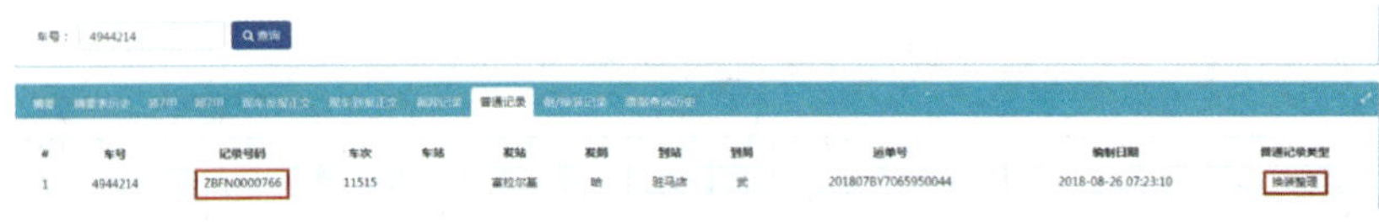

图 15-14 货运站系统的普通记录

保价系统生成的普通记录,如图 15-15 所示。

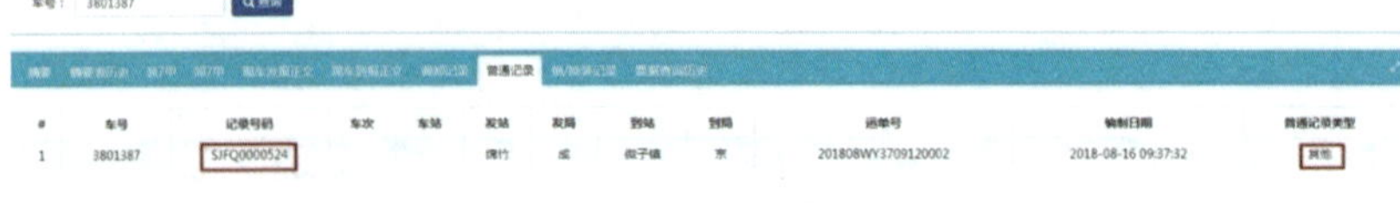

图 15-15 保价系统的普通记录

三、倒/换装记录

可以查看该车在途中的倒/换装记录,如图 15-16 所示。

车号：4944214

#	票据号码	处理站电报码	处理站名称	路局	处理时间	原车号1	新车号1	原车号2	新车号2	原车号3	新车号3	当前时间
1	FRXZA0017763	ZBF	郑州北	郑	2018-08-26 05:30:00	4944214	1665113					2018-08-26 05:30:00

图 15-16　倒/换装记录

四、票据查询历史

票据查询历史是指现车在编制运统一时从国铁集团票据服务获取该车的详细信息。这里面记录下来获取到的票据 ID 和请求时间及请求站的信息。如果票据 ID 为空，则说明这时候请求返回空车，如 图 15-17 所示。

车号：3826941

#	车号	票据id	查询时间	客户端ip	操作人	操作站代码	操作站
1	3826941		2018-08-27 05:18:32	10.101.63.51	Smis29	LDF	20180315
2	3826941		2018-08-27 03:38:01		[illegible]	AAA	05
3	3826941	201808PZ8487680001	2018-08-26 14:23:13	10.101.63.101	Smis29	LDF	20180315
4	3826941	201808PZ8487680001	2018-08-26 12:17:04	10.101.55.73	Smis29	LJF	20180315
5	3826941	201808PZ8487680001	2018-08-26 09:54:09	10.101.55.73	Smis29	LJF	20180315
6	3826941	201808PZ8487680001	2018-08-25 23:51:24	10.101.116.98	僵尸车号	YSF	僵尸
7	3826941	201808PZ8487680001	2018-08-25 22:12:17	10.101.55.71	Smis29	LJF	20180315
8	3826941	201808PZ8487680001	2018-08-25 21:21:25	10.101.116.35	僵尸车号	YSF	僵尸
9	3826941	201808PZ8487680001	2018-08-25 20:45:47	10.101.116.98	僵尸车号	YSF	僵尸
10	3826941	201808PZ8487680001	2018-08-25 19:09:47	10.101.116.35	僵尸车号	YSF	僵尸
11	3826941	201808PZ8487680001	2018-08-25 19:08:12	10.101.116.35	僵尸车号	YSF	僵尸
12	3826941	201808PZ8487680001	2018-08-25 19:01:14	10.101.116.35	僵尸车号	YSF	僵尸
13	3826941	201808PZ8487680001	2018-08-25 18:59:17				
14	3826941	201808PZ8487680001	2018-08-25 18:03:14	10.101.119.69	Smis29	GXF	20180315
15	3826941	201808PZ8487680001	2018-08-25 14:58:24	10.101.119.69	Smis29	GXF	20180315

图 15-17　票据查询历史

附录一

铁路货运票据电子化管理暂行办法

（铁总货〔2018〕40号）

第一章 总 则

第一条 为适应货运票据电子化条件下运输生产组织需要，确保货物运输安全和信息数据质量，依据相关规定，制定本办法。

第二条 本办法适用于中国铁路总公司（以下简称总公司）及所属各铁路局集团公司、专业运输公司。各铁路局集团公司对与国家铁路办理直通运输的合资铁路、地方铁路和与国家铁路接轨的铁路专用线、专用铁路应根据本办法签订相关协议予以明确。

第三条 货运票据电子化实施范围包括整车、集装箱、批量、零散货物运输，以及不良货车、检修车、机车车辆、用具、货物回送等业务。铁路货运、车务、车辆和机务等相关作业环节依据货运票据电子信息进行管理，组织作业。

军事运输、水陆联运、零散货物快运环线运输、路产专用货车回送暂按既有规定执行。国际联运本办法未规定的按既有规定执行。

第四条 货运票据电子化相关票据主要包括：货物运单（含国际联运国内段运单）、货车装载清单、特殊货车及运送用具回送清单、货运记录、普通记录、商务记录、物品清单、不良货车通知单、装卸作业单、货车篷布交接单、货车调送单、垫款通知书、车辆检修通知单、检修车回送单、检修车辆竣工验收移交记录、检修车辆竣工移交记录、新造车辆竣工移交记录、货物运输变更要求书、超限超重货物运输记录、调卸作业单、列车编组顺序表等。

货运票据电子化相关票据格式及编号规则见附件1，未列票据格式执行既有规定。

第五条　货运票据电子化相关信息系统主要包括:电子货运票据管理系统(以下简称货票系统)、铁路货运电子商务系统(以下简称电商系统)、铁路货运站安全监控与管理系统(以下简称货运站系统)、铁路集装箱运输管理信息系统(以下简称集装箱系统)、铁路零散货物快运系统(以下简称零散系统)、铁路集装化用具管理系统(以下简称集装化系统)、铁路保价运输管理系统(以下简称保价系统)、接取送达系统、铁路危险货物运输安全管理与监控系统、铁路货运计量安全检测监控系统、铁路货检安全监控与管理系统(以下简称货检系统)、铁路车站综合管理信息系统(以下简称现车系统)、铁路确报管理信息系统(以下简称确报系统)、铁路运输信息集成平台(以下简称集成平台)、货车技术管理信息系统(以下简称 HMIS 系统)、车站十八点统计分析系统(以下简称十八点系统)、国境站管理信息系统(以下简称国境系统)、运输调度管理系统等。

第六条　货运票据电子信息是铁路进行货运服务、生产组织、调度指挥、统计分析、收入核算、财务清算、绩效考核的依据。各铁路局集团公司、专业运输公司、信息中心、铁科院应按各自职责建立完善的管理制度,强化人员、技术、网络、安全、设备等保障机制和应急措施,实现电子信息在铁路货物运输全过程完整、准确、及时采集和传递。

第七条　货运票据电子化相关信息系统数据由总公司各专业管理部门归口管理,需使用相关数据时,须经总公司业务主管部门同意。总公司以外单位使用相关数据时,应经总公司批准。有关数据资料和信息不得擅自公开、公布,严格按权限使用。

第二章　职 责 分 工

第八条　铁路各级管理部门应按照专业管理、逐级负责的要求和保安全、保畅通、保服务的原则开展货运票据电子化管理工作。

第九条　总公司负责制定货运票据电子化发展规划,建立信息共享机制,优化和完善系统功能。根据专业管理职能,制定管理办法,修订相关规章和作业标准,并组织实施。做好货运票据电子化数据质量分析监控和工作质量考核评价工作。相关部门(单位)职责如下。

（一）货运部主要职责：负责货运票据电子化牵头管理工作，提出货运票据信息化需求和发展规划建议，推进货运信息化建设和运用工作。负责组织协调相关部门开展顶层设计、系统研发和实施推进，制定系统应用和作业管理制度，修订相关货运规章、作业流程和质量标准，并组织落实。履行货运专业管理职责，对涉及货运岗位的票据电子化工作进行检查督导和考核评价。

（二）发展和改革部主要职责：积极支持货运票据电子化建设。对货运票据电子化统计相关工作进行管理和指导，提出统计共享需求。

（三）企业管理和法律事务部主要职责：对货运票据电子化所涉及的法律事务进行管理和指导。

（四）财务部主要职责：负责根据货运票据电子化实施情况，完善运输收入、财务清算制度并监督实施；指导铁路局集团公司开展收入稽查和财务有关的票据管理工作；为信息系统和设备运行维护提供资金保障。

（五）科技和信息化部主要职责：负责组织货运票据信息化项目方案评审、应用软件技术评审以及项目质量监督和评价考核工作；负责货运票据电子化数据资源统筹管理工作，提出货运票据信息化发展规划建议。

（六）国际合作部主要职责：负责货运票据电子化所涉及的国际联运规章管理和对外协调工作。

（七）运输统筹监督局主要职责：根据货运票据电子化实施情况，负责提出运输十八点统计需求，完善相关指标体系，指导、监督十八点统计工作。

（八）调度部主要职责：根据货运票据电子化实施情况，提出建设需求和规划建议，推进车务、调度信息化建设和运用管理工作，修改相关车务、调度规章制度，对涉及货运票据电子化车务相关工作进行监督检查和考核评价。

（九）机辆部主要职责：负责根据车辆购置、配属、转属、调拨、检修等情况，统一管理和更新维护车辆车型车号字典库；根据货运票据电子化实施情况，提出建设需求和规划建议，推进机辆信息化建设和运用管理工作。

（十）工电部主要职责：负责根据货运票据电子化业务需求提出通信网规划建议，指导、监督铁路局集团公司开展网络建设、运用、维护、监测与技术管理工作。

（十一）信息中心主要职责：负责货运票据电子化所涉及相关信息系统的工程建设、质量安全及日常管理工作；负责牵头制定信息系统运行维护、网络安全管理办法并监督实施；负责货运票据相关信息系统的应急协调和故障处置，网络平台、传输平台、系统平台及运行环境的安全保障及系统运行监控与技术支持。

（十二）铁科院主要职责：负责按业务、技术要求做好货运票据电子化所涉及相关系统的适应性完善、维护和技术支持以及应急处置，协助信息系统主管部门对全路运用系统进行技术指导，组织应用系统更新和应用培训。

第十条　铁路局集团公司主要职责。

（一）落实总公司货运票据电子化管理制度，明确相关部门的管理职责和工作内容，做好组织协调、检查指导、数据分析、质量考核等工作。

（二）负责完善货运票据电子化相关的信息技术、货运作业、行车组织、调度指挥、车辆运用等方面的规章制度和作业标准，制定系统应用和作业管理细则，并组织实施。

（三）负责运输收入核算，以及运输收入稽查工作。

（四）负责建立保障机制，做好人员配备、网络通道、设备配置、系统运维、网络安全、技术支持等工作。

（五）负责制定货运票据电子化培训计划，组织开展业务培训。

（六）成立应急处置工作小组，制定应急预案，及时妥善处理现场作业出现的异常情况，保证运输安全和生产秩序。

（七）对客户做好货运票据电子化相关业务解释、意见建议收集、反馈和回访工作。

第三章　管 理 要 求

第十一条　各铁路局集团公司应严格按照《铁路货运票据电子化作业办法》（以下简称《作业办法》）组织生产，运用高拍仪、身份证识别装置等技术设备，落实实名制托运、交付的规定，并结合现场实际，修订岗位作业指导书，明确各岗位工作职责、作业流程和质量标准。

第十二条　各铁路局集团公司应加强现场检查指导工作，督促作业人员严格落实规章制度和作业标准,按照“发站从严”“谁作业谁录入”和“优先使用设备采集和录入”的原则,及时、准确录入相关信息,并按照“货物运输标准记事及说明”(附件2)规定填记电子记事,保证运输安全和生产秩序。

第十三条 各铁路局集团公司应组织业务技术人员,运用“铁路货运电子票据综合应用管理系统”按日、周、月开展生产作业数据分析工作,督促现场作业人员做好现场实际、作业信息、电子票据核对工作,发现信息不一致时,按照《作业办法》及时处理。

第十四条 各铁路局集团公司应建立健全管理制度,加强相关信息系统实际操作人员用户名、密码管理,杜绝无关人员擅自登录系统,录入错误信息,影响运输生产和对外服务。对管理不善造成后果的,要依法依规追究责任。

各铁路局集团公司应将货运票据电子化相关岗位应掌握的业务知识及系统操作技能纳入培训计划,编制培训教材,组织培训,提高现场人员的业务素质和作业技能。

第十五条 总公司、各铁路局集团公司应做好货运票据电子化的人员配备、设备配置、网络配套、技术支持等工作。

(一)人员配备。各铁路局集团公司应明确主管部门,选配业务、信息等专业技术人员负责货运票据电子化工作,配齐配强各环节作业人员。

(二)设备配置。各铁路局集团公司应按要求合理配置服务器、电脑、高拍仪、身份证识别仪(可集成)、密码器、打印机、手持终端、网络交换机、不间断电源等硬件设备,做好日常管理和更新维护工作,避免设备闲置,满足货运票据电子化需要。

(三)网络配套。各铁路局集团公司应按照总公司通信网规划和有关技术标准,结合通信光纤宽带接入网“最后一公里”建设和“两网融合”等工作,做好网络建设、运用、维护和技术管理工作,实现总公司、铁路局集团公司、车站(含货运、装卸、货检,车务车号,车辆检修及运用作业岗位)三级联网。

(四)技术支持。各信息系统研发单位要按照总公司的要求,完成货运票据电子化相关信息系统的研发、功能优化和技术支持工作,保证信息系统正常运行。各铁路局集团公司信息部门确保系统运行稳定、数据信息安全。

（五）经费保障。总公司、各铁路局集团公司应做好货运票据电子化系统研发、运营维护的财务成本预算以及相关设施设备更新改造的资金保障。

第四章　系统维护

第十六条　信息系统管理和维护采用集中管理、分级负责、分层落实的办法。

（一）统一性原则。信息系统数据字典、接口格式及内容全路统一。

（二）规范性原则。信息系统的站名字典、品名字典、车辆字典、专用线字典等内容不得随意改动，其修改和维护必须依据总公司业务主管部门发布的文电和有关规定，严格按权限进行。

（三）及时性原则。信息系统的修改和维护与规章、文电同步进行，严格按规章、文电执行时间准确发布。

第十七条　信息系统日常运行维护。

（一）信息系统软件维护工作以维持软件正常运行，满足运输生产需求为原则，在响应时间上的优先级由高到低依次是：改错性维护、适应性维护、日常咨询、完善性维护。

（二）各级维护单位根据信息系统应用情况和出现的问题提供日常技术咨询，定期检查应用软件运行状态，查阅应用软件运行日志，查看有无报警、故障信息，跟踪处理。

（三）各级维护单位定期进行数据备份，定期进行备份数据恢复性试验，确保故障发生后尽快恢复最新数据。

（四）各级维护单位负责网络与网络设备管理，对系统运行期间出现的网络故障、网络安全及性能等存在的问题进行实时监控，及时解决，消除网络及安全隐患。

（五）各级维护单位负责机房等基础设施及硬件运维，定期对各个信息系统硬件设备进行全面检查维护，包括应用服务器、接口服务器、数据库服务器、UPS 电源、计算机等。

第十八条　信息系统间接口格式、内容变更应由信息系统负责人提出申请，经总公司专业管理部门审核后，及时更新接口文档，并向各相关信息系统发布。接口文档一般应具备兼容性,接口修改完成后,应同步做好相关系统更新方案。

第十九条 各铁路局集团公司应按照总公司统一部署,在规定的时限内完成相关系统的升级工作,每次升级完毕后均需向总公司上报版本号。版本号12位,规则如下:

(一)系统名定义:现车XC;箱管XG;货运站HY;货票HP;零散LS;电商DS;集装化用具JZ;危险品WX;保价BJ;货检HJ;GJ国境等。

(二)开发单位名称定义:TK铁科;GT广铁;TH通号;SY沈阳;WL乌鲁木齐;CD成都;LZ兰州等。

(三)版本号格式:系统名. 开发单位年月日yyMMdd+一位小版本号+:+一位参数。

如:铁科院发布的2018年3月10日现车系统升级的版本号为:XC. TK180310X:X。

第二十条 信息系统功能升级应保证业务流程的顺畅、生产环境的稳定。遇系统故障影响该系统的继续使用且该影响范围较大;系统功能已经无法满足业务开展且会造成较大范围的业务停顿时可进行紧急升级。

第二十一条 信息系统监控内容包括机房环境、设备硬件、程序及进程等,在技术条件许可的前提下,应尽量采用自动监控策略,不具备技术监控条件的,应进行人工监控。

第五章 应急处置

第二十二条 总公司、各铁路局集团公司相关专业部门应根据实际情况制定应急预案,从人员、信息、技术、设备等方面做好应急储备,及时有效地处置突发问题。

第二十三条 发生网络中断、非正常停电、系统异常、硬件故障、数据差错、数据丢失、程序报错等突发情况,影响运输生产秩序时,应根据故障情况逐级启动应急预案。

第二十四条 货运票据电子化相关系统主机房及主要岗位应配备两路以上电源供电,且电源可自动切换,或配备相应的不间断电源设备。

第二十五条　遇系统严重故障无法恢复，影响对外服务时，应及时报告、公示和处理，并做好对外解释工作。

第六章　监 督 检 查

第二十六条　总公司相关部门要加强对货运票据电子化工作的监督检查，对影响数据质量的关键性、典型性、普遍性问题进行分析研判，制定解决方案，定期对全流程数据质量进行评价考核。

第二十七条　各铁路局集团公司应明确货运票据电子化全流程数据质量管理要求，及时查找和分析影响数据质量的原因，制定有效措施，协调解决各类问题，杜绝装卸车数据造假、统计数据失真等问题，保证数据质量。

第七章　附　　则

第二十八条　纸质运单、物品清单、货物运输变更要求书、货车调送单等票据保管期限为 5 年，国际联运运单、国际联运国内段运单保管期限为 10 年。其他有保管期限的票据按既有规定执行。未明确保管期限的货运票据保管期限暂为 1 年。

第二十九条　托运人应按照国家有关规定，在货物运单背书“货物托运安全承诺书”处签章，不再另行签认“货物托运安全承诺书”。

第三十条　本办法未尽事宜，按总公司既有规定执行。各铁路局集团公司结合实际工作制定实施细则。

第三十一条　本办法由总公司货运部负责解释。

第三十二条　本办法自 2018 年 3 月 28 日起施行，以电子货物运单、货车装载清单、特殊货车及运送用具回送清单、货运记录、普通记录、物品清单、车辆检修通知单、检修车回送单等货运票据替代纸质货运票据传递和交接，前发《中国铁路总公司关于修改货运票据格式的通知》（铁总货〔2017〕268 号）、《中国铁路总公司关于印发〈铁路货运票据电子化试运行期间作业办法〉的通知》（铁总货〔2017〕317 号）同时废止。总公司前发其他文电与本办法不一致的，以本办法为准。

附件 1：货运票据格式及编号规则

附件 2：货物运输标准记事及说明

附件 1

货运票据格式及编号规则

一、货运票据格式及填写说明

(一)铁路货物运单格式

铁路货物运单,是铁路货物运输合同或运输合同的组成部分,也是铁路收取货物运输费用的结算单据之一,系一整套票据,由带编号的 6 联和不带编号的需求联组成,可以按照需求分别打印各联。各联打印规格均为 A4(297 mm×210 mm)。

序号	各联名称	领收人	用途	备注
第 1 联	货物运单正本 (发站存查联)	发站	发站留存的已生效的运输合同	相同的运单号
第 2 联	货物运单副本 (收款人报告联)	发站	发站收款的已生效的运输合同(财务凭证)	
第 3 联	货物运单正本 (托运人存查联)	托运人	托运人留存的已生效的运输合同	
第 4 联	货物运单副本 (到站存查联)	到站	到站留存的已生效的运输合同	
第 5 联	货物运单副本 (收货人存查联)	收货人	收货人留存的已生效的运输合同	
第 6 联	货物运单副本 (领货凭证联)	收货人	收货人在到站办理领货的凭证	
第 7 联	货物运单 (需求联)	发站	记录客户提报需求,发站留存	无运单号

铁路货运
CHINA RAILWAY FREIGHT

安卓手机客户端

中国铁路 × × 局集团有限公司

货 物 运 单

BKHZA0123456

（整车、集装箱、批量、零散）

需求号：201708HY6666660001

第×联　×××联

托运人	发站(公司)		专用线			货区			
	名称		经办人			货位			
			手机号码			车种车号			
	□上门取货	取货地址	联系电话			取货里程(km)			
收货人	到站(公司)		专用线			运到期限		标重	
	名称		经办人			施封号			
			手机号码			篷布号			
	□上门送货	送货地址	联系电话			送货里程(km)			
付费方式	□现金□支票□银行卡□预付款□汇总支付		领货方式	□电子领货 □纸质领货		装车方		施封方	

货物名称	件数	包装	货物价格(元)	重量(kg)	箱型箱类	箱号	集装箱施封号	承运人确定重量(kg)	体积(m^3)	运价号	计费重量(kg)
合计											

		费目	金额（元）	税额（元）	费目	金额（元）	税额（元）
选择服务	□上门装车						
	□上门卸车						
	□保价运输 □装载加固材料 □仓储 □冷藏(保温)						
	其他服务						
增值税发票类型 □普通票 □专用票	受票方名称： 纳税人识别号： 地址、电话： 开户行及账号：	费用合计	大写：				

托运人记事： 签章	承运人记事： 卸货时间　月　日　时　到站收费票据号码 通知时间　月　日　时　领货人身份证号码 货运员　车站日期戳

收货人签章　　车站接（交）货人签章　　制单人　　制单日期

背　书

托运人须知

1. 托运人在铁路托运货物,在本单签字或盖章,即证明愿意遵守《中华人民共和国合同法》《中华人民共和国铁路法》《铁路安全管理条例》等法律法规,以及《铁路货物运输规程》等铁路规章的有关规定。

2. 托运人应签署《货物托运安全承诺书》,不得匿报、谎报货物品名,不得托运或在所托运货物中夹带国家禁止运输的物品,不得在普通货物中夹带危险货物,不得在危险货物中夹带禁止配装的货物。

3. 托运人在本单所记载的货物名称、件数、包装、价格、重量等事项应与货物的实际完全相符,并对其真实性负责。

4. 货物的内容、品质和价格是托运人提供的,承运人在接收和承运货物时并未全部核对。

5. 托运人应妥善保管电子领货密码或领货凭证,并及时将电子领货密码告知或将领货凭证寄交收货人,收货人凭电子领货密码或领货凭证经到站验证后,在到站领取货物。

6. 托运人选择电子领货方式时,应在电子运单中正确填记收货人的经办人姓名、身份证号码、手机号码和电子领货密码。

7. 托运人选择保价运输时,应填写货物的实际价格,作为计算"保价金额"的依据。当货物在运输过程中发生损失时,承运人对保价货物按照货物的保价金额和损失比例赔偿,对非保价货物,按规定的限额赔偿。

8. 托运人应凭本单于次月底前开具增值税发票。

9. 本单于托运人和承运人双方签字或盖章之时起生效。

收货人须知

1. 收货人应妥善保管电子领货密码或领货凭证，接到货物到达通知后，及时领取货物。

2. 收货人凭电子领货密码领取货物时，应同时出示身份证原件；委托他人领取货物时，收货人应登录铁路货运网上营业厅，正确填记被委托人姓名、身份证号码、手机号码等委托信息，被委托人凭电子领货密码和本人身份证原件领取货物。

收货人凭领货凭证领取货物时，应同时出示身份证原件；委托他人领取货物时应同时提供领货凭证、收货人身份证复印件、被委托人身份证原件和委托书。收货人为法人单位时，除提供经办人身份证原件外，还需提供加盖单位公章的委托书。

3. 收货人应按规定支付相关费用。

4. 收货人接收货物时，发现货物损失应立即向承运人提出。

5. 货物交付完毕，合同即为履行完毕；此后发生问题，承运人不承担责任。

货物托运安全承诺书

根据《中华人民共和国铁路法》《铁路安全管理条例》，托运货物必须遵守国家关于禁止或者限制运输物品的规定；托运人托运货物，不得匿报、谎报货物品名、性质、重量，不得在普通货物中夹带危险货物，不得在危险货物中夹带禁止配装的货物。

依据《铁路安全管理条例》第九十六条规定，托运人托运货物时，将危险货物谎报或者匿报为普通货物托运的，或在普通货物中夹带危险货物，由铁路监督管理机构依法处置。依据《中华人民共和国铁路法》第六十条规定，以非危险品品名托运危险品，导致发生重大事故的，依照刑法有关规定追究刑事责任。

本公司（本人）已阅知上述法律法规规定。承诺申报的货物运单和物品清单所填记事项真实，与实际货物相符，没有匿报、错报货物品名。托运的货物没有国家法律法规及铁路部门禁止托运或混装的货物。违反此承诺造成的一切法律责任及后果由本公司（本人）承担。

托运人（盖章/签字）：　　　　　　　　　年　　月　　日

货物运单填制说明

1. 货物运单右上角打印运单号码和对应的条形码。运单号码由5位字母(3位车站电报码,1位票种代码,1位窗口代码)和7位数字(7位循环顺序号)组成。运单上的条形码,供自动识别。

2. 根据托运人选择的运输方式,在货物运单右上角分别自动打印“整车、集装箱、批量、零散”等字样。

3. 货物运单左上角打印铁路货运统一标识、App下载应用的二维码等相关内容。货物运单底部打印收货人签章、车站接(交)货人签章、制单人、制单日期等栏目。货物运单框内左半部分为托运人填写部分,右半部分为承运人填写部分,以黑色加粗折线分隔。

4. 托运人填写部分说明,带“ * ”的栏目为必填项。

栏号	栏目名称		内容填写说明
1	托运人	发站(公司) *	发站按《铁路货物运价里程表》规定的站名完整填记,不得简称。(公司)名,为系统自动生成
2		专用线	在专用线或专用铁路装车时,填写该专用线全称
3		名称 *	填写托运单位的完整名称,如托运人为个人时,则应填记托运人姓名和身份证号码
4		经办人	填写经办人姓名。姓名超过5个汉字时,根据经办人要求填记姓名简称,并在托运人记事栏内填记姓名全称
5		手机号码	填写经办人手机号码
6		取货地址	选择上门取货服务时,应详细填写取货地点所在省、市、自治区城镇街道和门牌号码或乡、村名称及取货联系人姓名
7		联系电话	选择上门取货服务时,应填写取货联系人电话号码
8	收货人	到站(公司) *	到站按《铁路货物运价里程表》规定的站名完整填记,不得简称。(公司)名,为系统自动生成
9		专用线	在专用线或专用铁路卸车时,填写该专用线全称
10		名称 *	填写收货单位的完整名称,如收货人为个人时,则应填记收货人姓名

续上表

栏号	栏目名称		内容填写说明
11	收货人	经办人	填写经办人姓名。姓名超过5个汉字时,根据经办人要求填记姓名简称,并在托运人记事栏内填记姓名全称
12		手机号码	填写经办人手机号码
13		送货地址	选择上门送货服务时,应详细填写送货地点所在省、市、自治区城镇街道和门牌号码或乡、村名称及收货联系人姓名
14		联系电话	选择上门送货服务时,应填写收货联系人电话号码
15	付费方式 *		客户可选择现金、支票、银行卡、预付款、汇总支付等方式,选择汇总支付或预付款的,应填写汇总支付或预付款的凭证号码
16	领货方式 *		客户可选择纸质领货或电子领货,选择电子领货时,须设置领货经办人身份证号码、领货密码等信息
17	货物名称 *		应按《铁路货物运价规则》附件三“铁路货物运输品名检查表”,危险货物则按《铁路危险货物品名表》所列的货物名称完整、正确填写。托运危险货物并应在品名之后用括号注明危险货物编号。“铁路货物运输品名检查表”或《铁路危险货物品名表》内未经列载的货物,应填写生产或贸易上通用的具体名称,但须用《铁路货物运价规则》附件一“铁路货物运输品名分类与代码表”相应类项的品名加括号注明。 按一批托运的货物,不能逐一将品名填记在货物运单内时,须另填物品清单,承运后由车站打印一式两份,托运人签章,一份由发站存查,一份交托运人。 需要说明货物规格、用途、性质的,在“货物描述”中加以注明
18	件数 *		应按货物名称及包装种类,分别记明件数,“合计件数”栏填写货物的总件数。 承运人只按重量承运的货物,则在本栏填记“堆”“散”“罐”字样

续上表

栏号	栏目名称		内容填写说明
19	包装		记明包装种类,如“木箱”“纸箱”“麻袋”“条筐”“铁桶”“绳捆”等。按件承运的货物无包装时,填记“无”字。使用集装箱运输的货物或只按重量承运的货物,本栏可以省略不填
20	货物价格(元)		应填写该项货物的实际价格,全批货物的实际价格为确定货物保价金额的依据。(托运人选择保价运输时,为必填项)
21	重量(kg) *		应按货物名称及包装种类分别将货物实际重量(包括包装重量)用千克记明,“合计重量”栏,填记该批货物的总重量
22	箱型箱类		箱型填集装箱对应箱型,如“20”“25”“40”“45”“50”。箱类填集装箱对应箱类,如“通用标准箱”“35 吨敞顶箱”等
23	箱号		填写包括箱主代码在内的 11 位集装箱箱号
24	集装箱施封号		填写集装箱的铁路施封锁号码
25	选择服务	上门装车	选择上门装车的,需详细填记货物单件规格、重量等特约事项
26		上门卸车	选择上门卸车的,需详细填记货物单件规格、重量等特约事项
27		保价运输、装载加固材料、仓储、冷藏(保温)	托运人根据需要选择相应服务
28		其他服务	托运人、承运人双方认可的其他服务事项
29	增值税发票类型		需要开具增值税发票的,选择填记“普通票”“专用票”,并填记受票方名称、纳税人识别号、地址、电话、开户行及账号等信息

续上表

栏号	栏目名称	内容填写说明
30	托运人记事	填写需要由托运人声明的事项。例如： 1. 货物状态有缺陷，但不致影响货物安全运输，应将其缺陷具体注明。 2. 需要凭证明文件运输的货物，应将证明文件名称、号码及填发日期注明。 3. 托运人派人押运的货物，注明押运人姓名和证件名称及号码。 4. 托运易腐货物或“短寿命”放射性货物时，应记明容许运输期限。选择冷链（保温）运输时，应记明具体运输条件、要求。 5. 使用自备货车或租用铁路货车在营业线上运输货物时，应记明“××单位自备车”或“××单位租用车”。使用自备篷布时，应记明自备篷布号码。 6. 国外进口危险货物，按原包装托运时，应注明“进口原包装”。 7. 托运零散快运货物时，应注明单件最大重量和单件最大长、宽、高。 8. 托运人要求办理铁路货物运输保险时，应注明“已投保运输险”。 9. 其他按规定需要由托运人在运单内记明的事项。 10. 经办人姓名超过5个汉字时，应填记姓名全称
	签章 *	托运人于货物运单打印完毕，并确认无误后，在此栏盖章或签字

5. 承运人填写部分说明

栏号	栏目名称	内容填写说明
31	货区	填写货物堆存货区
32	货位	填写货物堆存货位
33	车种车号	填写货物装载的铁路货车车种、车型和车号
34	取货里程(km)	根据托运人填写的取货地址确定的取货里程
35	运到期限	填写按规定计算的货物运到期限日数
36	标重	填写铁路货车对应的标记载重
37	施封号	填写货车的施封号码
38	篷布号	填写所苫盖的铁路货车篷布号码

续上表

栏号	栏目名称	内容填写说明
39	送货里程(km)	根据托运人填写的送货地址确定的送货里程
40	装车方	根据装车组织人,填写“托运人”或“承运人”
41	施封方	根据施封负责人,填写“托运人”或“承运人”
42	承运人确定重量(kg)	除一件重量超过车站衡器最大称量的货物外,其他货物由承运人确定货物重量,按货物名称及包装种类分别填记。“合计重量”栏填记该批货物总重量
43	体积(m^3)	按货物名称及包装种类分别填记。“合计体积”栏填记该批货物总体积
44	运价号	填记货物名称对应的运价号
45	计费重量(kg)	整车货物填记货车标记载重量或规定的计费重量;零散货物填记按规定处理尾数后的重量或起码重量
46	费目、金额(元)、税额(元)	按规定的计费科目及费用填写
47	费用合计	填写所有费用合计的小写金额
48	大写	填写所有费用合计的大写金额
49	承运人记事	填记需要由承运人记明的事项,例如: 1. 货车代用记明批准的代用命令; 2. 途中装卸的货物,记明计算运费的起讫站名; 3. 需要限速运行的货物和自有动力行驶的机车,记明铁路局集团公司承认命令; 4. 对危险货物或鲜活货物,应按货物性质,在记事栏中选择“爆炸品”“氧化性物质”“毒性物质”“腐蚀性物质”“易腐货物”等记事,以及经铁路局集团公司批准按普通货物运输的危险货物记载事项; 5. 机械冷藏等有工作车的成组货车装车时,记载工作车车号; 6. 托运人要求办理铁路货物运输保险时,应记载保险单号码; 7. “卸货时间”由到站按卸车完毕的时间填写; 8. “通知时间”按发出领货(送货)通知的时间填写; 9. 填写“到站收费票据号码”和“领货人身份证号码”; 10. 需要由承运人记明的其他事项
50	签章	收货人签章:收货人领货时签字或盖章。 车站接(交)货人签章:发站上门取货人员名章、到站上门送货人员名章

(二)货车装载清单格式

No. ×××××××××××

货车装载清单

装车站：　　　　卸车站：　　　　车次：　　　　年　　月　　日

车种车号			标记载重			施封号码			篷布号码		
运单号	发站	到站	货物名称	件数	包装	重量(kg)	箱型	箱类	箱号	箱施封号	记事
承运人记事			合计								

计划员：

装车货运员：　　　　卸车货运员：

装车工组：　　　　卸车工组：

装车信息确认：　　　　卸车信息确认：

货运车长：　　　　货运车长：

注：1. 本单适用于整车、集装箱、批量、零散快运。

2. 按照货物运单“承运人记事”栏要求填记“承运人记事”栏。

3. 装运整车时，“件数”栏填实际件数，“施封/篷布号码”栏填施封号、篷布号，装车货运员、卸车货运员签字。

4. 装运集装箱时，“件数”栏填1，“装车站”“卸车站”栏仅在中转时填记，计划员、装车货运员、卸车货运员签字。

5. 装运零散快运时，填“装车站”“卸车站”“车次”，装运小型箱时“箱型”栏填1.5 t，装卸车货运员、装卸工组、装卸信息确认、货运车长签字。

规格：297 mm×210 mm

（三）特殊货车及运送用具回送清单格式

No. ××××××××××××

特殊货车及运送用具回送清单

发站（公司）		到站（公司）		发送日期		回送命令号码	
车种车号		施封/篷布号码		到达日期		回送种类	
回送的货车或运送用具				承运人记事			
种　类	号　码	数　量	重　量(kg)	附　　注			
合计							

发站经办人：　　　　　　　　到站经办人：

注：1. 本清单一车一单，发到站打印留存。

2. 按调度命令回送的应将命令号码记入“回送命令号码”栏内，局管内回送的填记局调度命令，跨局回送的填记总公司调度命令。

3. 按照货物运单“承运人记事”栏要求填记“承运人记事”栏。

4. “回送种类”分为：洗刷货车、集装箱、篷布、用具、军用备品。

5. 回送须洗刷除污的货车时，“回送种类”栏填记洗刷货车，“车种车号”栏填记车种车型车号，“种类”“号码”“数量”栏不填记。

6. 回送集装箱时，“回送种类”栏填记集装箱，“种类”栏填记箱型箱类，“号码”栏填记箱号，“数量”栏填记箱数。

7. 回送篷布时，“回送种类”栏填记篷布，“数量”栏填记回送张数，“种类”“号码”栏不填记。

8. 回送用具时，“回送种类”栏填记用具，“种类”栏填记运营衡器、装卸机具、集装化用具，“号码”栏不填记，“数量”栏填记用具数量．“附注”栏填记用具名称，如回送 1.5 t 小型铁路箱时，附注栏填记“1.5 t 小型箱”。

9. 回送军用备品时，“回送种类”栏填记军用备品，“种类”栏填记移动设备（备品）、移动站台、装卸备品、加固材料（装置），“号码”栏不填记，“数量”栏填记军用备品数量。

10. “重量”栏按照《铁路货车统计规则》规定填记。

规格：297 mm×210 mm

(四)货运记录格式

货 运 记 录

(　　　　)

No. ××××××××××××

补充编制货运记录时记入 补充______公司__________站所编第________号___________记录

一、一般情况

办理种别________运单号码__________________________于______年______月________日承运

发　　站________发公司__________托运人__________________________装车单位________

到　　站________到公司__________收货人__________________________卸车单位________

车种车型________车　号__________标　重________吨

________年____月____日 第__________次列车到达

________年____月____日____时____分卸车________年______月______日______时______分卸完

封印:施封单位____________/______________施封号码____________/____________

篷布:篷布号码________________保价/保险________________货物价格________________元

二、货损情况:

项目	货物名称	件数	包装	重量(kg)		托运人记载事项
				托运人	承运人	
票据原记载						
按照实际						
货物损失详细情况						

三、参加人签章:

车站负责人__________编制人__________审 核 人__________

公 安 人 员__________收货人__________其他人员__________

四、附件:　1. 普通记录__________页　2. 封印______个　3. 其他__________

五、交付货物时收货人意见____

年　　月　　日货运记录(货主页)已交由　　　　　　领取。

年　　月　　日编制　　　　中国铁路××局集团有限公司　　　××车站(章)

规格:210 mm×297 mm

（五）普通记录格式

普 通 记 录

No. ××××××××××

发站__________ 发公司________ 托运人____________________
到站__________ 到公司________ 收货人____________________
运单号码________________ 车种车型________ 车号____________
货物名称__________________________
于____年___月___日____时_____分第_______次列车到达

发生的事实情况或车辆技术状态	新车号 1		新车号 2		新车号 3	
	新封号 1		新封号 2		新封号 3	
	新重量 1		新重量 2		新重量 3	

厂修	
段修	
辅检	

参加人员： 单位戳记
车　　站：
车 辆 段：
其　　他：

年　月　日

注：1. 带号码的普通记录，编制单位打印存查，接方打印留存作为证明。
2. 普通记录号码由系统自动生成。

规格：210 mm×297 mm

（六）物品清单格式

物　品　清　单

No. ××××××××××××

发站＿＿＿＿＿＿　需求号＿＿＿＿＿＿＿＿＿＿＿＿　车号/箱号＿＿＿＿＿＿＿＿

序号	物品名称	包装	件数	重量(kg)	体积(m^3)	价格(元)	备注
合计							

托运人签章＿＿＿＿＿＿＿＿

年　　月　　日

注:1. 本清单一式两份,由托运人填写,内容必须真实、准确。发站将物品清单与实际货物核实后,打印两份,一份经托运人签字盖章后留存,一份交托运人。
2. 托运物品不得夹带物品清单未列载的物品。
3. 备注栏填记托运人需特殊说明的事项。

规格:210 mm×297 mm

（七）货物运输变更要求书格式

货物运输变更要求书

变更号码：××××××××××××

变更要求人＿＿＿＿＿＿ 印章＿＿＿＿＿ 经办人身份信息＿＿＿＿＿＿＿ 年　月　日　调度命令号：

<table>
<tr><td rowspan="6">客户填记</td><td>变更事项</td><td>新到站</td><td></td><td>新收货人</td><td colspan="6"></td></tr>
<tr><td rowspan="5">原货物运单记载事项</td><td>运单号码</td><td>发站</td><td>到站</td><td colspan="2">托运人</td><td colspan="2">收货人</td><td colspan="2">办理种别</td></tr>
<tr><td></td><td></td><td></td><td colspan="2"></td><td colspan="2"></td><td colspan="2"></td></tr>
<tr><td>车种车号</td><td colspan="2">货物名称</td><td colspan="2">件数</td><td colspan="2">重量</td><td colspan="2">承运日期</td></tr>
<tr><td></td><td colspan="2"></td><td colspan="2"></td><td colspan="2"></td><td colspan="2"></td></tr>
<tr><td>变更原因</td><td colspan="8"></td></tr>
<tr><td rowspan="3">承运人填记</td><td rowspan="3">记载事项</td><td>原到站</td><td></td><td>原收货人</td><td colspan="6"></td></tr>
<tr><td>新到站</td><td></td><td>新收货人</td><td colspan="6"></td></tr>
<tr><td>未受理原因</td><td colspan="2"></td><td>变更处理站</td><td colspan="2"></td><td>经办人</td><td colspan="2"></td></tr>
</table>

注：1. 变更处理站应顺号记，对填报内容进行审核。

2. 变更时，可以变更的填记“新到站”“新收货人”，不得办理变更的填记“未受理原因”。

规格：297 mm×210 mm

(八)超限超重货物运输记录格式

超限超重货物运输记录

No. ×××××××××××

甲页　　需求号　　　　　　×级超限　　×级超重　　　　　(单位:mm)

<table>
<tr><td>装车公司</td><td colspan="2"></td><td>发　站</td><td></td><td>经由线名</td><td colspan="2"></td></tr>
<tr><td>到达公司</td><td colspan="2"></td><td>到　站</td><td></td><td>经由站名</td><td colspan="2"></td></tr>
<tr><td>品　名</td><td colspan="2"></td><td>件　数</td><td></td><td>每件重 吨</td><td>配重　吨</td><td>总重　吨</td></tr>
<tr><td>货　物
长　度</td><td></td><td>支重面
长　度</td><td></td><td>转向架中心
销间距离</td><td></td><td>重车重心高</td><td></td></tr>
<tr><td>装车后
尺寸</td><td colspan="4"></td><td>记　事</td><td colspan="2"></td></tr>
<tr><td>车　种</td><td></td><td>车　号</td><td></td><td>标记载重</td><td>吨</td><td>轴　数</td><td></td></tr>
<tr><td rowspan="3">文电内
有关指示</td><td colspan="7">总公司　　年　月　日 铁总超限超重　　号　批准使用　　车</td></tr>
<tr><td colspan="7">铁路局集团公司　　年　月　日　　超限超重　　号　批准使用　　车</td></tr>
<tr><td colspan="4"></td><td colspan="3">本记录在　　站作成,经检查符合确认的条件
发　站　签字
段　签字
段　签字
段　签字
段　签字
年　　月　　日</td></tr>
</table>

注:1. 不用的各栏应划去;

2. 按确认电报尺寸填记,小于确认电报尺寸时,将实际尺寸填于记事栏内,大于确认电报尺寸时,必须重新申请;

3. “重车重心高”栏在不超出 2 000 mm 时须以[/]号标示之;发站相关人员及途中站货检人员检查后在系统中标注检查情况并确认。

规格:210 mm×297 mm

No. ××××××××××××

（九）装卸作业单格式

装 卸 作 业 单

车站：　　　　装卸工组：　　　　年　　月　　日　　　　班

作业地点	车种车号	运输种类	箱号	箱型箱类	货物名称	件数	作业类别	作业方式	计费重量（kg）	重量（kg）	作业时间		备　注
											开始时间	结束时间	
车数合计		派班时间				派班员				监装卸货运员：			

注：1．“运输种类”栏填记“整车、集装箱、批量、零散”。

2．“作业类别”栏根据实际作业情况分别填“装车、卸车、搬运、直装（卸）、进（出）货、掏（装）箱、上门装卸、杂项作业”。

3．“作业方式”栏根据实际作业情况分别填“机械、人力、人机配合”。

规格：297 mm×210 mm

（十）货车调送单格式

No. ×××××××××××

货 车 调 送 单

专用线名称：　　　　　　　　接轨站：　　　　　　　　年　　月　　日

序号	车种车号	发站或到站	货物名称	装卸(停留)时间					货车状态	货物装载状态	货车篷布数	附记
				调到时间	装卸开始时间	装卸结束时间	调回时间	标准				

交接企业签认：　　　　　　　　交接车站签认：

规格：297 mm×210 mm

注：1. 专用线取送车作业，“调到时间”是指货车送到规定的装卸地点交给企业的时刻，“装卸结束时间”是指企业通知该批货车装卸完了交给铁路的时刻。
2. 专用铁路取送车作业，“调到时间”是指货车送到协议规定的交接地点交给企业的时刻，“调回时间”是指货车送回协议规定的交接地点交给铁路的时刻。
3. 超过专用线(专用铁路)运输协议一批作业能力时，超过车数按另一批统计。
4. “标准”栏时间应换算成小时为单位，保留 1 位小数(小数点后第 2 位舍去)。
5. 到达重车交接检查时在“货车状态”栏记载，良好打“✓”，不良打“×”，并在“附记”栏记明有关情况。
6. 发出的空重车检查时，分别在“货车状态”“货物装载状态”栏记载，同上。
7. “发站或到站”栏，装车时将“发站”划掉，卸车时将“到站”划掉；其他按票据记载和实际发生填记。
8. 在货场由托运人组织装车或由收货人组织卸车的货物，也应填写货车调送单。
9. 到达重车卸后再装车作业的，卸车作业不填记“调回时间”栏，另起一行填记装车信息。

（十一）调卸作业单

调 卸 作 业 单

No. ×××××××××××

调度命令号码				发令人			调卸车数		
序号	车种车号	票据号	品名	发站	原到站	托运人	收货人	新到站	备注
1									
2									
3									
4									
5									
6									
7									
8									
9									
10									
11									
12									
13									
14									
15									
16									
17									
处理站				经办人			调卸日期		

规格：297 mm×210 mm

（十二）不良货车通知单

（运统 25）

不良货车通知单　No. ×××××××××××

20　　年　　月　　日

车次____________ 车辆停留在____________ 场____________线

(1)车种车型__________ (2)车　号____________________

(3)载　　重____________ (4)空重别____________________

(5)主要损坏部分______________________________

____

(6)备　　注__________________________________

填发人：__________ 签章

车站签收时间：____月____日____时____分

车站签收人：________________ 签章

说明：本通知单用于记录不良货车状况，作为统计不良货车的依据，一式两份，一份留存，一份交车站。

规格：210 mm×297 mm

(十三)车辆检修通知单

(车统 23)

车辆检修通知单

No. ×××××××××××

1. 填发日期________年______月______日______时______分

2. 编号________ 送交______________车站

3. 车次________车辆停留在__________场________线

4. 车种车型______车号______轴数______标记载重______空重别______

5. 是否需要倒装____ 车站通知倒装完毕时间______年___月___日___时___分

重车装车车站________到达车站________货物品名________

6. 修程____检修车辆送往修理的单位名称______________

7. 主要故障情况________________________

____

8. 前次定检情况:厂修年月________单位________检修周期______年

段修年月________单位________检修周期______年

辅修年月日________单位________检修周期______月

临修年月日________单位________空重别______

9. 扣车单位________车辆段________作业场(印章)

______班组______ 检车员(签字)

10. 车站值班员(签字)________________

11. 车站值班员签字日期________年______月______日______时______分

12. 检修车进入检修线日期________年______月______日______时______分

13. 检修单位检查人员(签字)________________

说明:1. 本单据作为车辆检修扣留的原始依据,在发出车统 33 并车统 36 前,是计算检修车的依据。

2. 第 1~9 项由车辆运用部门填写,第 10、11 项由车站填写,第 12、13 项由修理单位填写。

3. 本单据填发一式三份,车站签字后,一份交车站,一份交车辆修理单位,一份自存。

规格:210 mm×297 mm

(十四)检修车回送单

(车统26)

检修车回送单

No. ×××××××××××

1. 填发日期＿＿＿＿＿＿年＿＿＿＿月＿＿＿＿日＿＿＿＿时＿＿＿＿分

2. 编号＿＿＿＿＿＿＿＿＿＿＿＿回送命令号＿＿＿＿＿＿＿＿

3. 车种车型＿＿＿＿＿车号＿＿＿＿＿＿＿＿＿轴数＿＿＿＿＿＿＿

4. 回送公司＿＿＿＿及车站＿＿＿＿＿＿＿＿＿＿＿＿＿＿＿

5. 到达公司＿＿＿＿及车站(工厂、车辆段检修车间或站修作业场所在站名称)＿＿＿＿

6. 车辆编挂位置等特殊要求＿＿＿＿＿＿＿＿＿＿＿＿＿＿＿＿

7. 扣车回送修程(含临修)＿＿＿＿＿＿主要故障情况＿＿＿＿＿＿＿＿＿

＿＿＿＿＿＿＿＿＿＿＿＿＿＿＿＿＿＿＿＿＿＿＿＿＿＿＿＿

8. 前次定检情况:厂修年月＿＿＿＿＿单位＿＿＿＿＿＿＿＿检修周期＿＿＿＿年

段修年月＿＿＿＿＿单位＿＿＿＿＿＿＿＿检修周期＿＿＿＿年

辅修年月日＿＿＿＿单位＿＿＿＿＿＿＿＿检修周期＿＿＿＿月

临修年月日＿＿＿＿单位＿＿＿＿＿＿＿＿

9. 填发单位＿＿＿＿＿＿车辆段＿＿＿＿＿＿＿＿作业场(印章)

填发人员(签字)＿＿＿＿＿＿＿＿＿＿＿＿＿＿

10. 经由分界站名称＿＿＿＿＿＿办理回送的车站值班员(签字)＿＿＿＿＿＿＿

11. 回送车挂运车次＿＿＿＿＿＿日期＿＿＿年＿＿＿月＿＿＿日＿＿＿时＿＿分

12. 检修车到达工厂、车辆段检修车间或站修作业场所在车站日期＿＿＿年＿月＿日＿时＿分

13. 检修车到达的车站值班员(签字)＿＿＿＿＿＿＿＿＿＿＿＿＿＿

14. 检修车进入检修线日期＿＿＿＿＿＿年＿＿＿月＿＿＿日＿＿＿时＿＿＿分

15. 接到检修车的人员姓名(签字)＿＿＿＿＿＿＿＿＿＿＿＿＿＿

说明:本单据填发一式两份,交车站签字后,一份交车站随货运票据送至到达地点,一份自存。

规格:210 mm×297 mm

（十五）垫款通知书

财收—6

中国铁路________局集团有限公司 **垫款通知书** 编号 No. ×××××××××××

致__________站长 站长________㊞

下记的垫款请向收货人收取。 年 月 日垫付 （支出站）

原票据	种 别		办理别		发 站		货 名	
	发 送	月 日	运价付别		到 站		件 数	
	号 码		托运人		收货人		重 量	
包装方法及破坏程度								
垫款事由				垫付款额				

附凭证________件

上记垫款已于______月______日如数收讫

站长________㊞

（收回站）

规格：210 mm×297 mm

二、票据编号规则

名 称		产生系统	系统编号规则	票据显示格式
货物运单	整 车	货票	3 位电报码+Z+1 位窗口号+7 位数字	BCHZA0000001
	集装箱	货票	3 位电报码+J+1 位窗口号+7 位数字	BCHJA0000001
	批 量	货票	3 位电报码+K+1 位窗口号+7 位数字	BCHKA0000001
	零 散	货票	3 位电报码+L+1 位窗口号+7 位数字	BCHLA0000001
货车装载清单		货运站	HY+8 位年月日+3 位电报码+Y+7 位数字	BCHY0000001
		集装箱	JX+8 位年月日+3 位电报码+J+7 位数字	BCHJ0000001
		零散	LS+8 位年月日+3 位电报码+L+7 位数字	BCHL0000001
特殊货车及运送用具回送清单		集装箱	JX+8 位年月日+3 位电报码+X+7 位数字	BCHX0000001
		货运站	HY+8 位年月日+3 位电报码+H+7 位数字	BCHH0000001
		集装化	LS+8 位年月日+3 位电报码+R+7 位数字	BCHR0000001
		现车	XC+8 位年月日+3 位电报码+7+7 位数字	BCH70000001

续上表

<table>
<tr><th colspan="2">名　　称</th><th>产生系统</th><th>系统编号规则</th><th>票据显示格式</th></tr>
<tr><td colspan="2">货运记录</td><td>保价</td><td>HY+8 位年月日+3 位电报码+B+7 位数字</td><td>BCHB0000001</td></tr>
<tr><td colspan="2">商务记录</td><td>保价</td><td>HY+8 位年月日+3 位电报码+6+7 位数字</td><td>BCH60000001</td></tr>
<tr><td colspan="2" rowspan="5">普通记录</td><td>现车</td><td>XC+8 位年月日+3 位电报码+E+7 位数字</td><td>BCHE0000001</td></tr>
<tr><td>货检</td><td>HJ+8 位年月日+3 位电报码+F+7 位数字</td><td>BCHF0000001</td></tr>
<tr><td>保价</td><td>HJ+8 位年月日+3 位电报码+Q+7 位数字</td><td>BCHQ0000001</td></tr>
<tr><td>货运站</td><td>HY+8 位年月日+3 位电报码+N+7 位数字</td><td>BCHN0000001</td></tr>
<tr><td>集装箱</td><td>JX+8 位年月日+3 位电报码+9+7 位数字</td><td>BCH90000001</td></tr>
<tr><td rowspan="3">物品清单</td><td>整车</td><td>电商</td><td>DS+8 位年月日+3 位电报码+W+7 位数字</td><td>BCHW0000001</td></tr>
<tr><td>集装箱</td><td>电商</td><td>DS+8 位年月日+3 位电报码+G+7 位数字</td><td>BCHG0000001</td></tr>
<tr><td>零散</td><td>零散</td><td>LS+8 位年月日+3 位电报码+Z+7 位数字</td><td>BCHZ0000001</td></tr>
<tr><td colspan="2">货物运输变更要求书</td><td>货票</td><td>HP+8 位年月日+3 位电报码+C+7 位数字</td><td>BCHC0000001</td></tr>
<tr><td colspan="2">超限超重货物运输记录</td><td>货运站</td><td>HY+8 位年月日+3 位电报码+U+7 位数字</td><td>BCHU0000001</td></tr>
<tr><td colspan="2">装卸作业单</td><td>货运站</td><td>HY+8 位年月日+3 位电报码+A+7 位数字</td><td>BCHA0000001</td></tr>
<tr><td colspan="2">货车调送单</td><td>货运站</td><td>HY+8 位年月日+3 位电报码+D+7 位数字</td><td>BCHD0000001</td></tr>
<tr><td colspan="2">货车篷布交接单</td><td>货运站</td><td>HY+8 位年月日+3 位电报码+K+7 位数字</td><td>BCHK0000001</td></tr>
<tr><td colspan="2" rowspan="2">调卸作业单</td><td>货运站</td><td>HY+8 位年月日+3 位电报码+T+7 位数字</td><td>BCHT0000001</td></tr>
<tr><td>集装箱</td><td>JX+8 位年月日+3 位电报码+8+7 位数字</td><td>BCH80000001</td></tr>
<tr><td colspan="2">不良货车通知单</td><td>货运站</td><td>HY+8 位年月日+3 位电报码+S+7 位数字</td><td>BCHS0000001</td></tr>
<tr><td colspan="2">铁路箱出站单</td><td>集装箱</td><td>JX+8 位年月日+3 位电报码+M+7 位数字</td><td>BCHM0000001</td></tr>
<tr><td colspan="2">铁路箱破损记录</td><td>集装箱</td><td>JX+8 位年月日+3 位电报码+V+7 位数字</td><td>BCHV0000001</td></tr>
<tr><td colspan="2">车辆检修通知单</td><td>HMIS</td><td>HL+8 位年月日+3 位电报码+G+2 位单位码+2 位年月+4 位数字</td><td>BCHG01810001</td></tr>
<tr><td colspan="2">检修车回送单</td><td>HMIS</td><td>HL+8 位年月日+3 位电报码+R+2 位单位码+2 位年月+4 位数字</td><td>BCHR01810001</td></tr>
<tr><td colspan="2">垫款通知书</td><td>货票</td><td>HP+8 位年月日+3 位电报码+P+7 位数字</td><td>BCHP0000001</td></tr>
</table>

附件 2

货物运输标准记事及说明

序号	标准记事	对应戳记	对应标记	使用说明
1	三角 1	△1	G1	《铁路技术管理规程(普速铁路部分)》规定编组需要隔离的货车
2	三角 2	△2	G2	
3	三角 3	△3	G3	
4	三角 4	△4	G4	
5	三角 5	△5	G5	
6	三角 6	△6	G6	
7	三角 7	△7	G7	
8	三角 8	△8	G8	
9	三角丰	△丰	G0	须与蜜蜂车隔离的农药车
10	三角 K	△K 易腐货物	GK	装运易腐货物
11	三角 A	△A	GA	有公安人员押运的五类物资车
12	三角 B	△B	GB	重点保价货物
13	三角 W	△W	GW	装运军用尖端科技保密货物

续上表

序号	标准记事	对应戳记	对应标记	使用说明
14	圈联	㊌联	圈联	装运国际联运货物的货车，封套
15	圈密	㊌密	圈密	装运保密货物的货车，封套
16	R	R	R	有押运人的货车
17	限速连挂	限速连挂	U	需限速连挂的货车
18	禁止溜放	禁止溜放	J	需禁止溜放的货车
19	停止制动	停止制动	M	根据货物性质
20	成组连挂 不得拆解	成组连挂 不得拆解	LC	
21	活动物	活动物	活动物	
22	超级超限	超级超限	N	
23	一级超限	一级超限	N1	
24	二级超限	二级超限	N2	
25	超级超重	超级超重	超级超重	
26	一级超重	一级超重	一级超重	
27	二级超重	二级超重	二级超重	
28	超长货物	超长货物	超长货物	
29	抢险救灾	抢险救灾	抢	抢险救灾货物
30	特需班列	特需班列	特需	根据开行方案
31	快速班列	快速班列	快速班列	
32	特快班列	特快班列	特快班列	
33	爆炸品	爆炸品	爆炸品	根据货物性质
34	烟花爆竹	烟花爆竹	烟花爆竹	

续上表

序号	标准记事	对应戳记	对应标记	使用说明
35	1.1 整体爆炸品	1.1 整体爆炸品	危 1.1	根据装运的危险货物类项
36	1.2 迸射爆炸品	1.2 迸射爆炸品	危 1.2	
37	1.3 燃烧爆炸品	1.3 燃烧爆炸品	危 1.3	
38	1.4 无重大危险爆炸品	1.4 无重大危险爆炸品	危 1.4	
39	1.5 整体爆炸不敏感物质	1.5 整体爆炸不敏感物质	危 1.5	
40	1.6 极端不敏感爆炸品	1.6 极端不敏感爆炸品	危 1.6	
41	2.1 易燃气体	2.1 易燃气体	危 2.1	
42	2.2 非易燃无毒气体	2.2 非易燃无毒气体	危 2.2	
43	2.3 毒性气体	2.3 毒性气体	危 2.3	
44	3.1 一级易燃液体	3.1 一级易燃液体	危 3.1	
45	3.2 二级易燃液体	3.2 二级易燃液体	危 3.2	
46	4.1 易燃固体	4.1 易燃固体	危 4.1	
47	4.2 易于自燃物质	4.2 易于自燃物质	危 4.2	
48	4.3 遇水易燃物质	4.3 遇水易燃物质	危 4.3	
49	5.1 氧化性物质	5.1 氧化性物质	危 5.1	
50	5.2 有机过氧化物	5.2 有机过氧化物	危 5.2	
51	6.1 毒性物质	6.1 毒性物质	危 6.1	
52	6.2 感染性物质	6.2 感染性物质	危 6.2	
53	7 放射性物质(物品)	7 放射性物质(物品)	危 7	
54	8.1 酸性腐蚀性物质	8.1 酸性腐蚀性物质	危 8.1	
55	8.2 碱性腐蚀性物质	8.2 碱性腐蚀性物质	危 8.2	

续上表

序号	标准记事	对应戳记	对应标记	使用说明
56	8.3其他腐蚀性物质	8.3其他腐蚀性物质	危8.3	根据装运的危险货物类项
57	9.1危害环境物质	9.1危害环境物质	危9.1	
58	9.2高温物质	9.2高温物质	危9.2	
59	9.3基因修改微生物或组织	9.3基因修改微生物或组织	危9.3	
60	剧毒品	☠	D	装运剧毒品
61	批快	批量快运	批快	装运批量快运货物
62	中铁特货运输公司	中铁特货运输公司		特货公司的货车
63	中欧班列		中欧	根据开行方案
64	中亚班列		中亚	
65	物流总包		总包	
66	需要上水的车		S	装运指定货物的货车
67	水罐车		GS	
68	食油罐车		GC	
69	小型箱		小型箱	装运1.5吨小型箱
70	自驾游小汽车		自驾车	装运自驾游小汽车
71	×××××××（原车号）倒装		×××××××（原车号）倒装	换装时
72	点到点列车		点到点	根据开行方案
73	军运危险货物组级代号:×组×级		×组×级	装运军运危险货物
74	调度命令:×××××		国铁集团/公司令×××××号	有调度命令时
75	卷钢		易窜	装运卷钢货物
76	跨装		O	货物跨装时

续上表

序号	标准记事	对应戳记	对应标记	使用说明
77	游车		O	使用游车时
78	装载加固方案号码			根据装载加固方案
79	押运人须知已发			有押运人时
80	翌			18 时后生成的运单，次日支付费用
81	容许运输期限××日		容许××日	根据运输期限规定
82	证明文件名称号码			根据证明文件
83	押运人身份信息			填记押运员姓名、证件名称和号码
84	自备篷布号码			有自备篷布时
85	进口原包装危险货物			装运特定货物时
86	危险货物经办人身份信息			填记危险货物姓名、证件名称和号码
87	托运人未支付到站杂费			
88	托运人未支付一口价全部			涉及相关费用时
89	快运收货人应支付运费比例			
90	限速××公里		限速××公里	限速××公里运行
91	快运		快运	需要快运货物
92	通过提速区段			
93	易燃普通货物			
94	集装箱重空联运			
95	集装箱空重联运			
96	BX 车供电运输			
97	特价回送			

续上表

序号	标准记事	对应戳记	对应标记	使用说明
98	收货人自装卸			
99	货物部分粘结、冻结			
100	货物全部粘结、冻结			
101	装卸单边作业			
102	途中加盖篷布			
103	米轨换装			
104	装载加固材料			
105	专用线卸后原地利用			
106	站内装掏箱作业			
107	支农物资			
108	货物快运优惠			
109	一口价新管内直通			
110	物流总包项目			
111	装车后方站			
112	卸车前方站			
113	发地铁过轨			
114	到地铁过轨			

注：1. 对应戳记规格：宽度或直径均为 10 mm，长度根据字数确定；字体为黑体小四；颜色除骷髅为黑色外其余均为红色。

2. 对应标记为现车系统中运统一货运记事栏内对应标记。

3. 各系统应根据实际情况选择标准记事。

附录二

铁路货运票据电子化作业办法

（铁总货〔2018〕41 号）

第一章 总 则

第一条 为规范铁路货运票据电子化有关作业，保证运输安全和生产秩序，制定本办法。

第二条 本办法适用于国家铁路货运、车务、车辆、机务等相关岗位货物运输作业组织。各铁路局集团公司对与国家铁路办理直通运输的合资铁路、地方铁路和与国家铁路接轨的铁路专用线、专用铁路应根据本办法签订相关协议予以明确。

第三条 铁路运输各环节作业人员应加强现场实际、电子信息核对，信息不一致时，应立即联系上一环节作业人员给予确认，根据现场实际按照本办法规定，操作相关信息系统，对电子信息进行修正。外勤岗位以现场实际为准，重点核对装卸作业车号、承运人记事及运输戳记、货物重量等；内勤岗位以电子信息为准，重点核对系统间数据流转的一致性。

操作人员应妥善保管用户名和密码，使用实际操作人员用户名和密码登录信息系统。

第二章 需求受理

第四条 铁路通过网络、电话、营业场所及上门服务等渠道敞开受理客户需求。各受理渠道在营业时间内应保持畅通。运输需求统一通过铁路货运电子商务系统（以下简称电商系统）提报（零散快运除外）。

第五条 车站应落实货物运输实名制。托运人为个人的，查验托运人身份证原件，留存复印件；托运人为单位的，查验营业执照、经办人身份证原件，留存营业执照、经办人身份证复印件及注明经办人信息、联系方式、联系地址及所用印章的证明材料。承运零散快运货物时，车站查验经办人身份证原件，留存经办人身份证复印件或采集影像资料。

第六条　符合批量快运的货物，可由客户选择按“批量快运”或“整车”运输。

国境站进口（含过境）铁路国际联运货物，由国境站在电商系统提出阶段需求和日装车需求，日需求受理后，不产生电子运单需求联。

凭货物运单（以下简称运单）运输的机车车辆运输需求，由车站按规定审核受理。

第七条　车站对客户提报的需求实货核实，在电商系统确认后，进行运单受理。

（一）检查需求信息是否完整、准确。

（二）审核发到站办理限制、起重能力、专用线办理范围、危险货物办理限制、临时停限装、特定运输条件、接取送达等信息。

（三）审核证明文件、技术资料等原件，采集影像资料，并在证明文件背面注明托运货物数量，加盖车站日期戳，退还托运人或按规定存查。

（四）运单受理通过前对成组或整列运输的运单需求联进行标识。

（五）选择添加承运人标准记事和运输戳记；填记装载加固方案号码、费用浮动项目号及相关记事。

（六）国际联运出口（含过境）运输，还需审核客户是否在电商系统中填制国际联运运单，即客户提供的纸质国联运单是否有电商系统生成的8位国联运单号，纸质运单托运人填记部分的各栏内容是否与电商系统中填记的一致。

第三章　进　　货

第八条　整车货物进货。车站凭进货通知、纸质运单需求联或需求号接收货物。在铁路货运站安全监控与管理系统（以下简称货运站系统）分配货区货位，确认货物进齐。

第九条　集装箱进出站。车站在铁路集装箱运输管理信息系统（以下简称集装箱系统）安排铁路空箱，填制铁路箱出站单出站。铁路箱凭铁路箱出站单和纸质运单需求联进站，自备集装箱或站内装箱的货物凭纸质运单需求联进站。集装箱进站或站内装箱时车站应检斤验货，核对物品清单，并在集装箱系统补录箱货总重、货物重量和施封号。

第十条 零散快运货物进货。车站上门受理的货物，在零散货物快运系统打印运单需求联，与作业站办理货物交接。办理站、无轨站受理的货物，在零散货物快运系统打印运单发站存查联，与作业站办理货物交接。

第四章 装车承运

第十一条 整车装车。装车前三检，发现货车损坏不能使用的，填制“不良货车通知单”（运统25），递送车站签收在现车系统标记“不良货车”标识；发现系统显示车号与实际现车不一致的，通知行车部门处理；发现空车带有电子票据的，由车站按票车不符流程处理。发现实际货物名称与运单需求联或物品清单记载不一致的，不得装车。装车后，实际货物件数、重量与运单需求联或物品清单记载不一致时，按实际装车的货物件数、重量修改运单需求联和物品清单。

（一）铁路货场装车，车站在货运站系统中录入装车作业信息及运单承运人填记信息。

（二）铁路专用线、专用铁路（简称专用线）装车，企业通过系统（货运站系统、电商系统或手机App）补充装车作业信息。

车站在货运站系统确认运单需求联信息和装车开始、结束时间。填记货车调到、调回时间，办理货车进出线交接。

（三）区间装车。发站行车人员在铁路车站综合管理信息系统（以下简称现车系统）其他记事栏标注“区间装车”，将信息推送货运站系统；货运人员接到行车人员通知后，在货运站系统对标注“区间装车”的车辆进行装车作业操作，在电子货运票据管理系统（以下简称货票系统）计费制单，行车人员在现车系统取票、删除现车其他记事栏“区间装车”标注。

自备车装车前，在货运站系统确认票车解绑后进行装车操作。

使用游车或共用游车时，在货运站系统中，将其标注为“游车”或“共用游车”。

凭运单运输的车辆，货运站系统校验车辆在站，且状态为空，无票据信息后推送货票系统。

超限超重货物运输,发站在货运站系统编制超限超重货物运输记录后,打印、签认留存。

装车完毕后,运单状态变为“已装车”。

第十二条　计费承运。车站在货票系统中核对“已装车”的整车运单、“已检斤验货”的集装箱运单信息,录入承运人记事,计算运输费用,打印运单发站存查联、托运人存查联、收款人报告联、领货凭证联(客户需纸质领货凭证时),作为运输合同正本和副本。发站存查联、托运人存查联、纸质领货凭证背面应有托、收货人须知及货物托运安全承诺书。实行运输跟踪管理的剧毒品使用黄色纸张打印运单。运单状态变为“已制票”。

计费承运前,如货车未出线发现运单承运人填记信息不准确、不完整,应在货运站、集装箱系统进行取消操作,重新进行装车作业操作。

“已制票”的运单,如发现计费错误等,不得修改,只能作废并重新计费后打印。遇故障需重新打印时,重新计费后打印。作废的运单,应将已打印的联次作废,未打印的运单作废后,应选择有作废标识的运单,打印发站存查联和收款人报告联。

托运人应在发站存查联正面的托运人签章处及背面的“货物托运安全承诺书”处签章后,车站在打印出的运单各联上加盖车站日期戳。发站留存发站存查联,托运人存查联和领货凭证交托运人,收款人报告联上报铁路局集团公司。

有物品清单的,车站打印物品清单一式两份,一份由车站交托运人签章后与运单发站存查联合订留存,一份交托运人。

成组或整列装车的,货票系统打印运单各联次时应附车辆附表。运单“车种车号”栏记载“成组运输×车”或“整列运输×车”,“件数”“货物价格”“托运人确定重量”“承运人确定重量”合计栏记载成组或整列货物的合计数,运费按费目记载成组或整列费用的合计数。

在国际联运中,国际联运运单是缔结运输合同的凭证,国内段运单作为国内段的计费凭证,仅打印发站存查联、收款人报告联、托运人存查联。

第十三条　集装箱装车。车站在集装箱系统中录入装车作业信息,生成货车装载清单,装车完毕后,运单状态变为“已装车”。装车前,发现货车损坏不能使用的,填制“不良货车通知单”(运统25),递送车站签收在现车系统标记“不良货车”标识;发现系统显示车号与实际现车不一致的通知行车部门处理;发现空车带有电子票据的由车站按票车不符流程处理。

专用线装车的,车站通过集装箱系统或电商系统补充装车信息,生成货车装载清单,在货运站系统填记货车调到、调回时间,办理货车进出线交接。

第十四条 国际联运出口(含过境)货物装车。国际联运出口(含过境)整车货物在货运站系统直接调取国际联运运单号完成装车信息录入,国际联运出口(含过境)集装箱货物在集装箱系统完成装车信息录入。同时,还需将车号、施封号等承运人需要填记的信息在纸质国际联运运单上填写。

第十五条 铁路国际联运进口(含过境)国境站装车。运用国境站管理信息系统(以下简称国境站系统)填制作业清单,作业清单包含车号、国联运单号、发站、到站、收货人、发货人等进口国际联运运单信息和车辆调入时间、开始时间、结束时间、调出时间等换装作业信息。整车货物在联运制单前,车站对物品清单信息进行审核并将该信息上报到电商系统,制单后电商系统将运单和装卸信息自动转发货运站系统。集装箱货物在联运制单前,车站人员核对国境站系统发送的作业清单信息,制单后在集装箱系统进行换装作业,并将装卸信息上报电商系统。

第十六条 站到站(含中心站间)零散货物快运承运装车。

(一)车站在零散货物快运系统填记运单需求联后计费制单,打印运单发站存查联、托运人存查联、收款人报告联,加盖车站日期戳。托运人在发站存查联正面的托运人签章处及背面的货物托运安全承诺书处签章。车站留存发站存查联,托运人存查联交托运人,收款人报告联上报铁路局集团公司。

(二)装车计划编制。零散货物快运根据集货入库后的运单信息编制装车计划,使用1.5吨小型集装箱装运时,应在编制装车计划前完成箱货匹配。站到站、中心站间运输的零散货物快运,日需求下达后在零散快运系统编制并执行装车计划,生成货车装载清单。

(三)装车。车站在货运站系统根据货车装载清单组织装车,补充装车信息。

第十七条　车站在货运站系统、集装箱系统对装车、制票完成具备取车条件的车辆(包括使用运单、货车装载清单、特殊货车及运送用具回送清单、货运记录等货运票据的车辆)进行“可取车”通知操作,现车系统自动获取票据信息。

在货运站、集装箱系统发出“可取车”通知后,发现货与车不符时,不得作废运单、装载清单或回送清单,在确认货车在本站情况下,由车站按票车不符流程处理。

第十八条　托运人凭运单托运人存查联开具增值税发票,车站在税控系统中核对票据信息后,开具增值税发票,并在运单托运人存查联上加盖“已开具发票”戳记。托运人签字确认后,将增值税发票、运单托运人存查联退还托运人。运单与增值税发票的稽核工作可通过货票系统稽核功能给予实施。

第十九条　国际联运运单、商务记录、添附文件等按照《国际铁路货物联运协定》及相关规章的规定,继续以纸质方式办理,保留现行文件流转程序不变,连同货物一起随车传递至到站。

第五章　始发及途中作业

第二十条　取送车作业。现车系统接到货运站、集装箱等系统推送到的“可取车”信息后,车站组织取车作业。根据货运、车辆等部门送车需求,编制作业计划,车站组织送车作业。

第二十一条　列车出发。车站应严格贯彻“发站从严”的原则,根据作业计划,编制、核对出发列车编组顺序表并补充车辆“其他记事”栏信息,按规定核对列车编组顺序表、现车,相符后,与机车乘务员办理列车编组顺序表交接签认,按规定发车。

现车系统中“其他记事”栏由车站根据实际作业或车辆状态等情况录入需记载的事项,“货运记事”栏信息由系统自动生成。成组运输的机械冷藏车、BX_{1k}型车等无论空重,均由现车系统进行成组连挂标记。

第二十二条　列车到达。车站接收列车确报,与机车乘务员办理列车编组顺序表交接签认,依据确报或列车编组顺序表按规定核对现车。

第二十三条　列车解编作业。车站通过现车系统掌握车辆相关运输信息,编制作业计划,组织解体、集结、编组等作业。

途中站、到达站遇列车编组顺序表中车辆信息与电子票据信息内容不一致时,应现场确认现车车号,以现车车号的电子票据信息为准;发现空车有票、重车无票,或票、货信息不符时按票车不符等流程处理。

第二十四条 送车作业。车站根据货运、车辆等部门送车需求,编制作业计划,组织送车作业。

第二十五条 货检作业。车站检查现车发现问题,须在铁路货检安全监控与管理系统(以下简称货检系统)编制普通记录。按规定对超限超重货物、剧毒品(非罐装,实行运输跟踪管理的)、爆炸品、气体类、硝酸铵等进行签认。

第二十六条 列检作业。列检技术作业前,货车技术管理信息系统(以下简称 HMIS 系统)从运输信息集成平台接收列车到达、编成报告。在编制相关票据时,按以下流程进行信息交互。

(一)车辆扣修。扣修车辆及时电话通知车站,列检作业开始至作业完毕后 10 分钟内,在 HMIS 系统填写《车辆检修通知单》(车统 23)并上传。

(二)车辆回送。回送检修车辆及时电话通知车站,列检作业开始至作业完毕后 10 分钟内,在 HMIS 系统填写《检修车回送单》(车统 26)并上传。

(三)车辆修竣。检修车辆竣工 1 小时内,电话通知车站、在 HMIS 系统填写《检修车辆竣工验收移交记录》(车统 33 并车统 36)或《检修车辆竣工移交记录》(车统 33 并车统 36 监造)并上传。

(四)新造车辆。新造车辆移交前 1 小时内,电话通知车站、在 HMIS 系统填写《新造车辆竣工移交记录》(车统 1 并车统 13)或《铁路机车车辆/城市轨道客车一次性过轨运输(预)查验确认记录》(车统 1B 并车统 13B)并上传。

(五)非列检作业场所在站,扣修、回送信息由管辖该站的列检作业场按上述要求办理。

(六)票据签收。

1. 车站收到车辆扣修、修竣、回送及新造移交通知单后,30 分钟内在现车系统签收相关票据。

2. 车站签收车辆相关票据后,需确认现车系统中该车相关信息正确。

3. 货车新造和厂修结算需提供纸质车辆竣工移交记录。《检修车辆竣工验收移交记录》(车统33并车统36)(厂修)、《检修车辆竣工移交记录》(车统33并车统36监造)、《新造车辆竣工移交记录》(车统1并车统13)、《铁路机车车辆/城市轨道客车一次性过轨运输(预)查验确认记录》(车统1B并车统13B)在实行电子化的同时,由造修单位打印纸质版,相关单位进行签章确认。

第六章　卸　　车

第二十七条　整车卸车。卸车前,发现系统显示的车号与实际现车不一致的通知行车部门处理;发现系统显示重车带票实际为空车的不得卸车,由车站按票车不符流程处理;发现现车系统推送的票据号码同票据库货车绑定票据号码不一致的,通知行车及相关部门处理;发现系统显示货物名称同实际货物不符的,联系票记发站处理。

(一)货运场站卸车,车站接收到达重车票据信息后,在货运站系统编制卸车计划,接车对位组织卸车,卸车完毕后票据状态变为“已卸车”。卸车时发现货物损失或货物与运单信息不一致,按规定在货运站系统编制货物损失报告。

(二)专用线卸车,车站接收到达重车票据信息后,在货运站系统制定卸车计划,确定专用线股道,进行路企进线交接,企业组织卸车,车站在货运站系统录入卸车信息和货车调到、卸车开始、结束、调回时间,办理货车出线交接。

凭运单回送的空自备车送入专用线后,在货运站系统进行路企交接后票车解绑。

(三)区间卸车。到站行车人员在现车系统“其他记事”栏标注“区间卸车”,货运人员接到行车人员通知后,在货运站系统进行卸车作业操作。区间卸车作业完毕后,空车到达站行车人员在现车系统取票、删除现车其他记事栏“区间卸车”标注。

第二十八条　集装箱卸车。卸车前,发现系统显示的车号与实际现车不一致的通知行车部门处理;发现系统显示重车带票实际为空车的不得卸车,由车站按票车不符流程处理;发现现车系统推送的票据号码同票据库货车绑定票据号码不一致的,通知行车及相关部门处理;发现系统显示集装箱箱号同实际箱号不符的,联系票记发站处理。

货运场站卸车的,在集装箱系统调取票据信息,核实后组织卸车。卸车完毕运单状态变为"已卸车"。

专用线卸车的,车站通过集装箱系统或电商系统录入卸车信息,在货运站系统确认卸车开始、结束时间,填记货车调到、调回时间,办理货车进出线交接。

第二十九条 站到站(含中心站)零散快运货物卸车。车站在货运站系统组织卸车,货车装载清单和运单状态变为"已卸车"。在零散快运货物系统对"已卸车"的运单信息进行卸车入库确认。

第三十条 国际联运出口(含过境)国境站卸车。除完成既有作业外,国境站交接所内勤在国境站系统中提取电商系统推送的出口电子运单,与实际到达的纸质国联运单核对,依据出口列车编组生成出口货物交接单。

国境站出口车辆生成出发编组并执行列车出发后,国境站依据出口列车编组信息和出口运单信息,生成出口货物交付信息上报货运站系统。

第三十一条 车站在货运站系统、集装箱系统对卸车完毕的车辆,进行"可取车"通知操作,现车系统自动获取票据信息。

第七章 交 付

第三十二条 内交付。收货人凭纸质领货凭证领货的,收货人为个人时,还需提供收货人身份证;收货人为单位时,还需提供委托书和经办人身份证。车站在货票系统中调取运单信息,核实领货凭证、领货人身份等,采集收货人(经办人)身份证及头像影像资料,办理内交付手续。委托他人领取货物时应同时核实领货凭证、收货人身份证复印件、被委托人身份证原件和委托书。纸质领货凭证未到或丢失时,可凭有经济担保能力的企业出具的担保书办理内交付手续。

收货人凭领货密码领货的,车站在货票系统中验证领货验证码,核实收货人身份信息,采集经办人身份证及头像影像资料,办理内交付手续。委托他人领取货物时,查验收货人在电商系统录入的被委托人姓名、身份证号码、手机号码等委托信息及领货密码办理内交付手续。

专用线可凭企业出具的委托领货手续,办理交付。

车站在货票系统中补充确认到达及卸车相关信息,核收相关费用后,打印运单到站存查联、收货人存查联加盖车站日期戳。运单收货人存查联交收货人,运单到站存查联由收货人签章后留存。运单状态变为“已内交付”。

纸质领货凭证与运单到站存查联、变更要求书、调卸作业单、普通记录等合订留存。

第三十三条　外交付。货运场站卸车,车站在货运站系统或集装箱系统对“已内交付”的运单进行外交付操作,凭加盖车站日期戳的运单收货人存查联点交货物,并加盖“货物交讫”戳记。分批领取货物时,应在运单收货人存查联上逐批记载领取货物的品名、件数、重量、时间等信息,全批点交完毕后,加盖“货物交讫”戳记。货物及自备箱凭运单收货人存查联出站,铁路箱凭铁路箱出站单出站。

专用线卸车的,货车办理交接后即为外交付完毕。

第三十四条　国际联运进口货物国境站本地交付。国境站完成进口交付运单编制后,由车站依据电子运单信息和落地卸车作业信息,生成进口货物交付信息上报货运站系统。

第八章　其 他 作 业

第三十五条　取消托运和运输变更。车站通过货票系统办理取消托运和运输变更。

(一)取消托运。对托运人提出的取消托运需求,货场装车的,发站确认货车在本站,通知行车人员后,方可受理;专用线装车的,路企交接前可受理,路企交接后不受理。受理时应审核并收回运单托运人存查联、领货凭证;办理电子领货的,验证领货密码,打印领货凭证。

对已受理的取消托运需求,发站货运人员通知行车人员将货车调回货场,并在货票系统完成取消托运操作。核收相关费用后,运单需求单按“已装车”状态回退到货运站、集装箱系统,在货运站、集装箱系统进行取消装车操作。

(二)货物运输变更。途中或到站仅受理托运人提出的货物运输变更需求。变更处理站应审核运单托运人存查联、领货凭证、货物运输变更要求书;电子领货的,验证领货密码,打印领货凭证。

变更到站时,处理站应报铁路局集团公司同意后方可受理,在货票系统中录入货物运输变更要求书,收取变更手续费,运单状态变为“变更完成”,并在纸质运单托运人存查联、领货凭证上修改相关信息,加盖车站日期戳或带有站名的人名章后交托运人。电子领货的,向托运人申明,原领货密码失效,凭变更后的纸质领货凭证领货。

新到站在货运站或集装箱系统完成卸车操作,并通过货票系统打印运单到站存查联、收货人存查联、货物运输变更要求书,办理相关费用退补手续和交付手续。零散货物快运不办理变更到站。

国际联运运输变更按国际货协相关规章执行。发站在受理国际联运出口(含过境)货物运输变更时,应向国境站拍发变更电报,还要确认托运人在电商系统中提交的电子信息变更申请,内容包括:国际联运运单号码(批号)、申请变更事项、变更内容、发站拍发的电报号码等。国境站确认电商系统中托运人提交的电子信息变更申请与电报内容完全一致后,审核通过并在电商系统中确认修改。

第三十六条 调卸作业。遇自然灾害、运输阻碍、到达积压等特殊情况,经调度、货运、运输等部门与托、收货人协商后,由铁路局集团公司调度向办理站下达调卸调度命令。车站接收调卸调度命令后,车站在货运站、集装箱系统中通过股道现车、车次或手工录入车号查看调卸车辆信息,录入调度命令等调卸信息,生成调卸作业单和新的运单或装载清单作业信息。

新到站根据新的运单或装载清单作业信息在货运站系统或集装箱系统完成卸车操作,并通过货票系统打印运单到站存查联、收货人存查联、调卸作业单,办理交付手续。

第三十七条 机车车辆及运送用具回送。非铁路产权机车车辆凭客户需求填制货物运单回送。路产机车无动力回送时,由机务段提出运输需求免费托运。路产集装箱、篷布以及集装化用具、需洗刷除污的货车、铁路运营用衡器、装卸机具、军运备品和装置凭特殊货车及运送用具回送清单(简称回送清单)回送。

凭回送清单回送时,车站应根据调度命令分别在货运站、集装箱系统填制回送清单,其中回送篷布还应填记篷布交接单。回送清单填制后,发站打印一份留存。

到站卸车时，车站应分别在货运站、集装箱系统调取回送清单进行卸车操作，打印一份留存。

第三十八条 普通记录、货运记录、商务记录编制。

（一）运输过程中需编制普通记录时，车站按规定在货运站系统、集装箱系统、货检系统、现车系统编制。

（二）运输过程中需编制货运记录、商务记录时，车站使用铁路保价运输管理系统编制。

（三）凭货运记录回送的货物，车站在货运站系统、集装箱系统或零散货物快运系统根据货运记录组织装卸车。

（四）运单托运人或收货人存查联、货运记录（货主页）原件以及与货物损失有关的其他资料作为货物损失赔偿的证明文件。

第三十九条 整列一票运输的货物发生扣车时，处理站按规定在货运站系统、货检系统、现车系统编制普通记录，系统按实际车辆修改对应运单的作业信息。到站交付时，打印货物运单到站存查联、收货人存查联，办理交付手续。如实际到达车数与货物运单记载车数不符，到站打印所扣车辆的普通记录，先按照货物运单收取相应费用办理整列交付，再重新打印领货凭证，在承运人记事栏记明未到达车辆车号，加盖车站日期戳交收货人。待剩余车辆到达后，通知收货人凭记载未到达车辆车号的领货凭证办理交付，相关杂费多退少补。

第四十条 途中扣车整理或换装。处理站在货检系统、货运站系统编制普通记录，系统中车辆状态变为“待整理换装”。处理站换装后，整车货物在货运站系统进行换装操作，一车货物换装多车时，填记换装后的车号、封号，分车记明货物重量，系统自动修改运单作业信息生成普通记录，车辆状态变为“已换装”。集装箱货物在集装箱系统途中换装作业菜单，通过车号、箱号、装车时间调取可换装车辆信息，填记换装后的新车号、封号和换装原因，生成普通记录，系统自动修改集装箱装载清单作业信息，将车辆状态变为“已换装”。

第四十一条 车站办理取消托运、变更到站、调度命令调卸、整理换装时，货运人员、行车人员须及时沟通信息，防止联系脱节。

第四十二条 票据信息与现车不符。

(一)空车有票。空车有重车票据信息,发现站扣车后在铁路货运票据综合应用管理系统录入空车有票信息,编制普通记录,并联系票据记载到站、发站进行核对。

经到站确认为已卸空车,到站在货运站系统或集装箱系统做卸车补录操作,电子票据信息车号置空,发现站在现车系统重新取票并确认后按空车组织挂运。

到站确认货物未到时,联系票据记载发站进行核对。

经发站确认为漏装的,调配空车,进行漏装货物补装作业,并在铁路货运票据综合应用管理系统编制普通记录,修改票据车号信息,有票空车票车解绑置空。发现站在现车系统重新取票并确认后按空车组织挂运。发站在现车系统取票并确认后,票据捆绑到新车号上。

确认为错装的,发站应追查运单记载的货物实际位置,通知重车所在车站扣车,并根据重车站反馈信息,在铁路货运票据综合应用管理系统编制普通记录,修改运单车号信息,有票空车票车解绑置空。发现站在现车系统重新取票并确认后按空车组织挂运。重车所在站在现车系统重新取票并确认后组织错装车辆挂运。

经发站确认未对该车进行装车作业的,联系信息部门查明原因后处理。

(二)重车无票。发现重车无票据信息时,发现站扣车调查,并在铁路货运票据综合应用管理系统编制普通记录。确认为重车空排的,发现站在保价系统编制货运记录回送;确认为发站错装的,联系发站处理。

第四十三条 发现大小车号不一致、换长等信息不正确或信息与车体标记不一致时,按以下方式处理。

(一)现车为重车。发现站在现车系统“其他记事”栏标注,同时上报列车调度员;到站卸空后挂运至就近有列检作业场的车站,通知列检作业场检查。

(二)现车为空车时。发现站在现车系统“其他记事”栏标注,同时上报列车调度员,挂运至就近有列检作业场的车站,通知列检作业场检查。

(三)列检作业场对车辆进行确认,按规定进行处置。

第四十四条 接取送达。

(一)接取货物。接取送达系统接收电商系统或零散快运系统推送的物流需求信息，铁路局集团公司组织物流企业上门接取货物，将货物接取至装车地点后，与车站交接货物，运单需求联状态变为“已接取”。

（二）送达货物。客户在发站提出的站到门需求，货物到站后，接取送达系统接收货票系统、电商系统或零散快运系统推送的物流需求信息，铁路局集团公司组织物流企业与到站办理货物交接，组织配送。

交接货物时，收货人凭纸质凭证领货的，配送人员携带运费杂费收据收货人存查联、运单到站存查联和收货人存查联，核验收货人身份，收回领货凭证（零散快运不收领货凭证）；电子领货的，携带运费杂费收据收货人存查联、运单到站存查联和收货人存查联，通过手持设备验证领货密码，核验收货人身份。收货人在运单到站存查联上签章后，配送人员将收货人存查联交收货人，与收货人办理货物交接，完成后使用手机 APP 将状态变为“已送达”，后将运单到站存查联连同费用交车站。

客户在到站提出需求，车站办理交付手续，在货票系统核收相关费用，接取送达系统接收货票系统推送的物流需求信息，铁路局集团公司组织物流企业与到站办理货物交接，组织配送，与收货人办理货物交接，完成后使用手机 APP 将状态变为“已送达”。

第四十五条　遇网络、系统、设备故障等异常情况影响电子票据应用时，应根据故障情况采取以下处置措施，并做好登记、分析工作。

（一）发站货运站、集装箱系统无法接收电商系统数据时，经站段主管领导同意，车间主任签认，通过“装车补录”功能，录入运单需求联信息进行装车作业。

（二）发站货票系统无法接收货运站、集装箱系统数据时，经站段主要领导同意，车间主任签认，采用手工录入方式制单。

（三）发站货票、货运站、集装箱、HMIS 系统无法上传票据信息时，车站根据货运、车辆等部门提供的纸质票据，在现车系统正确录入票据相关信息。列车出发前，电子票据上传成功，现车系统获取电子票据信息，比对一致后，正常发车。列车出发前仍不能获取电子票据信息的，经铁路局集团公司同意，站长签认后，在运统一其他记事栏标注“纸质票”，途中携带纸质票据运输，到站留存。

（四）发站现车系统故障，无法获取电子票据信息时，经站段主管领导同意，站长签认后，车站根据货运、车辆等部门提供的纸质票据，在现车系统正确录入相关信息;途中站、到达站根据现车系统获取的票据信息核对列车编组顺序表信息。

(五)途中站、到站现车系统故障,无法获取电子票据信息时,经铁路局集团公司同意,站长签认后,车站根据列车编组顺序表信息作业。

(六)到站现车系统无法向货运站、集装箱系统推送的到达重车票据信息时,经车站值班干部同意后,在“票据匹配”中通过车号调取票据信息,与到达运统一和现场实际核对一致后,可进行卸车作业。

(七)货检系统无法接受货运票据信息时,经车站值班干部同意后,根据现车信息人工录入普通记录、超限超重货物运输记录等。

第九章　附　　则

第四十六条　相关信息系统暂未使用总公司统一版本软件的运输企业应依据本办法制定实施细则,并报总公司货运、调度、机辆部备案。

第四十七条　本办法由总公司货运部会同调度部、机辆部负责解释,自 2018 年 3 月 28 日起施行。电子领货服务实行日期另行通知。既有规定与本办法不一致的,以本办法为准。本办法未尽事宜,按现行规定执行。